创新性网络与新媒体专业“十四五”精品教材



# 新媒体文案创作

主编◎姚秋艳　李　楠　宋　倩

哈爾濱工程大學出版社
Harbin Engineering University Press

## 内容简介

本书从新媒体文案的11个专题角度系统地介绍了写好文案基础知识、文案的定位和调研、文案标题写作技巧、文案内容写作要求、文案的写作与排版形式、文案的布局与表现技巧、文案中图片与版式设计、文案营销的类型与技巧、文案优化的多种方式、短视频文案的编写技巧，以及直播带货的文案策划等内容。

本书适用于新媒体文案相关专业，同时也适合从事新媒体文案写作与运营的人员使用。

图书在版编目（CIP）数据

新媒体文案创作 / 姚秋艳，李楠，宋倩主编. -- 哈尔滨：哈尔滨工程大学出版社，2021.8（2023.8 重印）

ISBN 978-7-5661-3235-2

Ⅰ. ①新… Ⅱ. ①姚… ②李… ③宋… Ⅲ. ①传播媒介－文书－写作－教材 Ⅳ. ①G206.2

中国版本图书馆 CIP 数据核字（2021）第 164729 号

新媒体文案创作
XINMEITI WENAN CHUANGZUO

责任编辑 张 彦
封面设计 赵俊红

出版发行 哈尔滨工程大学出版社
社 址 哈尔滨市南岗区南通大街 145 号
邮政编码 150001
发行电话 0451-82519328
传 真 0451-82519699
经 销 新华书店
印 刷 唐山唐文印刷有限公司
开 本 787 mm×1 092 mm 1/16
印 张 14.5
字 数 397 千字
版 次 2021 年 8 月第 1 版
印 次 2023 年 8 月第 2 次印刷
定 价 68.00 元
http：//www.hrbeupress.com
E-mail：heupress@hrbeu.edu.cn

# 前　言

新媒体（New Media）是媒介信息时代的产物，它的概念最早出现在 20 世纪 70 年代。虽然近些年才开始发展，但影响却是不容小觑的。由于新媒体时代的到来，涌现出大批新媒体从业人员，其中从事新媒体文案创作的占大部分。新媒体文案指的是在新媒体形态下的文案。传统文案是以报纸、电视、广播等为载体，而新媒体文案则比较依赖互联网，通常以营销为目的，在各种网站或者 APP 上传播，从而实现最终的收益。

本书是一本以新媒体文案为核心，以新媒体理论为根本出发点的教材，用通俗易懂的方式深度剖析新媒体文案的概念、要求、技巧、写作、优化、推广等，系统地向读者讲解如何创作新媒体文案。本书主要有以下几个特点。

（1）图文结合，通俗易懂。本书通过简单易懂的语言描述和实时的案例截图，十分细致地为读者讲解新媒体文案的创作与传播，帮助新媒体文案从业人员从新手快速成为行家里手。

（2）文案高手，经验丰富。本书作者从事新媒体文案工作多年，深谙新媒体文案之道，特别是在理论概念、创作传播、营销推广等方面，经验丰富。

（3）原创内容，独家放送。本书许多内容都是作者精心研究之后提炼出的精华，在同类书中有明显的的优势。

（4）实战心得，亲身体验。本书的每一个知识点都是作者总结的干货技巧，含金量非常大，可以说是一本独具匠心之作。

本书共分为 11 章，主要包括：第 1 章至第 4 章介绍了新媒体文案的实质，分析了新媒体文案的概念，还对新媒体的定位调研、新媒体的写作技巧，以及新媒体文案内容的写作要求进行了详细阐述；第 5 章至第 7 章通过对新媒体文案的写作与排版形式、新媒体文案的布局与表现技巧，以及新媒体文案的图片与版式设计，具体展示了新媒体文案内容的布局和排版技巧；第 8 章至第 11 章介绍了新媒体文案营销类型与技巧、新媒体文案优化方式、短视频文案的编写技巧，以及直播带货的文案策划。

本书由姚秋艳（浙江同济科技职业学院）、李楠（西安医学院）和宋倩（咸阳职业技术学院）担任主编，由肖婵婵（贵阳经济贸易中等职业学校）、李军锋（郑州师范学院）和郭梦茜（河南测绘职业学院）担任副主编。本书的相关资料和售后服务可扫封底微信二维码或通过登录 www.bjzzwh.com 下载获得。

特别提示：书中的截图仅代表当时的操作界面，但书籍从编写到出版需要一段时间，相关网站、公众号和 APP 界面会随版本迭代而发生改变。这并无大碍，只要参考书中介绍的相关方法，并结合平台的提示信息，找到对应的菜单和选项，逐步操作即可。

由于编者水平有限，书中难免有疏漏之处，恳请广大读者批评指正。

编　者

# 目　录

## 第 1 章　写好文案基础知识

1.1　文案的入门基础 ........ 2
1.1.1　文案的基本概念 ........ 2
1.1.2　文案类别的划分 ........ 2
1.1.3　文案所涉及的行业 ........ 3
1.1.4　文案组成部分 ........ 4
1.2　对文案人员的要求 ........ 5
1.2.1　必备的工作素养 ........ 5
1.2.2　学会充分沟通协作 ........ 6
1.3　文案的写作基础 ........ 7
1.3.1　有效规范的传播 ........ 7
1.3.2　充满创意的主题 ........ 7
1.3.3　定位精准的内容 ........ 8
1.3.4　生动形象的设计 ........ 9
1.4　网络文案的新挑战 ........ 9
1.4.1　文案的改变 ........ 10
1.4.2　文案的作用意义 ........ 12
本章小结 ........ 12
本章习题 ........ 12

## 第 2 章　文案的定位和调研

2.1　平台的内容定位 ........ 14
2.1.1　洞悉内容的发展方向 ........ 14
2.1.2　平台内容的展示与整合方式 ........ 14
2.1.3　内容互动增加信任度 ........ 15
2.2　平台的用户定位 ........ 15
2.2.1　精准分析用户的特性 ........ 15
2.2.2　数据分析基本属性 ........ 16
2.2.3　用户画像进行分类 ........ 16
2.3　文案的写作方向定位 ........ 16
2.3.1　平台的特色定位 ........ 16
2.3.2　平台的功能规划 ........ 17
2.4　推广平台的账号定位 ........ 17
2.4.1　平台常见的取名方法 ........ 18
2.4.2　有效避免取名雷区 ........ 19
2.5　市场调研的前期任务 ........ 19
2.5.1　收集产品的相关资料 ........ 20
2.5.2　提出产品问题并进行分析 ........ 20
2.5.3　确定文案的最终写作目标 ........ 21
2.6　市场调研的中间阶段 ........ 22
2.6.1　与调查者接触并获取信息 ........ 22
2.6.2　获取实际的调查数据并研究 ........ 22
2.6.3　收集的资料信息进行归档 ........ 23
2.7　调研优化步骤 ........ 23
2.7.1　提炼重点信息内容 ........ 23
2.7.2　不同搭配组合创造更多选择 ........ 24
2.7.3　列出问题清单提出新想法 ........ 24
2.7.4　合理搭配美工设计 ........ 24
2.7.5　倾听有效建议并完善 ........ 25
2.8　调研文案的创作分类 ........ 25
2.8.1　市场开发类型 ........ 26

2.8.2 营销分析类型......28
2.8.3 客户分析类型......30
2.8.4 调研问卷类型......32

本章小结......34

本章习题......34


## 第3章 文案标题写作技巧


3.1 文案标题的作用......36

3.1.1 激起读者的阅读兴趣......36
3.1.2 精准定位用户人群......37
3.1.3 突出重点信息并展示全面内容......38

3.2 文案标题的写作要点......39

3.2.1 拟写标题的四大原则......39
3.2.2 突出文案内容主旨......40
3.2.3 在关键词中加入词根......40
3.2.4 统一标题与文案内容风格......41
3.2.5 合理控制标题字数......41

3.3 文案标题的写作要求......41

3.3.1 体现出实用性......42
3.3.2 陈述形象通俗......43
3.3.3 展示最大亮点......43
3.3.4 采用问句形式......44
3.3.5 标题要突出主旨......44

3.4 文案标题的类型......45

3.4.1 直接展示类型......45
3.4.2 文字暗示类型......45
3.4.3 提问思考类型......46
3.4.4 目标导向类型......46
3.4.5 命令形式类型......46

3.5 文案标题的撰写误区......47

3.5.1 语言表述含糊......47
3.5.2 使用无关词汇......47
3.5.3 负面表达内容......48
3.5.4 极度虚假自夸......48
3.5.5 比喻形式不当......48
3.5.6 想法强加于人......48

本章小结......49

本章习题......49


## 第4章 文案内容写作要求


4.1 文案的写作要求......51

4.1.1 拥有情感支撑......51
4.1.2 “人格”与“魅力”缺一不可......53
4.1.3 用两点来提升用户的黏性......55
4.1.4 打造焦点话题的角度......56

4.2 文案开头的写作......58

4.2.1 正文开头的写作技巧......58
4.2.2 善于使用摘要内容......59
4.2.3 创造出彩的开篇内容......60

4.3 文案的写作技巧......61

4.3.1 单句段落突出重点内容......61
4.3.2 字句的强调与突出......61
4.3.3 文字的运用表现力......62
4.3.4 适当的断句......63
4.3.5 内容的全面性......63
4.3.6 避免偏见词语......63

4.4 文案结尾的写作......63

4.4.1 运用首尾呼应法......63
4.4.2 结尾号召行动......64
4.4.3 结尾推送祝福......64

本章小结......65

本章习题......65

## 第 5 章 文案的写作与排版形式


5.1 文案的写作形式 ........ 67
5.1.1 创意式文案 ........ 67
5.1.2 促销式文案 ........ 68
5.1.3 悬念式文案 ........ 69
5.1.4 广告式文案 ........ 70
5.1.5 新闻式文案 ........ 72
5.1.6 故事式文案 ........ 73
5.1.7 “病毒式”文案 ........ 75
5.1.8 情感式文案 ........ 76
5.1.9 反情感式文案 ........ 77
5.2 文案的排版形式 ........ 78
5.2.1 文字式 ........ 78
5.2.2 图片式 ........ 79
5.2.3 图文结合式 ........ 80
5.2.4 语音式 ........ 81
5.2.5 视频式 ........ 82
5.2.6 综合混搭式 ........ 82
本章小结 ........ 83
本章习题 ........ 83


## 第 6 章 文案的布局与表现技巧


6.1 文案内容的布局方式 ........ 85
6.1.1 故事式 ........ 85
6.1.2 制造热卖场景 ........ 85
6.1.3 总分总式 ........ 86
6.1.4 模拟访谈式 ........ 86
6.1.5 层递式布局 ........ 86
6.1.6 时间式 ........ 87
6.1.7 排比式 ........ 88
6.1.8 二级标题式 ........ 89
6.1.9 正反比式 ........ 89
6.2 文案内容的表现技巧 ........ 91
6.2.1 促销文案 ........ 91
6.2.2 新品文案 ........ 91
6.2.3 节日文案 ........ 92
6.2.4 活动文案 ........ 94
6.2.5 个性文案 ........ 94
6.2.6 主题文案 ........ 94
6.2.7 预告文案 ........ 95
本章小结 ........ 96
本章习题 ........ 96


## 第 7 章 文案中图片与版式设计


7.1 图片素材的要求 ........ 98
7.1.1 文案配图的美化与点缀 ........ 98
7.1.2 选择合适的色彩图片搭配 ........ 98
7.1.3 裁剪合适的图片尺寸 ........ 99
7.1.4 结合内容完美搭配图片 ........ 103
7.1.5 根据时间点来决定发布照片容量 ........ 103
7.1.6 动图让文案更加生动有趣 ........ 105
7.1.7 长图文使读者一目了然 ........ 105
7.2 平台封面的选择 ........ 106
7.2.1 优质图片的三大基本特征 ........ 106
7.2.2 遵循图片的制作规范 ........ 107
7.2.3 打造品牌强化用户记忆点 ........ 108
7.2.4 不同质感影响用户心理 ........ 108
7.2.5 信息展示要有主次之分 ........ 110

7.2.6 形成风格各异的气氛......110
7.2.7 增强产品的空间立体感......111
7.2.8 充分多样展示易于对比......112
7.2.9 扩展目光聚集视觉焦点......112
7.3 图片的处理技巧......113
7.3.1 扩大宣传影响促进营销......113
7.3.2 让读者对产品更加认可......114
7.3.3 用新意激活读者的注意力......114
7.3.4 让读者融入其中更加认同......114
7.3.5 让读者身临其境增强说服力......115
7.3.6 增加可读性变得鲜活感......115
7.3.7 体现平台的隐藏情怀......116
7.3.8 加强平台与读者的互动交流......117
7.4 打造优质的文案版式......117
7.4.1 借助第三方编辑工具......118
7.4.2 收藏喜欢的排版素材......118
7.4.3 树立专一的排版风格......118
7.4.4 巧妙分隔文案内容......119
7.4.5 常规工具的实例操作步骤......119
7.4.6 提升文案排版工整度......122
7.4.7 设计专属个性签名......123
本章小结......124
本章习题......124

## 第 8 章 文案营销的类型与技巧

8.1 文案营销的要素......126
8.1.1 文案营销推广的前期准备......126
8.1.2 放置链接促进文案带货转化率......126
8.1.3 带货文案发布的注意事项......127
8.1.4 把握黄金时段推送信息......127
8.1.5 选择合适的渠道推送信息......127
8.2 文案营销的类型......128
8.2.1 场景营销......128
8.2.2 借势营销......130
8.2.3 情感营销......133
8.2.4 分享营销......135
8.2.5 口碑营销......138
8.3 文案营销的技巧......139
8.3.1 与竞争对手同类产品进行对比......139
8.3.2 利用连载类专题安排文案内容......140
8.3.3 制造揭开神秘面纱的气氛......141
8.3.4 借明星之势引起粉丝关注......141
本章小结......144
本章习题......144

## 第 9 章 文案优化的多种方式

9.1 关键词的优化技巧......146
9.1.1 在百度指数中研究关键词的技巧......146
9.1.2 互联网中的关键词设置技巧......147
9.1.3 文案中的关键词设置技巧......148
9.1.4 预测关键词......150
9.1.5 推送信息标题中含有关键词......152
9.2 账号的优化技巧......153
9.2.1 账号通过认证会优先排在前面......153
9.2.2 粉丝的互动频率越高排名越靠前......154
9.2.3 服务号的信息能直接到用户列表......155
9.2.4 内容质量影响阅读量和分享率......156
9.3 其他的优化技巧......157
9.3.1 从用户的角度换位思考......157
9.3.2 从对手角度的换位思考......159
9.3.3 让排名明显靠前的优化技巧......159
9.3.4 通过符号优化关键词搜索......161
9.3.5 关键词排名下降如何应对......163

本章小结 ......166
本章习题 ......166

## 第 10 章　短视频文案的编写技巧

10.1　短视频文案的表达 ......168
10.1.1　语义要通俗易懂 ......168
10.1.2　删除多余内容 ......168
10.1.3　内容重点突出主题 ......169
10.1.4　控制文案长度在合理范围内 ......169
10.2　短视频文案的策划 ......170
10.2.1　抓住文案内容主题 ......170
10.2.2　运营热点追踪工具 ......172
10.2.3　收藏免费好看字体 ......173
10.2.4　塑造人设价值观念 ......174
10.3　短视频文案的内容设计 ......175
10.3.1　围绕热点打造 ......175
10.3.2　文案个性表达 ......176
10.3.3　运用创意方式 ......176
10.4　短视频文案的脚本撰写 ......177
10.4.1　短视频脚本的创作流程 ......177
10.4.2　人物和场景的详细设定 ......178
10.4.3　撰写短视频旁白和台词 ......178
10.4.4　短视频分镜头脚本策划 ......179
10.4.5　短视频脚本内容可以这么写 ......179
10.5　短视频评论区的文案设计 ......185
10.5.1　善于使用评论引流 ......185
10.5.2　编写有趣的“神评论” ......188
10.5.3　评论量决定短视频价值 ......189
10.5.4　完善短视频的相关内容 ......190
10.5.5　挖掘全新短视频选题 ......190
10.5.6　在评论区进行自我评论 ......190
10.5.7　评论的文案禁区 ......190
10.5.8　维护好评论区 ......191
10.5.9　回复的评论禁区 ......192
本章小结 ......194
本章习题 ......194

## 第 11 章　直播带货的文案策划

11.1　直播带货的文案流程 ......196
11.1.1　做好直播前期的准备工作 ......196
11.1.2　直播过程的流程策划 ......200
11.1.3　直播收尾的文案策划 ......202
11.2　直播文案的封面策划 ......204
11.2.1　选最佳的直播封面图文内容 ......204
11.2.2　制作高大上的直播封面图文 ......206
11.3　宣传文案的两种类型 ......209
11.3.1　产品宣传文案 ......210
11.3.2　产品介绍文案 ......211
11.4　直播文案的编写技巧 ......213
11.4.1　直播文案营销步骤 ......213
11.4.2　挖掘产品中的卖点 ......217
本章小结 ......221
本章习题 ......222

# 第 1 章　写好文案基础知识

**本章导读**

文案在生活中出现的频率越来越高，尤其新媒体行业的出现，产生了一种新型的文案——新媒体文案。而新媒体文案又是这个行业中重要的组成部分，缺一不可。本章主要介绍新媒体文案的入门基础、对文案人员的要求、文案的写作基础，以及网络文案的新挑战，从而帮助读者了解新媒体文案写作。

**本章重点**

- 文案的入门基础
- 对文案人员的要求
- 文案的写作基础
- 网络文案的新挑战

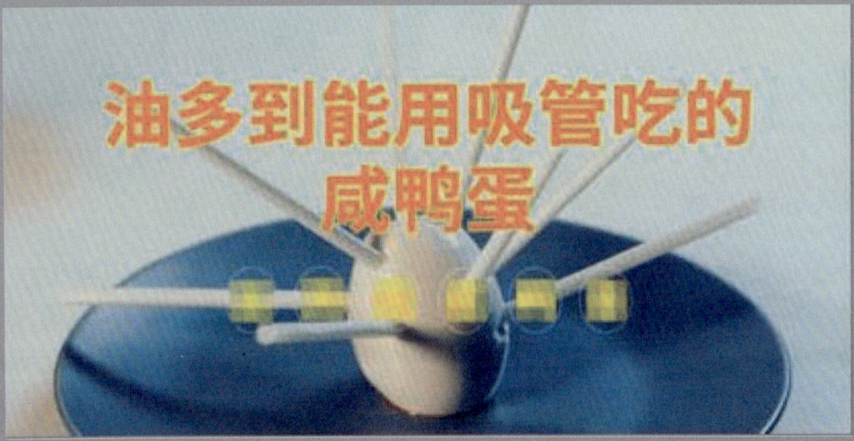

# 1.1 文案的入门基础

随着社会的不断发展，文案的应用越来越广泛，从事文案写作的人也在不断增多，那么写新媒体文案都需要了解什么呢？比如新媒体文案的概念、分类以及内容构成等，希望读者在本章中能掌握新媒体文案的基础知识。

## 1.1.1 文案的基本概念

文案最初的意思就是指用于放书的桌子，后来泛指在桌子上写字的人。现在所说的文案就是用文字来表现创意，也指在公司里从事文字工作的人和相关职位。而文案编辑在写作时必须注意文字要通俗易懂，能够做到雅俗共赏。

在实际的应用中，文案是广告文案的简称，由英文Copy Writer翻译而来。文案的概念如图 1-1 所示。

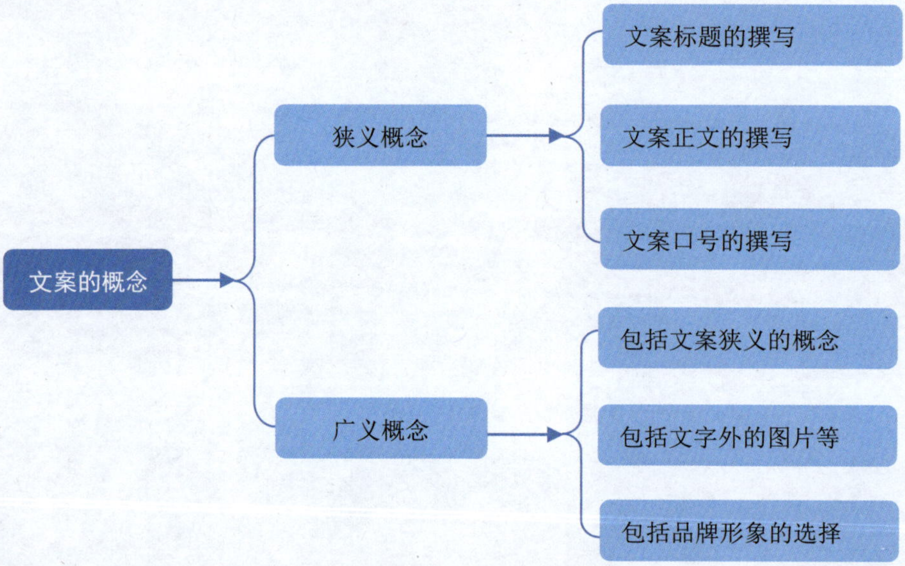


图 1-1 文案的概念

## 1.1.2 文案类别的划分

随着移动通信技术的不断发展，商品利用新媒体平台进行推广变得越来越普遍。基于此，本书中的文案特指新媒体文案。

新媒体文案是指在新媒体平台上用文字体现广告创意和内容。如图 1-2 所示为新媒体文案的分类，共分为广告目的、广告植入方式、篇幅长短、投放渠道、表现形式这五种。

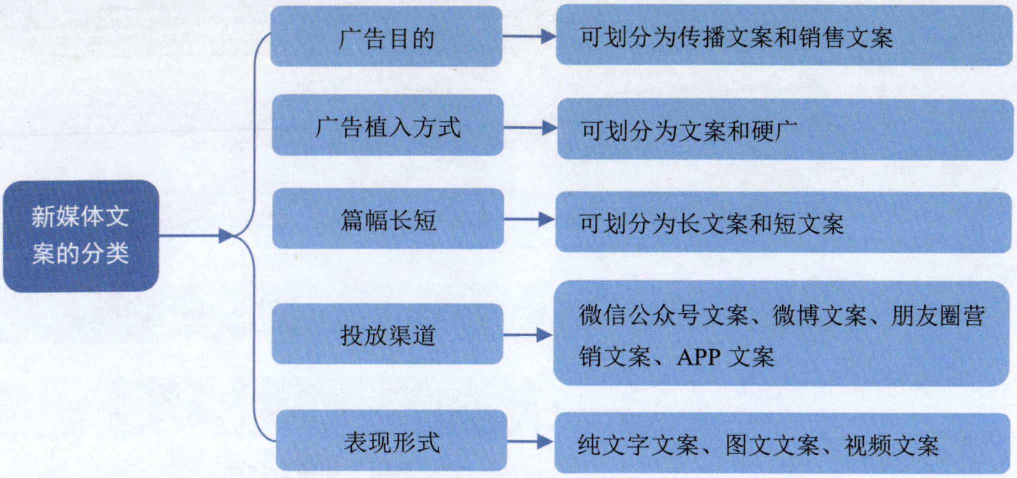


图 1-2 新媒体文案的分类

### 1.1.3 文案所涉及的行业

随着各行业对文案的不断重视，使文案逐渐渗透多个行业。尤其是在广告领域中发挥的作用越来越大，成为主要的宣传方式。

在广告策划中，一般是由美工和文案各自分工，两者完成不同的任务，但服务于同一个主题，使得广告策划变得更加完美。

如图 1-3 所示为某传统食品公司的咸鸭蛋文案，以简洁的文字搭配创意的图片，突出公司的广告用意。而且“油多到能用吸管吃的咸鸭蛋”这句广告语一语双关，一方面宣传了公司品牌，另一方面肯定了公司的产品质量。从而引导观众记住该品牌和旗下产品，并进行消费。

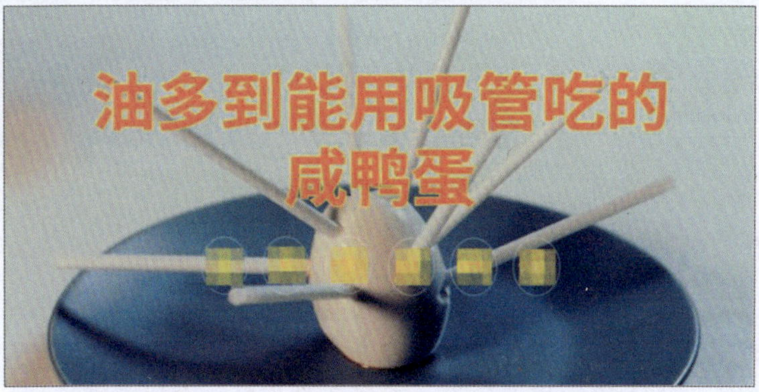


图 1-3 某传统食品公司的咸鸭蛋文案

比如某手机公司的宣传文案“生活因你而精彩”，让人印象深刻。在实际的应用中，除了食品公司和手机公司的广告语属于文案之外，还有很多方面的宣传与文案也有着不可分割的关系。与文案相关的多个方面如图 1-4 所示。

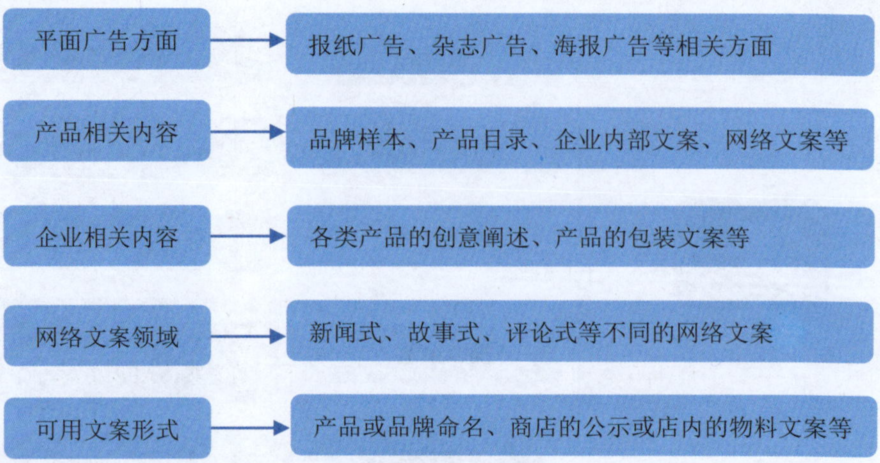


图 1-4　与文案相关的多个方面

## 1.1.4　文案组成部分

广告公司根据行业需求的不同，产生了种类繁多的文案类型，比如：创意文案、企划文案、品牌文案等。一个完整的文案是广告内容的文字化表现，主要由标题、副标题、广告正文和广告口号四个部分构成，再搭配图案图形，组成广告设计。

### 1．第一部分——标题

标题是广告文案的主题，也是广告的诉求重点，一个标题的好坏直接决定了文案内容的浏览量，标题的相关分析如图 1-5 所示。

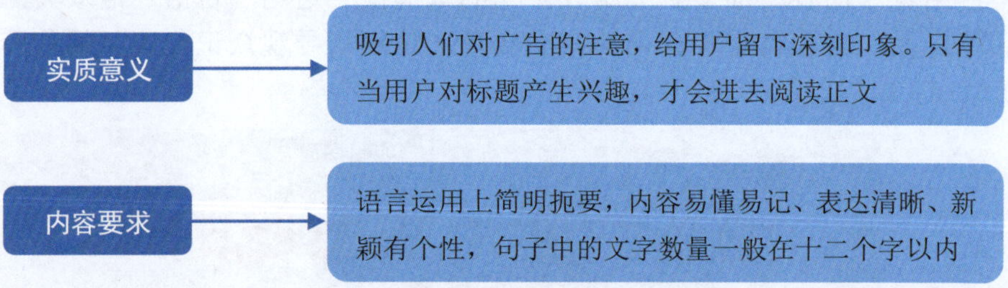


图 1-5　标题的相关分析

### 2．第二部分——副标题

副标题是相对主标题而言，是对主标题的补充说明。副标题属于文案的重要组成部分，关系到文案的内容表现。文案的内容表现分为实质意义和内容要求。副标题是广告方案的组成部分，也是进一步表现主旨的重要环节，能够起到主标题不可替代的作用。而内容要求主要是副标题与主标题相呼应，或者进一步深化主题内容。在部分文案中也会以副标题的形式进行核心内容的直接展示。

### 3．第三部分——广告正文

对于任何行业而言，要想获得用户市场，不能没有广告的支持，而广告正文正是广告中最为直接有效的部分，广告正文的相关分析如图 1-6 所示。

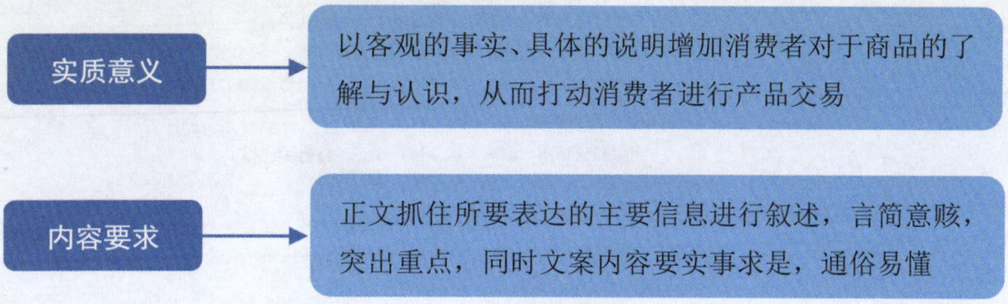


图 1-6 广告正文的相关分析

4. 第四部分——广告口号

对于企业而言，口号是推广商品的基本要素之一，属于一种战略性文字。如图 1-7 所示为广告口号的相关分析。

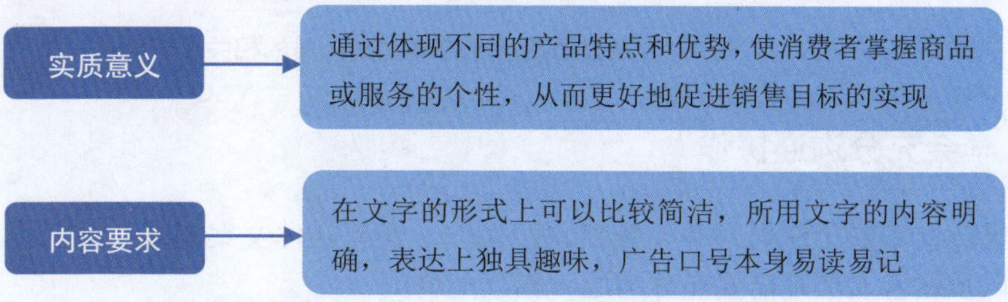


图 1-7 广告口号的相关分析

# 1.2 对文案人员的要求

新媒体文案编辑人员在类型上主要分为三种，分别是公司的职员、自由撰写者和内容创业者。不管是哪一类的编辑人员都需要具备相关的能力才能更好地创作新媒体文案。

除了必备的工作素养之外，新媒体文案编辑人员还应该有很强的沟通和协调能力，因为还需要跟设计师和运营人员沟通，相互协作完成工作。

## 1.2.1 必备的工作素养

文案涉及到的领域有很多，不同的职位所需要的文案人员的能力不尽相同，如图 1-8 所示为某公司招聘新媒体文案人员的相关要求，从图中可知有专业、经验和文字能力的要求。

在职位招聘中，常见的对文案人员的要求主要有四个方面，第一文字能力，需要拥有较强的文字组织能力和表达能力，能够撰写优质稿件；第二学习能力，能很快的接收外界信息并做出反应；第三专业能力，有过新闻、广告传媒、中文等学习经历，具备一定基础；第四行业经验，有过撰稿工作与文案策划经验，营销活动策划经验丰富等。

1. 负责公司微信公众号、百家号等新媒体平台的内容编辑、运营推广、日常维护更新、统计数据；
2. 结合行业的特点，及时掌握行业资讯和新闻热点，策划相关内容，进行选题制定和确立执行；
3. 根据项目制定的内容方向发布各种优质、有传播性的内容，方案的策划、创意、执行、运营；
4. 挖掘和分析用户需求，收集用户反馈，分析用户行为及需求。

任职要求：

1. 本科及以上学历，新闻、中文、传播专业者优先。有良好的文字功底和信息采编能力；
2. 热爱互联网和文字类工作，熟悉各类新媒体，了解网络社会化媒体传播形式；
3. 有敏锐的网络热点捕捉力，擅于信息的搜集与编辑整理，网络阅读广泛，采集、整合资料能力强；拥有有运营微博、微信、网站编辑等相关工作经验者优先；
4. 具有一定的采编和写作能力，具备专题报道和活动策划能力...查看全部

图 1-8　某公司招聘新媒体文案人员的相关要求

### 1.2.2　学会充分沟通协作

新媒体文案的工作内容并不是独立存在的。在新媒体文案的创作中，设计师和文案编辑人员，以及运营人员是需要充分沟通、相互配合的。

作为新媒体文案的编辑人员，要明确文案的写作目的，以及该阶段运营需要达到的效果。设计师要了解文案内容，才能使创意的视觉效果得到最大限度的发挥。运营者要让文案编辑人员和设计师的工作成果能够传播地更加快速，扩大宣传影响力。为了让项目成果得到落实，需求沟通时注意的相关内容，如图 1-9 所示。

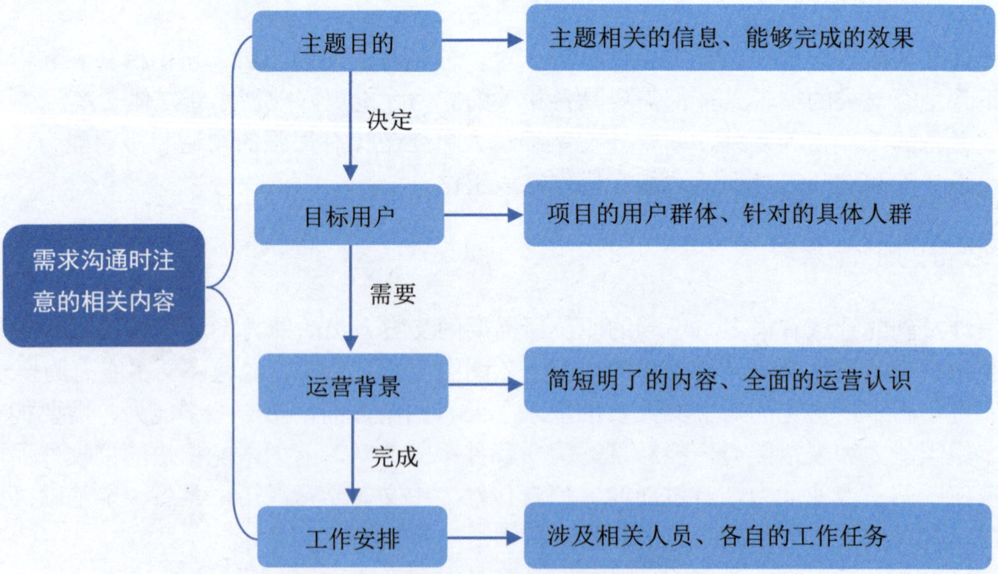


图 1-9　需求沟通时注意的相关内容

# 1.3　文案的写作基础

文案是商业宣传中较为重要的一个环节，从其作用来看，优秀的文案具备强烈的感染力，能够给商家带来数倍的利益和价值。

在信息繁杂的网络时代，并不是所有的文案都能够获得成功。尤其是对于缺乏创意的文案而言，并不能轻而易举地获得成功，而文案的内容对于是否取得成功起着决定因素。

## 1.3.1　有效规范的传播

随着互联网技术的发展，每天更新的信息量是十分惊人的。“信息爆炸”的说法主要就来源于信息的增长速度，庞大的原始信息量和更新的网络信息量，通过新闻、娱乐和广告信息为传播媒介作用于每一个人。

对于文案撰写者而言，要想让文案被用户认可，能够在庞大的信息量中脱颖而出，那么首先需要的就是准确性和规范性。准确和规范的信息能够促进新媒体文案的有效传播，节省产品的相关资金和人力资源投入等，从而创造更好的效益。

在实际应用中，准确性和规范性是任何文案写作的基本要求，准确规范的文案写作要求分析如图 1-10 所示。

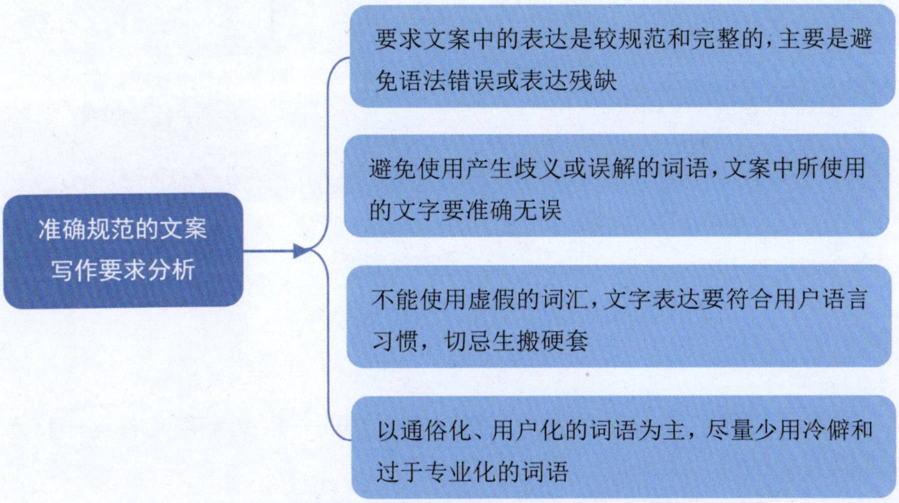


图 1-10　准确规范的文案写作要求分析

## 1.3.2　充满创意的主题

创意对于任何行业的新媒体文案都十分重要，尤其是在网络信息极其发达的现代社会，自主创新的内容往往能够让人眼前一亮，进而获得更多的关注。

如图 1-11 所示为“百岁山”的一款经典广告，以国外的一位数学家和公主的凄美爱情故事为创作背景，把这款品牌的矿泉水作为二者之间的定情信物，寓意经典、浪漫和难忘。同时，也想告诉用户该品牌的矿泉水，不管是从包装设计，还是水源珍贵程度来看，都像是一个贵族，而“贵族”就是该品牌打造的主题和定位。

图 1-11　故事主题创意文案

故事的创意在于将故事背景和产品同时表现出来，再结合广告文字的内容创意，共同突出广告想要表达的内容，打造出震撼人心的效果。

对于正在创作中的文案而言，想要突出文案特点，需要在保持创新的前提下通过多种方式更好地打造文案本身。如图 1-12 所示为文案多方面的要求。

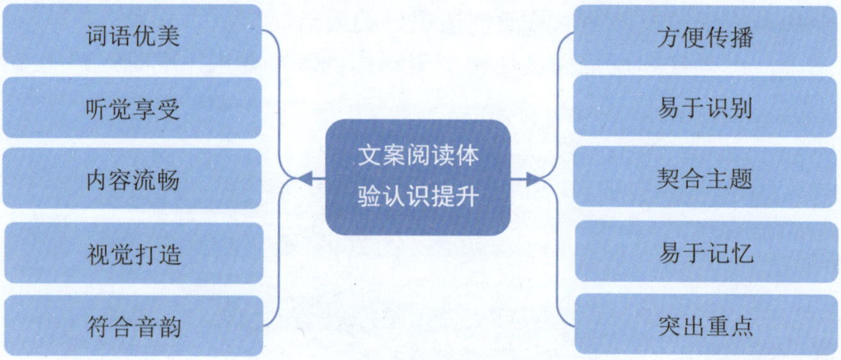


图 1-12　文案多方面的要求

### 1.3.3　定位精准的内容

定位精准同样属于文案的基本要求之一，每一个成功的广告文案都具备这一特点。如图 1-13 所示为某品牌酱油的推广文案。

图 1-13　某品牌酱油的推广文案

在文案的内容上，这则广告文案主要体现产品能让用户体验零添加剂食物的环境。精准的内容定位不仅能够让产品更好地被用户群体所接受，还能让潜在用户也被相关的信息所打动。

要想做到精准的内容定位，可以从四个方面入手：第一，以尽可能少的文字表达出产品精髓，保证广告信息传播的有效性；第二，尽可能地精炼广告文案，用来吸引用户的注意力，也方便用户迅速的记忆相关内容；第三，在语句上使用简短的文字，更好地表达文字内容，以防用户产生阅读上的反感；第四，从用户出发，对消费者的需求进行换位思考，并将有针对性的内容表现在文案中。

### 1.3.4　生动形象的设计

生动形象非常有画面感的文案会加深读者的第一印象，读者看一眼就会记住。对于文案撰写者而言，每一个优秀的文案在最初都只是一张白纸，需要撰写者不断地添加内容，才能够最终成型。而如果想要有效地完成任务，就需要对相关的工作内容有一个完整的认识。文案生动形象所起作用的分析如图 1-14 所示。

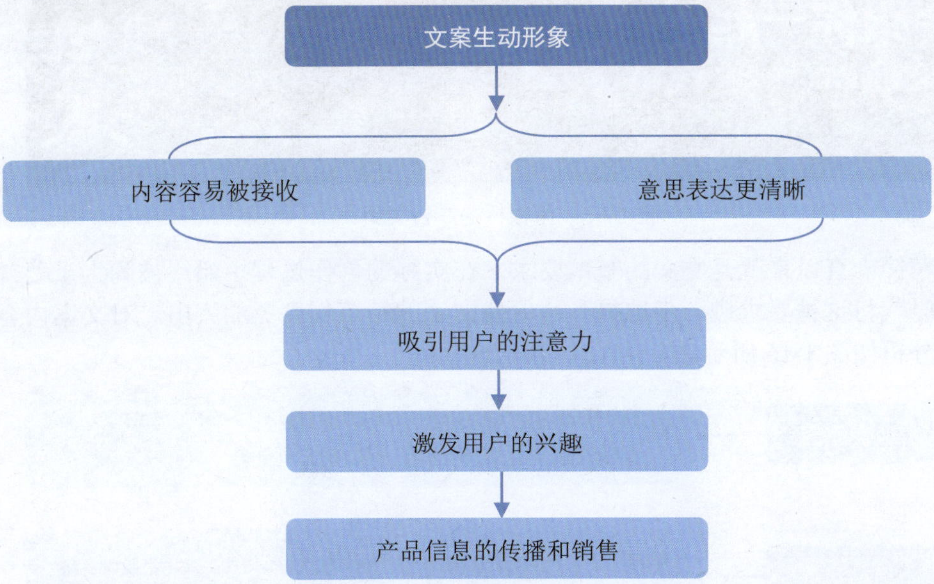


图 1-14　文案生动形象所起作用的分析

## 1.4　网络文案的新挑战

在网络发展的不同时期，对文案的要求也不同。需要注意的是，从整体上而言，文案撰写的技巧、销售原则、目标等并没有改变，最终群体也不会因为网络的出现而进行变化，但是细节上的改变是确实存在的。下面主要针对互联网的改变对网络时代的新型文案意义进行分析，深入认识文案在当代社会中的改变和重要性。

### 1.4.1 文案的改变

互联网浪潮的出现改变了很多行业的发展方向，而对于文案策划而言，主要的改变体现在如下四个方面。

#### 1．文案内容进一步精简

人类历史上没有哪个时期比现在更加快节奏，每个人都比过去更加忙碌，导致空闲时间更为有限。当购物的便利性和速度成为卖点之后，怎样去节省消费者的时间也就成了广告文案的新要求。如图 1-15 所示为某银行的广告文案，消费者只需要几秒钟的时间就能够完成阅读，并且获得品牌想要传达的信息。

图 1-15　某银行的广告文案

内容的精简一直以来就是文案的基本要求，在实际的创作过程中始终被列为重要部分。但是互联网时代将这种要求进一步地提升，促使文字的精炼程度更加突出。对文案内容进一步精简要求分析如图 1-16 所示。

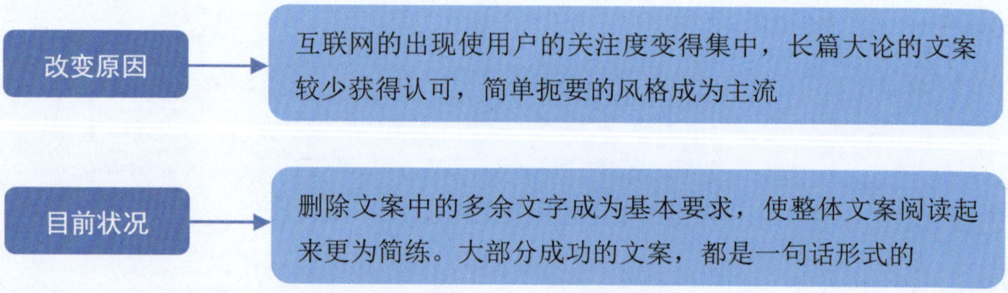


图 1-16　对文案内容进一步精简要求分析

#### 2．关注消费者全面信息

信息泛滥已经成为当代社会中的常态，但是这并不意味着每个人的知识量会随着接受信息量的增加而增加。对于消费者而言，满足自身的需求、与自身相关的广告内容依旧是能够从诸多繁杂信息中脱颖而出的。如图 1-17 所示为某店春节活动的海报文案。

图 1-17　某店春节活动的海报文案

对于消费者而言，折扣是商品获得关注的重要方面，是与消费者自身相关的内容之一。关注消费者全面信息的相关分析如图 1-18 所示。

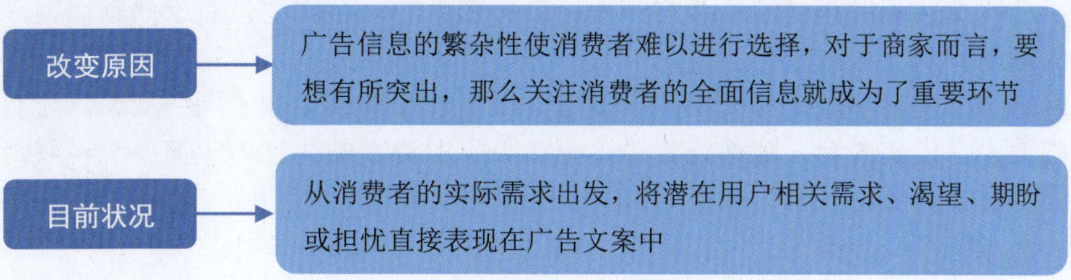


图 1-18　关注消费者全面信息的相关分析

### 3．浮夸文案不会被接受

用户被优秀的文案形式打动的次数多了，也就会开始产生不同程度的审美疲劳。对于这种用户而言，新出现的文案需要更加优秀才能够得到认可。在优质文案层出不穷的情况下，无意义的推销信息、过于浮夸或平庸的宣传就无法被接受。浮夸文案不会被接受的相关分析如图 1-19 所示。

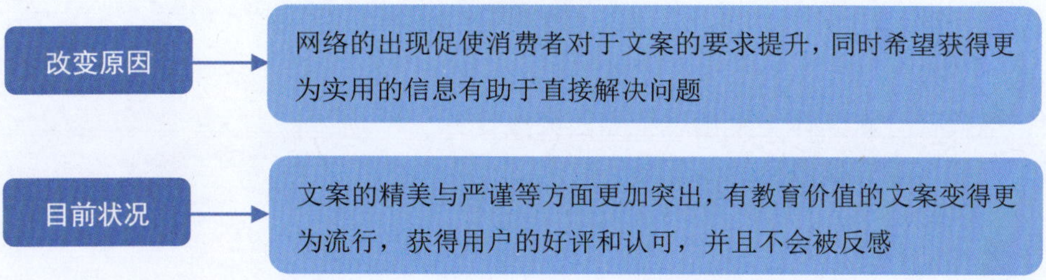


图 1-19　浮夸文案不会被接受的相关分析

### 4．在线广告领域的出现

在线广告是在网络上进行播放的广告，现阶段是正规广告媒体中的一部分。在线广告主要出现在各类视频网站和 APP 中。

在线广告与平面广告的作用是一致的，所以在网络环境里对文案写作有一定影响，在线广告的相关领域分析如图 1-20 所示。

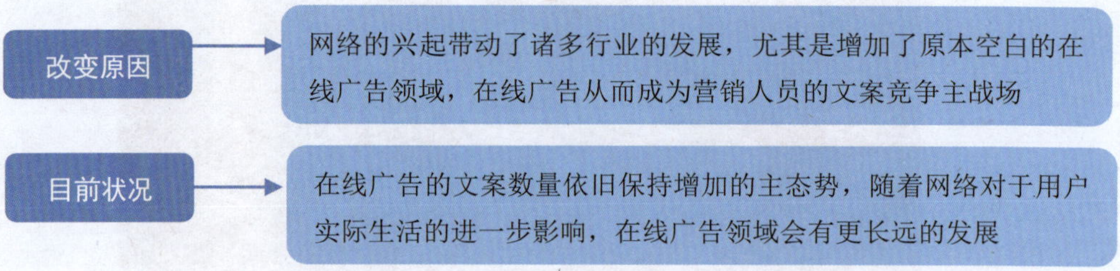


图 1-20　在线广告的相关领域分析

### 1.4.2　文案的作用意义

文案之所以不可或缺，就在于文字本身的作用是不可限量的。用户对于文案的要求越来越高，去掉朴实或者花俏的外在装饰后，最后剩下的只有文字。对于商家而言，文字是突出自身的最好方式。

网络的出现并不能掩盖文字的突出意义，尽管在形式上除了网络文案，还有电视广告、电子邮件、弹出式内容、邮递宣传单等都在吸引消费者的注意力，但要想说服消费者，需要的仍然是文字本身。

## 本章小结

本章首先介绍了新媒体文案的基本知识，包括文案的基本概念、文案类别的划分、文案所涉及的行业和文案组成部分等；然后详细介绍了文案人员所必备的工作素养和基本要求；最后介绍了文案的写作基础，以及所带来的挑战。

## 本章习题

1．当代社会新媒体文案出现了哪四大改变？

2．广告文案有哪四个组成部分？

# 第 2 章　文案的定位和调研

本章导读

熟悉产品定位和市场是文案撰写的必要前提。如果没有进行准确的定位和调研，文案撰写的目标将会走偏。本章共分为内容定位、用户定位、方向定位、账户定位、调研前期任务、调研中间任务、调研优化步骤、以及调研文案的创作分类等，让读者认识到定位和调研市场对文案编写的重要性。

本章重点

- 平台的内容定位
- 平台的用户定位
- 文案的写作方向定位
- 推广平台的账号定位
- 市场调研的前期任务
- 市场调研的中间阶段
- 调研优化步骤
- 调研文案的创作分类

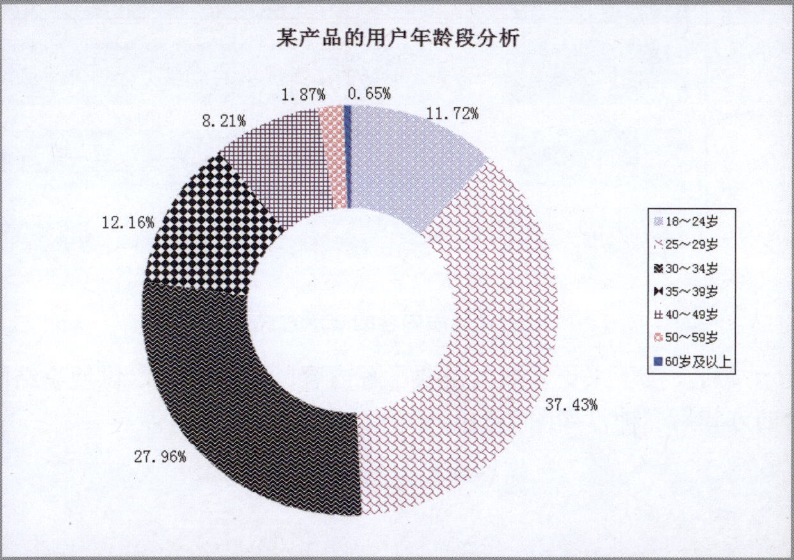

# 2.1　平台的内容定位

内容定位是指企业新媒体平台能够提供给用户什么样的内容和功能。在运营过程中，平台内容的定位主要做好以下方面。

## 2.1.1　洞悉内容的发展方向

洞悉内容的发展方向是平台内容供应链的初始时期的工作，是做好内容定位的前提和准备。也就是说，通过最初的内容构建，从而形成整体内容框架，以便填充文案的核心内容部分。其中，关于整体内容框架可以从内容的架构和要注意的问题两方面着手，具体分析如图 2-1 所示。

图 2-1　新媒体文案的整体内容框架分析

## 2.1.2　平台内容的展示与整合方式

在内容定位中，还应该了解运营阶段的内容展示方式。在优质内容的支撑下，怎样更好地展示平台内容，逐步建立品牌效应，是实现扩大平台影响力的重要条件。优质内容的展示方式分析如图 2-2 所示。

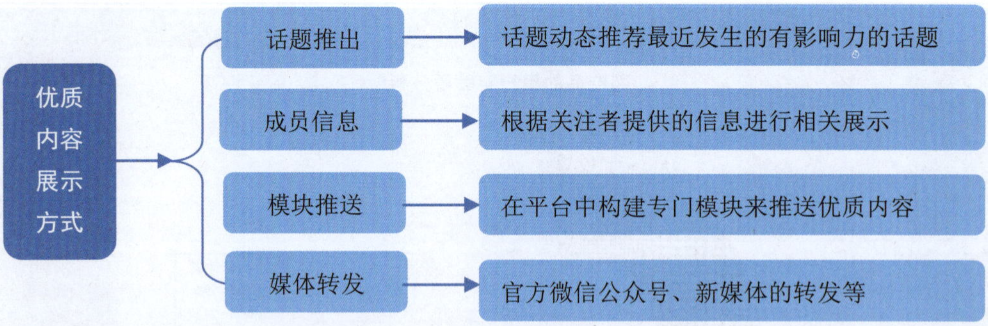


图 2-2　优质内容的展示方式分析

在内容展示过后，接下来更重要的是要了解内容的整合方式，以便集结同类优质内容。具体内容整合的方式有三种，如图 2-3 所示。

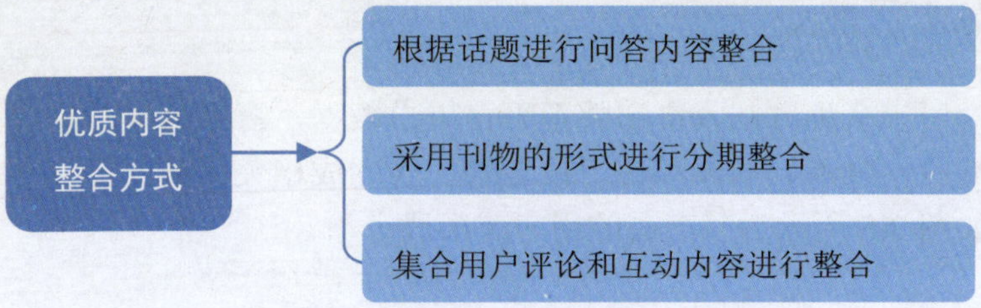


图 2-3　优质内容的整合方式分析

### 2.1.3　内容互动增加信任度

除了应做好初始阶段和运营阶段的内容定位，还应该做好宣传阶段的内容定位，即怎样进行平台内容互动的问题。企业与用户进行交流，更有利于新媒体平台内容的传播，用户的接受能力也更强，从而加深用户对新媒体平台的信任度和支持度。在明确内容互动方式的内容定位过程中，需要把握以下几个关键点，如图 2-4 所示。

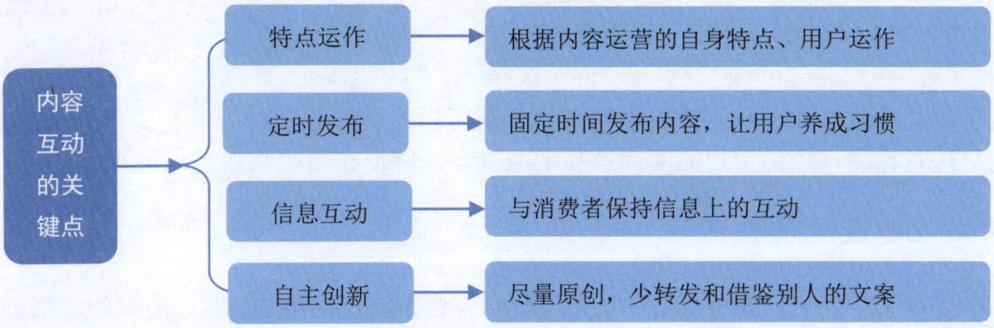


图 2-4　把握平台内容互动方式的关键点分析

## 2.2　平台的用户定位

在企业新媒体文案写作中，明确目标用户是其中至为重要的一环。而在进行平台用户定位之前，首先要做的是了解平台和文案内容针对的是哪些人群，具有什么特性等问题。

### 2.2.1　精准分析用户的特性

关于用户的特性，一般可细分为属性特性和行为特性两大类，关于属性特性可以简单理解为用户分类基础。例如，性别上是男性用户还是女性用户居多；年龄上是老年人还是年轻人居多；居住地是南方还是北方居多。行为属性也可以理解为用户的动态特性。例如，用户是喜欢电游还是喜欢手游；喜欢户外运动还是喜欢户内运动等。通过这两大属性，可以对平台上的用户有一个基本的认知和了解，这样就可以有针对性地进行文案写作。

### 2.2.2 数据分析基本属性

可以通过市场调研等多种方法收集和整理平台用户数据，再把这些数据与用户属性关联起来。如性别、年龄段、收入、地域和使用设备等，绘制成相关图谱，就能够大致了解用户的基本属性特征。如图 2-5 所示为某产品的用户年龄段分析。

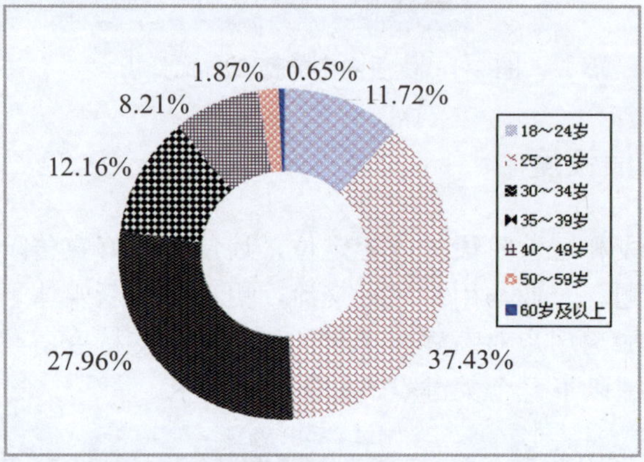


图 2-5 某产品的用户年龄段分析

获取了用户的基本数据和基本属性特征后，就可以对其属性和行为进行简单分类，并进一步对用户进行标注，预估用户的阅读量和活跃度等，以便在用户画像过程中对号入座。

### 2.2.3 用户画像进行分类

利用上述内容中的用户属性标注，从中选取具有典型特征的用户，完成用户的虚拟画像。构成平台用户的各类用户角色，以便进行用户细分。用户画像通过大数据处理方式，为运营者带来了更为便利、精准化的数据结果。这样运营者在新媒体平台上投放广告、内容的时候，能够准确地抓住用户的心理，将用户想要的信息投放出去，实现用户的需求。

## 2.3 文案的写作方向定位

新媒体文案写作之前，首先确定自身内容投放的平台是一个什么类型的平台，以此来决定平台的基调。平台的基调主要包括五种类型，分别是学术型、媒体型、服务型、创意型，以及恶搞型。

### 2.3.1 平台的特色定位

在对平台进行特色定位时，应该根据自身条件的差异选择具有不同优势和特点的平台类型。平台类型主要分为两类，即自身有足够影响力的平台和足够特别和另类的平台。平台特色定位分析如图 2-6 所示。

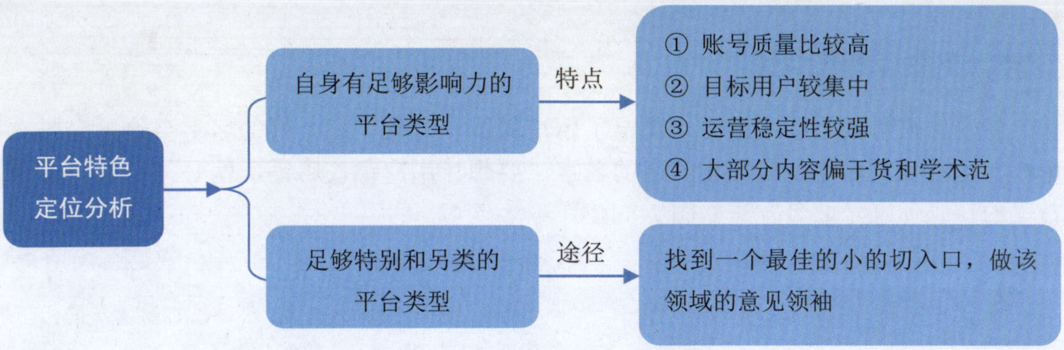


图 2-6 平台特色定位分析

在新媒体运营中，企业、机构和个人平台运营者主要通过新媒体人、行业意见领袖、BAT背景，以及学术范围等途径更好地实现。

### 2.3.2 平台的功能规划

在定位平台、选择何种平台类型的同时，还应该对平台的自定义菜单进行相应规划，以便能够清楚地告诉用户“平台有什么”。对自定义菜单进行规划，就是对平台功能进行规划，它可以从目标用户群体维度、用户使用场景维度、用户各项需求维度、平台所具有的特性维度进行思考和安排。

值得注意的是，做好平台定位是非常重要的，要慎重对待。因为只有做好了平台的定位，并对其基调进行了确定，才能做好用户运营和内容运营策略，最终使新媒体文案更快、更广泛地扩散。

## 2.4 推广平台的账号定位

新媒体文案撰写者要进行文案的推广运营，那么如何给平台账号取一个合适的名字是一个不可避免的问题。本节将从取名技巧和取名雷区这两个方面为读者进行介绍。

合适的名称带给文案推广的好处有以下三点，如图 2-7 所示。

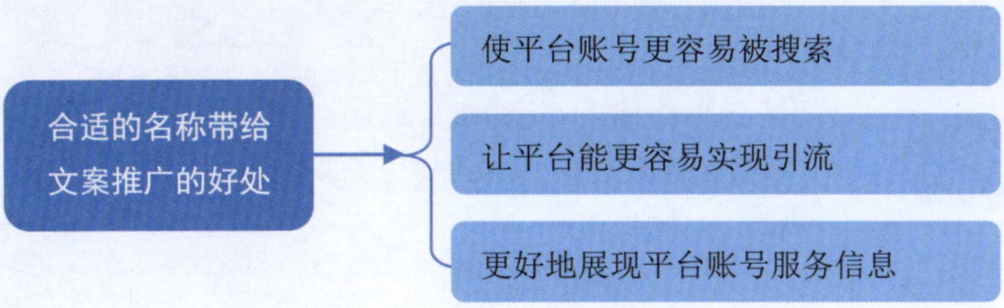


图 2-7 合适的名称带给文案推广的好处

### 2.4.1 平台常见的取名方法

新媒体账号的名字很重要，决定了用户的第一印象，一个好的名字会给平台带来更多的用户。可以说其名字就如同实体店的名字，要想让用户记住店铺，就必须在取名上下功夫。常见的新媒体账号取名方法如图 2-8 所示。

| | |
|---|---|
| 直接式 | 指直接以企业或产品名称来命名的方式，多用于知名企业或品牌。有三点优势，分别是用户的识别度高、借助品牌易于传播和便于用户搜索。如新华社、中国电信等微信公众号 |
| 提问式 | 提问式的新媒体账号取名方法其实就是从用户的需求角度出发，将平台账号自身所能提供的服务通过问题的形式表现给广大用户。如名为“吃啥？”的微信公众号就是介绍美食的 |
| 趣味式 | 随着网络社交的发展，出现了供用户消遣娱乐，内容定位朝向新鲜、好玩、有趣等方面的新媒体账号，其名称往往充满趣味性。如冷笑话、十万个冷笑话等微信公众号 |
| 区域名 | 为本地用户提供服务的新媒体账号取名时往往会突出名称区域性。这种取名方式有一个很突出的优势，就是能快速、精准地定位本地用户。如长沙吃喝玩乐、掌中衡阳等 |
| 百科类 | 百科类的新媒体账号的取名法可以运用在社会的各行各业中，“百科”一词直接地向用户表示了平台账号自身的信息资源的丰富性，并且似乎还具有某种“权威性”。如糗事百科 |
| 形象法 | 形象法是利用传统意义上的修辞手法，将企业的品牌或者服务进行形象化来取名的一种方法，常见的以形象法命名的新媒体账号也不少。如篮球公园、拇指阅读等 |
| 企业+领域 | 以企业+领域法命名的新媒体账号也是十分常见的，这种方法既表现了品牌效应，又精准定位了目标用户。如百度电影、百度外卖、豆瓣同城等 |
| 行业名+用途 | 最典型的以这种方法命名的新媒体账号有电影演出票、法务在线等，常用于个人或企业的平台账号命名，通过直接展示行业名来定位用户，直接表现用途来吸引用户 |

图 2-8 常见的新媒体账号取名方法

### 2.4.2　有效避免取名雷区

各大企业或个人在给新媒体账号取名的时候，需要注意的是，千万不可为了过分追求特别、引人瞩目而犯下取名时应该要避免的错误。新媒体账号名称不可踩的雷区如图 2-9 所示，主要有账号取名要包含关键词，否则不容易被搜索群体发现；账号取名中不能包含生僻词，否则不容易被记住；不能使用火星文和符号，给用户的感觉不靠谱且很难记住。

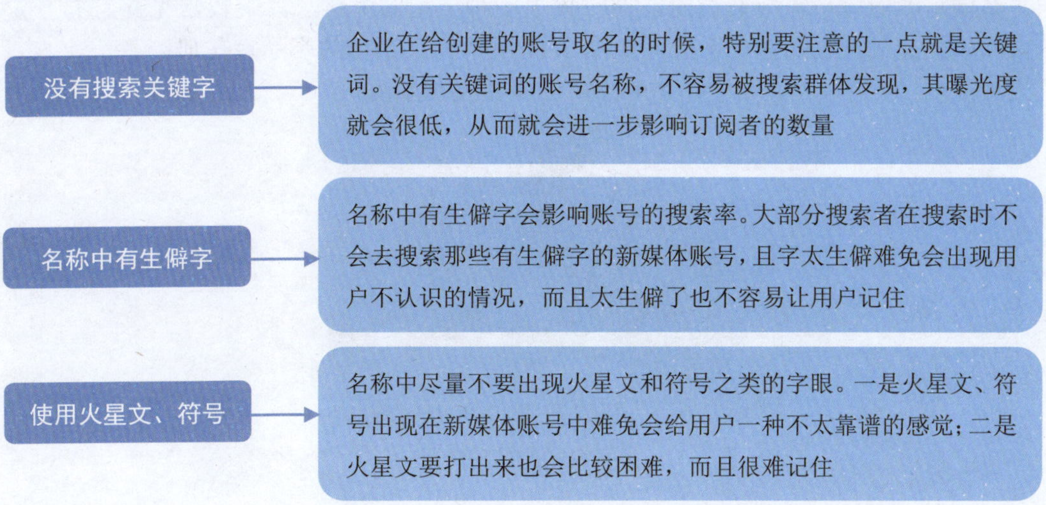


图 2-9　新媒体账号取名时不可踩的雷区

## 2.5　市场调研的前期任务

对于文案撰写者而言，要想更有效地完成任务，就需要对相关的工作内容有一个完整认识，思考该做好哪些准备工作和怎样去想出优秀文案点子。准备好之后再去做市场调研，完成最终的文案制作。市场调研的目标主要是各种数据、资料、信息，比如销售额、市场份额、盈利性问题等。要想完成市场调研，同样需要一定的技巧和相关步骤，在前期的准备工作中，主要集中在以下三个方面，如图 2-10 所示。

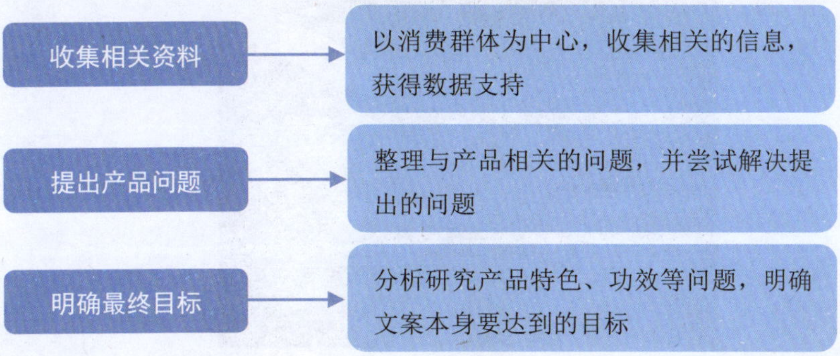


图 2-10　前期准备工作集中在三个方面

### 2.5.1 收集产品的相关资料

如果文案是针对已经生产的产品，那么相关的背景资料都需要收集起来进行参考，如相关广告内容、宣传册、竞争对手资料、商品特点记录、广告企划、官方网址、使用者反馈。在网络时代，从网络上搜索产品信息，并且进行分析整理是最为常见的写作技巧。花费时间去打印资料、阅读网站信息或产品信息，能够让文案在写作过程中获得事半功倍的效果。

对于文案撰写者而言，需要在调研前期收集很多种类型的资料，其中较常见并且有一定借鉴意义的，如企业或产品的宣传手册。如图 2-11 所示为某平台的产品宣传册。

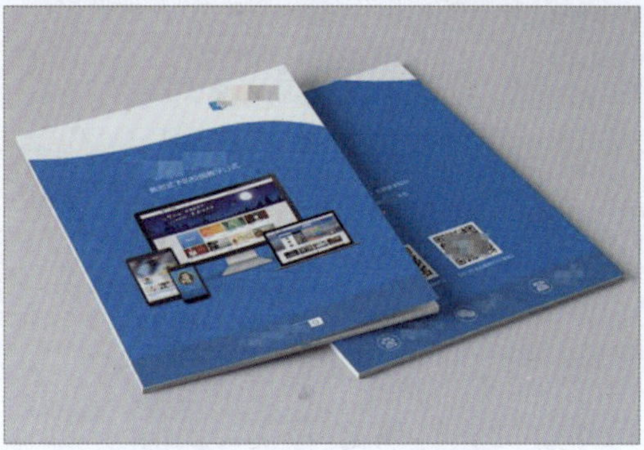

图 2-11　某平台的产品宣传册

### 2.5.2 提出产品问题并进行分析

为了更好地进行整理，一般情况下对与产品相关的问题进行分析，将之列为完整的清单，以便及时有效地查找相应资料。在诸多问题中，产品的特色和功效是主要被关注的，也是文案宣传内容的重点。通常，文案中选择三到四个产品功能进行解说即可。如图 2-12 所示为某品牌烤火炉产品的相关解说。

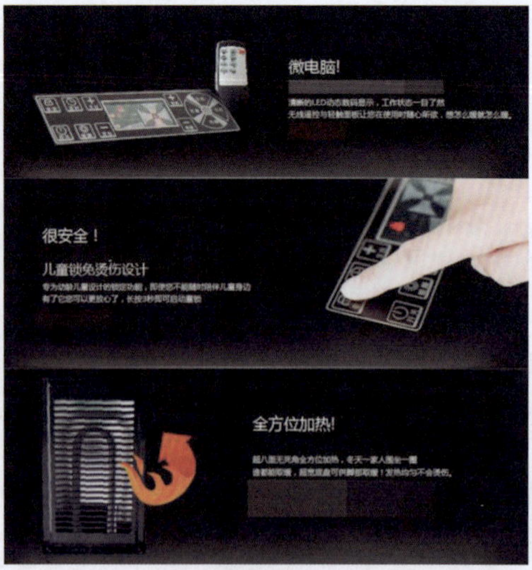


图 2-12　某品牌烤火炉产品的相关解说

提出的产品问题相关内容分析如图 2-13 所示。

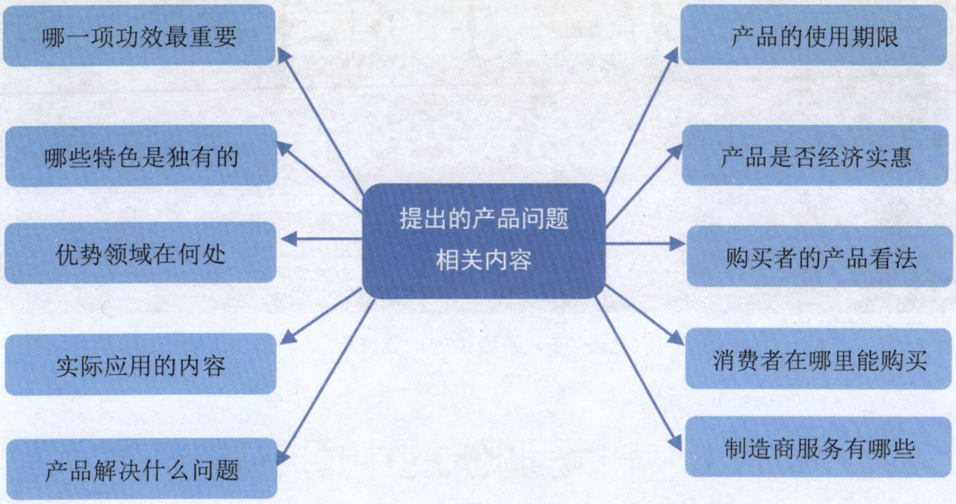


图 2-13　提出的产品问题相关内容分析

### 2.5.3　确定文案的最终写作目标

文案写作根据目标不同，会有不同的创作方式，所以在市场调研的准备工作中，明确最终的文案目标是重要环节。常见的广告文案目标分类如图 2-14 所示。

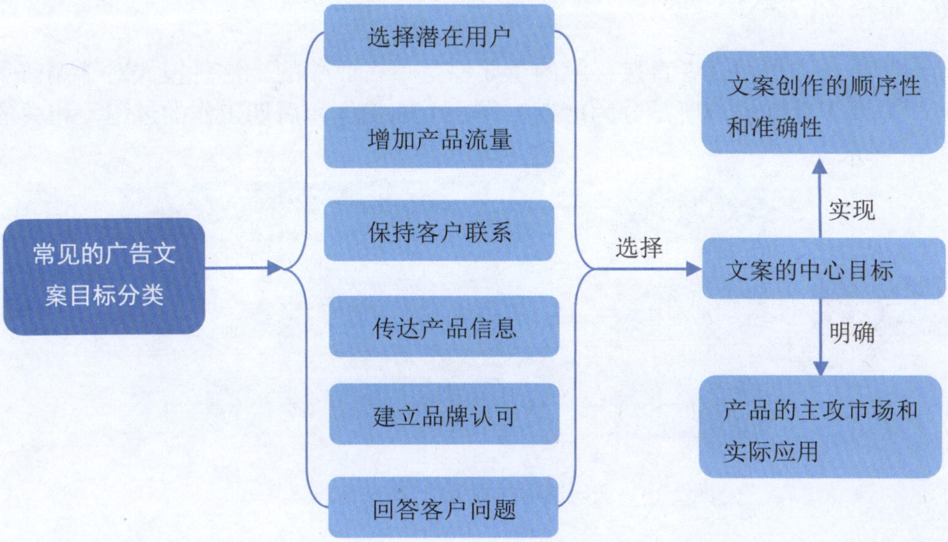


图 2-14　常见的广告文案目标分类

一个文案可以只有一个中心目标，比如传达产品信息，但是也可以同时有多个中心目标。如图 2-15 所示为某店铺的广告文案，其目标就是增加产品流量，并且选择潜在用户。

图 2-15　某店铺的广告文案

## 2.6　市场调研的中间阶段

调研是调查研究的简称，也是打造文案优势的主要阶段。调研人员通过多种调查方式，收集相关信息，研究具体内容，进而为决策做准备。

在前期的准备工作完成之后，实际上的调研阶段主要分为跟调查者直接接触、进行相关数据研究和建立信息归档机制这三个环节。

### 2.6.1　与调查者接触并获取信息

对于新闻行业而言，与调查者直接接触的重要性是不言而喻的。这种模式对于调研来说也是同等重要。与调查者接触调研是分为前期工作、中期工作和后期工作的过程，相关的内容分析如图 2-16 所示。

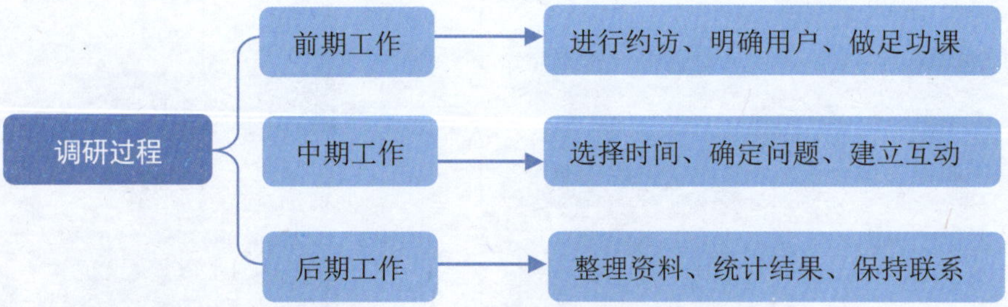


图 2-16　调研过程的相关内容分析

### 2.6.2　获取实际的调查数据并研究

在获得实际的调研数据之后，下一步工作主要就是进行相关数据研究，并将结论体现于文案的内容中。

进行数据分析，可以重新思考和组织之前访谈的内容，逐渐建立对产品的特定观点，从而得到结论。除此之外，就是将信息高度浓缩，尤其是对于关键资料而言，不需要文案撰写者在数据的海洋中慢慢寻找。

### 2.6.3　收集的资料信息进行归档

网络数据往往不太真实，对于文案撰写者而言，采用的资料需要进行来源建档，以确保文案的真实性。有些信息归档会建立专业的系统来完成，如图 2-17 所示为某企业文档的管理系统。

图 2-17　某企业文档的管理系统

除了来源于网络的信息需要进行资料来源归档外，其他的资料来源同样适用于归档机制。比如客户或企业提供的资料、产品信息记录等，甚至包括调研的对象清单，相关的调研笔记原稿之类。

## 2.7　调研优化步骤

文案撰写者的工作，主要是通过构建字句和想法，让产品等能够达到预期的销售目标。在具体的创作过程中，文案分为提炼重点信息内容、不同搭配组合创造更多选择、列出问题清单提出新想法、合理搭配美工设计和倾听有效建议并完善这五个步骤，用于更好地让文字创造销售力。

### 2.7.1　提炼重点信息内容

情报主要来源于调研阶段，提炼的信息则是直接应用于文案中。从文案创作的角度出发，主题资料的相关内容分析如图 2-18 所示。

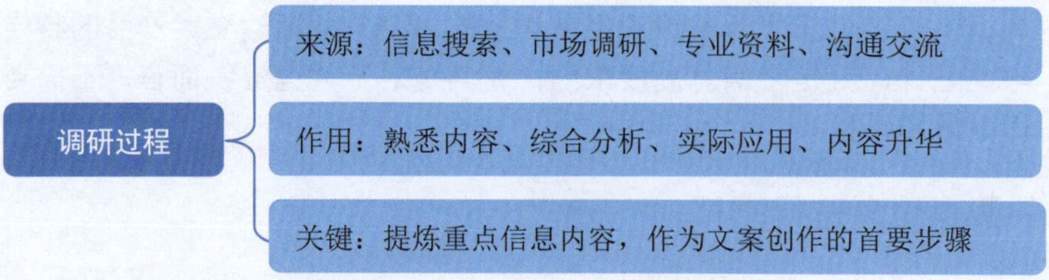


图 2-18　主题资料的相关内容分析

### 2.7.2　不同搭配组合创造更多选择

文字的创新往往在于想法的不同搭配，尤其是与图片的共同组合，创造了更多文案选择。在文案的写作模式上一般可以分为三种，分别是文字图片创新、平实的文字和平实的图片组合后产生的创新效果。

### 2.7.3　列出问题清单提出新想法

列出清单不仅仅是在市场调研时有决定作用，在写作过程中也会有着较大的帮助。清单所列出的问题能够刺激撰写者的思考，进而成为新想法的出发点。从撰写者角度出发的相关分析如图 2-19 所示。

图 2-19　从撰写者角度出发的相关分析

不同的撰写者在进行写作时的状态不同，写作方式也因人而异。一般情况下，文案的创作很难在一开始就获得成功，写得完美无缺。即使是优秀的文案撰写者，也需要重写多次，才能够将所有的元素归纳到位。

对于文案新手而言，列出详细问题清单更加有必要性。除此之外，怕写出语句不通、蹩脚的想法，也是新手常见的问题。尽管文案本身内容或许并不是很多，但是从全面的角度出发，搜索的背景资料应该远多于文案所需。

### 2.7.4　合理搭配美工设计

在文案人员需要沟通的合作对象中，美工是至关重要的一个部分。主要定位为技术类人才，作用于平面、色彩、基调和创意这几个方面，具体还分为平面美工、网页美工和三维美工。美工的工作主要是集中于艺术指导方面，负责对内容进行创造，在广告业中的作用更为突出。如图 2-20 所示为某品牌奶茶店的美工作品的案例。

图 2-20　某品牌奶茶店的美工作品案例

“术业有专攻”，对于文案人员而言，善于联合合作对象，是完成文案任务的必要步骤。没有美工的帮助，即使文案人员写出了多么优质的文字或内容，也很难达到理想的文案表达效果。

### 2.7.5　倾听有效建议并完善

即使是大侦探福尔摩斯，也同样需要华生医生在某些时候提供帮助或者意见。对于文案撰写者而言，在写作过程中或者完成之后，倾听别人的建议是非常需要的，相关分析如图 2-21 所示。

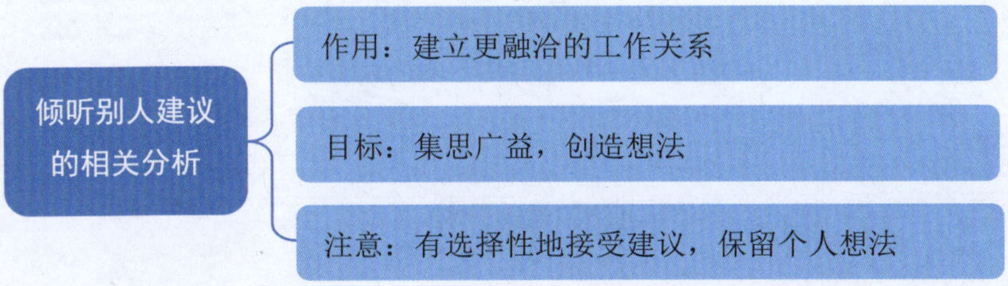


图 2-21　倾听别人建议的相关分析

## 2.8　调研文案的创作分类

在调研方面，除了广告类文案需要进行调研收集数据信息之外，调研领域的文案本身也是属于文案类型的一种，在实际的应用中比较广泛，内容上具体而言主要分为市场开发类型文案、营销分析类型文案、客户分析类型文案和调研问卷类型文案这四个方面。

## 2.8.1 市场开发类型

市场开发文案在企业品牌宣传或产品的市场运作中起着至关重要的作用。市场开发类型主要包括以下内容。

**1．文案内容**

市场开发类型文案是企业直面竞争的有效方式，需要遵循市场发展的规律，在内容上主要分为市场企业现状分析、文案目的和意义、文案运作时间、具体的行动计划、运作方法和流程与宣传文案，以及预算这六个方面。

**2．创作重点**

从企业的角度出发，针对不同的市场，采用的开拓策略也不尽相同。在市场开发文案中，根据及时组织的市场调查，可以持续地收集反馈信息及使用情况，及时调整营销策略。在市场开发文案中，创作重点主要集中于选择准备进入的市场，以及相关的后期安排，具体分析如图 2-22 所示。

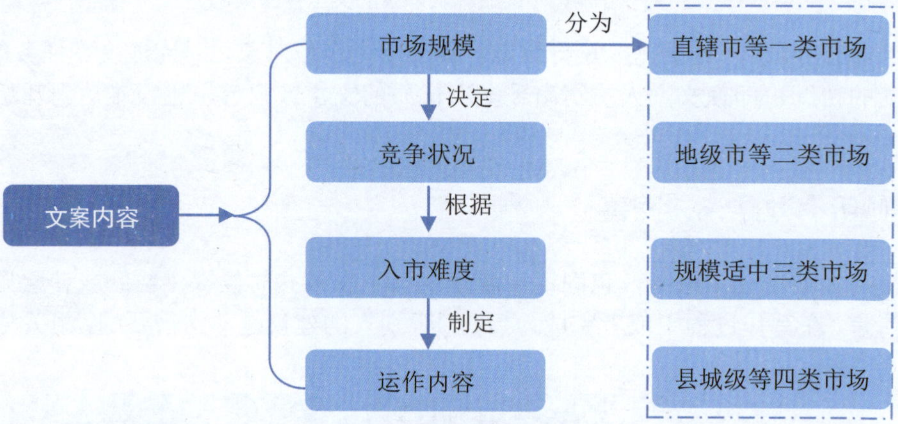


图 2-22　市场开拓文案的内容分析

**3．参考范文**

**××服装市场开拓文案**

**一、市场现状分析**

××省是一个农业和工业并重的大省，全省有××地级市、××自治州、××县市区，总人口××万。

从消费方面讲：××省是一个消费型省份，随着经济的发展，城乡居民的收入大幅增长，人均收入平稳上升；消费能力不断提高；是个服装消费大省。据近几年相关服装协会数据统计，××省每年服装销售额在××亿元左右。

从地理位置上讲：××北靠长江，属长江中下游开放开发带，处在中国沿海开放带和长江流域开放带之间，可以直接对周边区域进行辐射和影响。

从政府角度看：政府正加大贸易、运输基础设施的投入和建设，正逐渐完善各种配套设施，营造良好的投资环境，由此也带动了销售市场的发展。

从服装消费的角度分析：价位在××元到××元适合××省市场的消费水平。

服装市场的企业战略分析方法（Strengths Weaknesses Opportunities Threats，SWOT）分析如下。

优势：××省××市作为华中地区著名的工业城市和交通枢纽，无论是从南到北，还是从东到西，总会在这座城市交汇。××是中国十大服装批零市场所在地之一，整个市场年销售额达××亿元以上，是所有服饰品牌拓展代理经销商的首选。

劣势：××市服装市场的发展处于成熟阶段，各种品牌蜂拥而至，有可能导致消费过剩。

危机：各种品牌的云集引发了强烈的竞争，产品的同质化越来越严重。

综合××省市场的各种情况，在选择代理商的时必须慎重考虑，需具备以下优势。

（1）具备接近市场的能力：代理商是长期从事服装，在服装领域内建立了良好的客户群，拥有自己的销售网络，更有实力和能力去发展、推广公司的产品、品牌。

（2）市场认知度：对××市场有较清晰的认识，对服装销售有较客观的认识。

（3）资金：有较雄厚的资金做后盾，为公司的产品在××省遍地开花做准备。

（4）具备塑造品牌和推广能力：有多年的服装运作基础，能整合出一套行之有效，适合××省市场的操作经验和模式。

**二、拓展市场方法**

利用原有的客户信息资源进行拓展，到当地进行实地现场拓展，通过网上发布信息来拓展，利用服装展会进行业务拓展，通过媒介利用群发短信来拓展。

**三、市场实地划分**

在××省建立以××市为中心，迅速渗透边区城市，逐渐形成以××市、××市、××市等地区为辅助的营销网络。××市作为省会城市，因覆盖面与传播影响力较广，在实际的建设中，建议可作为代理商自营管理区域的首选，此处直接面对销售终端。提高品牌招商的形象力度，同时也方便有意向的销售终端客户对品牌进行实地考察，为其他的区域作好宣传与推广工作。

**四、营销具体目标**

（1）第1年代理商自营店发展××家，加盟客户发展××家，销售达××万。

（2）第2年代理商自营店发展××家，加盟客户发展××家，销售达××万。

**4．范文解析**

下面针对文案的创作重点，参考范文的内容，进行全面分析，深入认识市场开发类型文案在创作中的实际应用，关于范文的相关分析如图2-23所示。

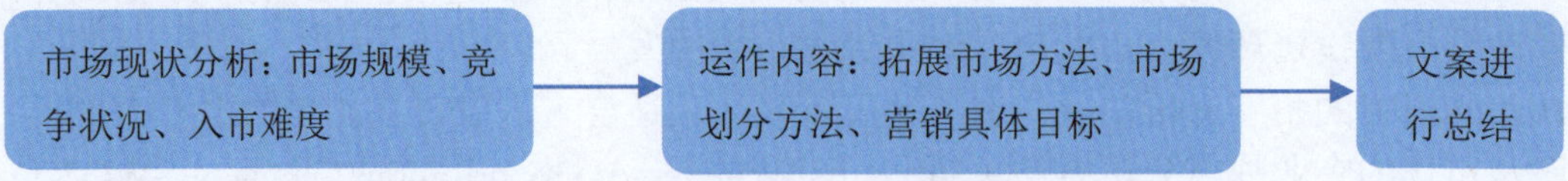


图 2-23　关于范文的相关分析

## 2.8.2　营销分析类型

营销分析文案就是根据战略发展的相关规划，确定目标市场。营销分析文案主要包括以下内容。

### 1．文案内容

营销分析类型文案是用于确定目标市场之后，选择相应的市场营销策略组合，进行实际实施和控制的文字计划，在内容上主要分为产品营销分析、价格营销分析、渠道营销分析、促销营销分析、环境营销分析和用户营销分析这六个方面。

### 2．创作重点

营销分析文案根据要求不同，实际体现的内容重点也有不同。从目标上主要是提高企业的营销资源利用率，使企业资源能够得到最大化效益，具体实施在于针对目标市场制定经营策略。在营销分析文案中，创作重点主要集中在三个方面，分别是选定目标市场、制定市场营销的策略，以及注意相关问题，具体分析如图 2-24 所示。

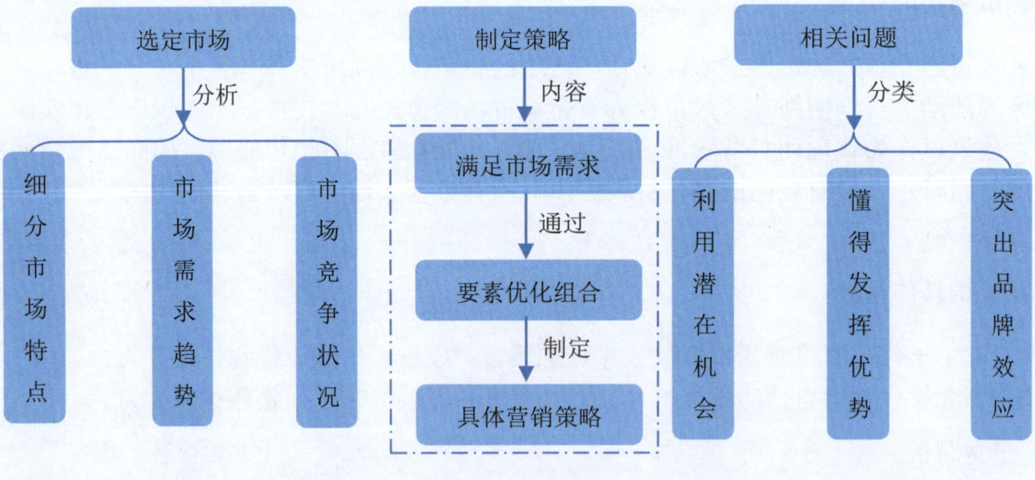


图 2-24　营销分析文案的创作重点分析

3．参考范文

## ××公司市场营销分析文案

### 一、营销战略现状分析

通过了解××公司市场营销的外部、内部环境、公司的战略和企业市场营销成功的关键因素，确定了××公司面临的市场机遇与威胁，优势与劣势后，可以分析××公司在市场营销战略方面存在的问题。下面具体分析××公司在市场营销战略指导思想、目标市场、市场定位、品牌战略、竞争战略、营销组合策略等方面存在的问题。

（1）市场营销战略指导思想

以品牌战略为基本核心，实施品牌的扩张和延伸战略，严抓产品的质量，诚信经营，集中精力抓市场，全力以赴抓营销，实现厂商并赢，加快公司发展。

（2）目标市场

高档××市场、中档××市场、低档××市场。

（3）市场定位

××公司定位于传承经典、世袭尊贵、不断追求卓越的“××××”形象。

（4）品牌战略

形成具有独立个性、独立风格、独立空间的全国性知名品牌，占据国内高、中、低的销售市场，满足不同层面的消费需求。努力实现精耕××市，巩固××省，走向全国，将××打造为国内著名的××品牌。

（5）竞争战略

通过增加经销商的数量控制相关渠道，同时积极引导消费，提高公司整体形象，实施品牌战略来渗透市场，通过拓展市场来增加销售。

（6）营销组合策略

产品策略：改进、开发从中低档到高档××产品覆盖所有价格区，扩大产品的实际需求。

定价策略：高档××产品限量保价或限量提价，中档产品定价采用顾客货值定价，低档产品采用成本定价法。

渠道策略：以传统的渠道模式为主，由批发商向零售供货，辅以公司向零售终端提供产品。

促销策略：重点放在公司的形象宣传上，以形象广告为主。策略主要针对经销商，以销售竞赛为主，采用相对饥饿的销售策略。

### 二、营销策略问题分析

市场营销战略指导思想不够准确；目标市场选择不当导致利润损失；产品定位特点有限，创新意识不强；品牌发展急功近利，衍生的杂乱品牌太多，导致品牌透支过度；对长远发展没有统一的规划。

### 三、正确营销指导思想

（1）正确认识行业特点

目前我国××行业集中度非常低，是其他行业无法相比的，全国有××万多家××企业，××家骨干企业的市场份额仅占31%。

（2）树立市场导向思想

一些××企业提出了健康××的概念，××集团就宣传其产品有利于身体健康。因此，××公司应该树立引导××消费观念的思想，通过各种手段和方法引导健康消费的观念，促使消费者消费观念和消费偏好转变，树立良好的××行业形象。

（3）树立品牌营销思想

××公司要和分销商建立长期良好的关系，满足其需要并帮助其发展，同时与各方建立长期而有价值的联系，保证企业长期生存和发展。

**四、市场营销规划改进措施**

（1）选择目标市场

××公司应采用更富有创新性的市场细分方法，如以社会阶层、职业等因素对市场进行细分，以更有价值的方法界定××行业的细分市场，制定更开放的市场营销战略。应在提高中高档××的市场份额基础上，保持低档××市场的份额。

（2）明确市场定位

××集团产品定位于“传承经典、世袭尊贵”的形象；××公司产品定位于“中国人的××”的形象，这些定位给人以鲜明、独特的感觉和印象。××集团应该更进一步明确市场定位，而不是“香浓、锦柔、醇和、回甜”等无实质定位的内容。

（3）发展品牌战略

建议××公司重点发展××品牌，同时从整体大局出发，对经销商开发的品牌不给予考虑。公司应建立科学先进的品牌管理组织，设立品牌经理和部门经理负责品牌和产品的营销管理。

**4．范文解析**

下面针对文案的创作重点，参考范文的内容，进行全面分析，深入认识营销分析类型文案的具体创作过程，相关分析如图2-25所示。

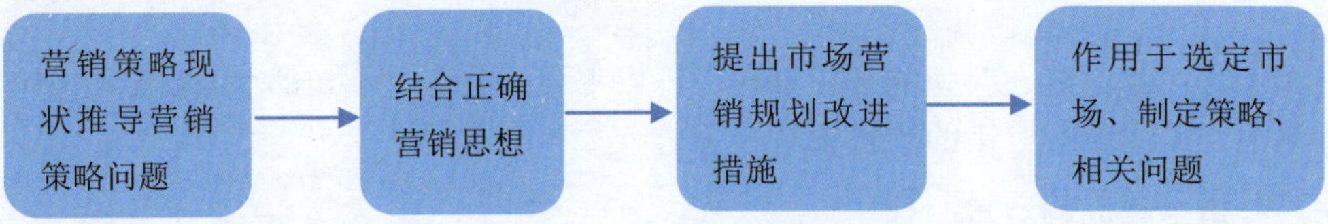


图2-25　关于范文内容的相关分析

## 2.8.3　客户分析类型

客户分析文案主要是对可能有需求的用户群体进行分析，从而更好地迎合需求。客户分析文案主要包括以下内容。

1. 文案内容

客户分析类型文案是产品进入市场之前就需要完成的工作，在整个销售过程中也需要持续关注，并及时改进。在内容上主要是根据消费者的购买行为进行分析，包括客户心理活动和客观物质活动两个方面。

2. 创作重点

客户分析要发现的问题主要是对客户消费能力的分析和对产品质量的反馈等。从目标用户而言，与客户相关的主要有对产品的偏好、购买频率提高的可能、影响他人的可能、对其他品牌的态度、对本产品的态度和未满足的相关需求这六个方面内容。客户分析文案中，创作重点主要集中以下方面，如图 2-26 所示。

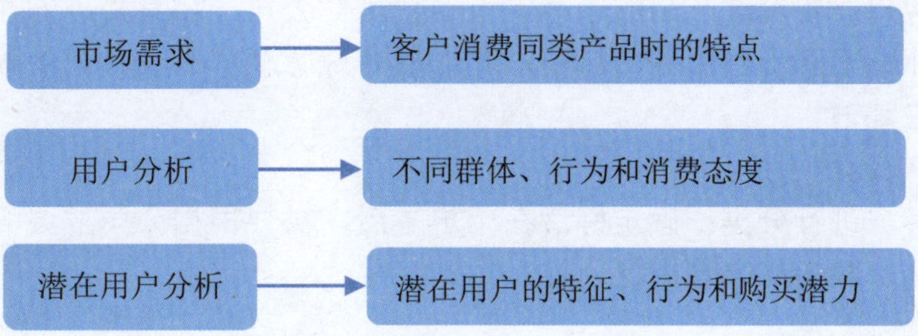


图 2-26　客户分析文案中的创作重点分析

3. 参考范文

××客户分析文案

一、客户分析文案概述

寻找相关用户，为产品销售发掘潜在客户，建立良好的双向关系，扩大销售范围，拓宽销售渠道，从而增加销售，促进公司更好发展。

二、客户相关信息分析

（1）目标客户的现状分析

××化妆品市场是××最大的新兴市场，我公司具有巨大的成长空间。公司产品可以基于对本土文化的深入理解和消费者心理，在某些细分领域获得长足的发展。

（2）目标客户的需求分析

年轻客户：主要以××为主，还有××，消费以××类型产品为主。

中年客户：主要以 30~50 岁的××为主要的消费群体，有固定的收入，具有较高的消费能力，容易产生经常性消费。

老年客户：50 岁以上的××，对××的消费率也相对较少，但是有一定的消费能力。

三、客户开发实施计划

（1）客户开发来源

广告途径：线上可以通过电话采访、互联网投放，线下则可以将内容印发在传单、公交座椅等处，还可以在地铁站或公交站的电子显示屏上投放公司产品内容。

他人介绍：注重公司的信用度等，良好的口碑使得客户慕名而来，也可以通过老客户等向他们征求一些有消费意向的顾客。

面对面销售：定期做一些活动，××位置配备销售员，进行产品销售推广。

网络推广：做一些本公司的广告及产品介绍等，让顾客能更方便获取产品信息。

（2）客户开发途径

维持现有客户：老客户是主要消费群体，建立良好的口碑，并实施老客户介绍新客户优惠活动，拉动客户增长。

留住新客户：咨询过产品的顾客，大多数是对公司产品有兴趣的，只要稍加引导就行。其中一定要让顾客感受到服务的热情，增加顾客好感度，并及时记录顾客联系方式，以便工作人员进行追踪销售。

（3）工作流程

对潜在客户进行分类：确定好潜在用户之后，需要根据公司发展的方向，将客户按照公司产品的类别、服务内容等进行分类。

**四、总体进度计划**

初期计划：制订客户开发计划书；寻找目标客户，发现潜在客户；客户分类及分析；竞争对手的分析。中期计划：增加广告投入、加大销售力度、进行网络推广等。长期计划：客户关系维护、建立会员制度等。

#### 4．范文解析

下面针对在文案中创作重点，进行全面的分析，深入认识客户在分析类型文案的具体细节和在创作中应该注意的方面，相关的分析如图 2-27 所示。

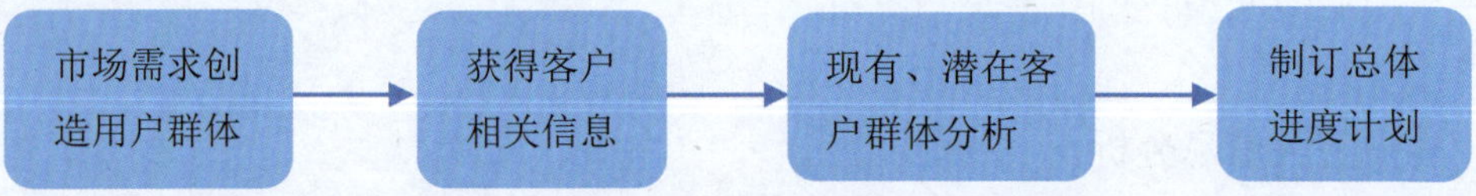


图 2-27　关于范文内容的相关分析

### 2.8.4　调研问卷类型

调研问卷文案是指项目策划前期准备工作中的针对性文案，用来决定市场调研的成败，调研问卷文案主要包括以下内容。

#### 1．文案内容

调研问卷是市场营销的必要环节，对于搜索信息资料有着重要作用。在前期的准备工作中，没有有效的信息支持，营销策划和市场操作就没有规则可循。

从实际应用而言，问卷调查也是市场调查中最有效的一种方法，所以问卷设计属于重要部分，直接决定了市场调查的成功与否。从问卷本身出发，设计问卷文案需要符合目标用户行为，确保信息准确度，在形式上风格简约、内容扼要、全面表达，内容与主题结合。

**2．创作重点**

根据不同行业和实际问卷调查方向的不同，实际的问卷设计在形式和内容上也有所区别。针对调研问卷本身而言，一般需要注意问卷设计是否规范合理、问卷问题是否便于操作、问题是否以目标和内容为依据、前言部分是否提及相关信息和避免使用专业术语这五个方面。

**3．参考范文**

**××问卷调研文案**

**一、前言部分**

目前我们正在进行××活动，为了进一步了解××，我们借助××的机会，特开展此次问卷调查。本次调查以不记名的方式进行，您的宝贵意见将有助于我们××，敬请畅所欲言。非常感谢您的大力支持，做完调查问卷后会有小礼品奉上。

**二、调研问卷题目**

1、您从什么途径知道××产品？

☐ 实体门店广告　☐ 门户网站广告　☐ 报纸、电台广告

☐ 产品促销活动　☐ 朋友介绍　☐ 搜索引擎

2、您目前最希望购买哪种类型的商品？（最多选 2 项）

☐ 家电　☐ 数码产品　☐ 超市类商品

☐ 家用百货　☐ 婴儿用品　☐ 护肤化妆品

**4．范文解析**

调研问卷类型的文案，主要在于根据不同要求整合相关问题，寻求信息支持，所以在范文中主要是针对相关的营销方面进行信息收集，具体分析如图 2-28 所示。

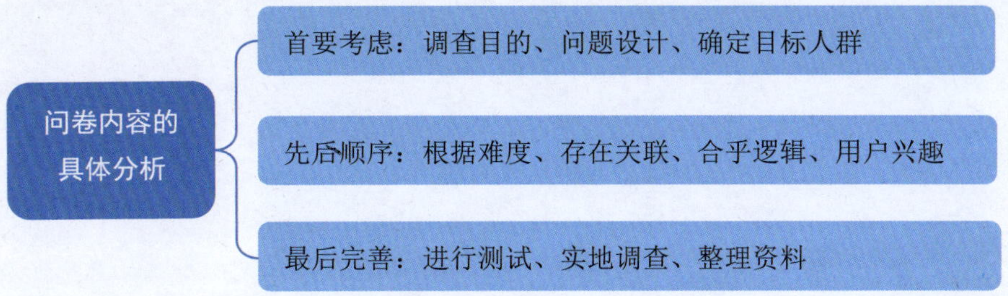


图 2-28　问卷内容的具体分析

# 本章小结

本章主要介绍了新媒体平台的内容定位、用户定位、写作方向定位、账号定位、调研前期任务、调研中间任务的六个优化步骤，以及调研文案创作的分类等，全方面为读者梳理了新媒体文案的定位，以及市场发展。

# 本章习题

1. 关于新媒体平台内容的定位主要做好哪方面的工作？
2. 对新媒体平台的用户如何进行定位？

# 第 3 章　文案标题写作技巧

**本章导读**

在文案的诸多要素中，标题是较为突出的一个内容，优秀的文案标题是吸引读者的重要技巧。本章主要针对文案标题进行全面分析，从作用、类型到实际写作，深入了解其应用，为读者分析并提供实用的实战内容。

**本章重点**

- 文案标题的作用
- 文案标题的写作要点
- 文案标题的写作要求
- 文案标题的类型
- 文案标题的撰写误区

# 3.1 文案标题的作用

“看书先看皮，看报先看题”，这条谚语对于新媒体文案同样适用。标题在定义上就是标明文案、作品等核心内容的简短语句，其对于文案而言十分重要。一般情况下，文案标题应该具备几个基本要求，比如准确美、鲜明美、简洁美、形式美、韵律感等。随着时代的快节奏发展，目前的文案标题口语化和标新立异的特点比较突出，其作用是为了提升读者的阅读兴趣、对潜力用户进行宣传和表现全面的内容信息。

## 3.1.1 激起读者的阅读兴趣

一篇文案的阅读量很高，有多方面的原因，其中一个十分重要的原因就是这篇文案的标题抓住了读者的眼球，激起了读者的阅读兴趣。如果一篇文案的标题都不能引起读者的注意，那么读者也就不会去查看它的内容了。在网络上，直接有效的标题是最能够创造点击量的，无论是长篇的文案策划，还是一张简单的海报。如图 3-1 所示为某药业的系列海报，其以悬念式的标题开头，吸引用户点击相关信息。

图 3-1　某药业以悬念式标题开头的海报

除了悬念式的开头之外，从提升读者阅读兴趣的角度出发，文案标题分为两种形式，其中一种就是标题中展示了产品的某种作用。如图 3-2 所示为某牌牙膏的广告文案作用展示。

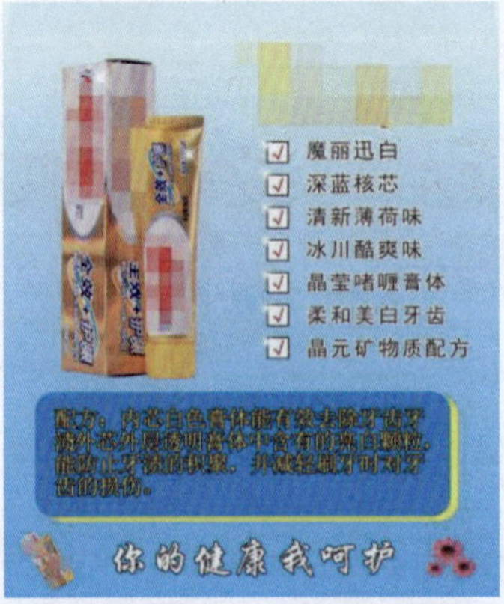


图 3-2　某牌牙膏的广告文案作用展示

这种方式直接在标题中将作用表现出来，第一时间让有需求的用户有兴趣进行阅读。还有一种文案标题就是从产品本身出发，向用户提供一定的相关信息。如图 3-3 所示为“奥克兰”汽车系列广告文案。

图 3-3　“奥克兰”汽车系列广告文案

需要注意的是，标题往往根据实际内容确定，如果只是在标题上讲得天花乱坠，却没有实际的好处，那么文案与产品也就产生了脱节，难以成为优秀的文案。

### 3.1.2　精准定位用户人群

对产品用户进行广撒网的宣传，这种形式也是如今网络时代比较常见的。但所谓“金无足赤，人无完人”，没有哪一篇文案的标题是所有人都感兴趣的，最终能够成为产品潜力用户的只有一少部分人。极少有商品是能够面向每一个人，所以在撰写文案标题的时候，需要精准定位自己的用户群体。只有用户定位准确了，抓住了重点才能保证文案的最大效果。如图 3-4 所示为某服装品牌推出的男性皮带广告文案，直接明了的性别定位。

图 3-4　直接明了的性别定位广告文案

### 3.1.3 突出重点信息并展示全面内容

每个人在查阅网络上的新闻时，往往快速浏览一遍就对相关文案的内容有了一个大致的认识，而不是每篇文案都点击进去查看，这是因为文案标题已经将内容包括进去。

对于文案而言，在标题的部分表现较为全面的内容信息是比较实用的，能够更好地扩大读者的数量。如图 3-5 所示为标题突出的就是吸引用户的“全场低至五折起”，而且展示了全面的内容信息。

图 3-5　标题直接展示全面的内容信息

要想形成用户的自发营销，文案标题必须是明确又实用的，写文案的目的是让用户能够进行分享，而不是一次性传播。所以文案标题越全面，引发的连锁效果越强。同时，标题也能够引导读者阅读文案内文。在诸多的标题中，只有极少数的文案内容是用户愿意主动查看的，能否成功就在于标题显示的几个字而已。如图 3-6 所示为由“你有多久没有读完一本书了？”为标题去吸引读者注意，从而有效引导读者去观看正文内容。

图 3-6　标题展示内容的同时引导读者阅读内文

# 3.2　文案标题的写作要点

一篇文案，最先吸引浏览者的毋庸置疑是标题，好的标题才能让浏览者点进去查看，才能从浏览者变为读者，让文案变成爆文。因此，文案的标题就显得十分重要。而掌握一些标题创作技巧也就成了每个新媒体内容运营者必须要掌握的核心技能。

本节主要介绍拟写标题的一些相关事项。而拟写标题的相关事项，无论是在撰写微信公众号平台文案时，还是在撰写今日头条、一点资讯等新媒体文案标题时，都用得上。本节将从拟写标题的四大原则、突出文案内容主旨、在关键词中加入词根、统一标题与文案内容风格，以及合理控制标题字数五个方面介绍。

## 3.2.1　拟写标题的四大原则

衡量一个新媒体文案标题的好坏，不仅要看它是否有吸引力，还包括其他的一些原则。只有在遵循这些原则的基础上撰写标题，才有可能成为爆文标题。具体原则如下。

### 1．换位原则

新媒体文案撰写者在拟定文案标题时，不能只站在自身的角度，而是要站在读者的角度去思考。也就是说，应该把自己当成读者，如果你想知道这个问题，你会用什么搜索词进行搜索。这样写出来的文案标题就会越接近读者心理，文案排名也就会越靠前。

因此，新媒体文案撰写者在拟写标题前，可以先将相关的关键词输入浏览器中进行搜索，然后从排名靠前的文案中找出写作文案标题的规律，再将这些规律用于要撰写的文案标题中。

### 2．新颖原则

新媒体文案撰写者如果想要让文案标题形式变得新颖，可以采用多种方法。比较实用的标题形式有以下几种。

（1）文案标题写作要尽量使用问句，这样能引起用户的好奇心，比如“谁来‘拯救’缺失的牙齿？”这样的标题是会更容易吸引读者的。

（2）文案标题创作时要尽量写得详细、细致，这样才有吸引力。

（3）要尽量将利益写出来，无论是读者阅读这篇文案后所带来的利益，或者是这篇文案中涉及的产品或服务所带来的利益，都应该在标题中直接告诉读者，从而增加标题对读者的影响力。

### 3．收录原则

一篇文案如果想要发挥价值，首先必须被网站收录。只有被收录的文案才有被传播的可能。存在电脑里的文案，是没有任何价值的。因此新媒体文案撰写者一定要根据网站收录原则，最重要的是原创，对平台上的文案标题进行全新创作。在新颖的同时，还要与事实、热点、流行语建立联系，这样才能被网站快速收录。

新媒体文案撰写者在进行标题写作的时候，可以先将写好的文案标题放到网上并进行搜索，如果搜索到很多类似的标题，那就要考虑换一个标题了。

4．关键词组合原则

通过观察可以发现，能获得高流量的文案标题都是拥有多个关键词并且进行组合之后的标题。这是因为只有单个关键词的标题的排名影响力不如多个关键词的标题。例如，如果仅在标题中嵌入“面膜”这一个关键词，那么用户在搜索时，只能搜索“面膜”这一个关键词，文案才会被搜索出来。而标题上如果含有“面膜”“变美”“年轻”等多个关键词，那么用户在搜索其中任意关键词的时候，文案都会被搜索出来，标题“露脸”的机会也就更多了。

## 3.2.2 突出文案内容主旨

俗话说：“题好一半文”。意思就是说：一个好的标题就等于一半成功的文案内容。衡量一个标题好坏的方法有很多，而标题是否体现文案主旨，就是衡量标题好坏的一个主要参考依据。

如果一个标题不能够做到读者看见它的第一眼就明白它想要表达的内容，那么读者在很大程度上就会放弃阅读这一篇文案。这一点对于爆文标题来说，需要更加注意。

标题是否体现文案主旨造成的结果分析如图 3-7 所示。

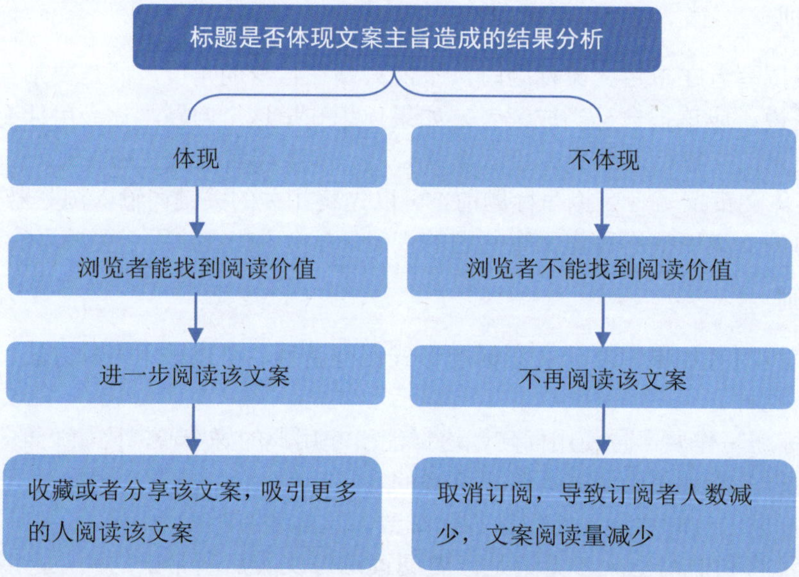


图 3-7 标题是否体现文案主旨造成的结果分析

经过以上分析，可以直观地看出，文案标题是否体现文案主旨给新媒体文案带来很大的差异，会影响新媒体内容运营的效果。新媒体文案撰写者想要让文案成为爆文的话，那么在拟定文案标题的时候一定要多注意文案的标题是否体现了其主旨。

## 3.2.3 在关键词中加入词根

通常，新媒体文案除了给已经关注的读者阅读，另一个目的也是为了吸引那些潜在的读者。因此，在进行文案标题编写的时候，撰写者需要充分考虑怎样去吸引那些潜在读者。而要实现这一目的，就需要从关键词着手。而要在标题中运用关键词，就需要考虑关键词是否含有词根。

词根指的是词语的组成根本，只要有词根就可以组成不同的词。新媒体文案撰写者在标题中加入有词根的关键词，才能将文案的搜索度提高。

例如，一篇文案标题为《十分钟教你快速学会手机摄影》，那这个标题中“手机摄影”就是关键词，而“摄影”就是词根，根据词根可以写出更多的与摄影相关的标题。

### 3.2.4　统一标题与文案内容风格

新媒体文案撰写者在拟定文案标题的时候，还需要考虑到标题与平台的风格是否统一、搭调。标题与平台整体风格的统一与否，会影响到读者对新媒体账号的整体评价，以及订阅者浏览、阅读文案时的感受。

例如，当你订阅了一个以传播搞笑视频、话题、笑话为主，整体形象类似于嘻哈风的小青年型的微信公众号，但是该公众号每天推送的文案标题都是正经型的，而且文案的内容、用字遣词都如同一位西装革履的白领一样，相信大部分订阅者都会产生一种别扭的感觉：是不是点错了公众号？时间一长可能就会忘记该公众号的存在，或者立刻就取消关注了。

### 3.2.5　合理控制标题字数

在新媒体平台不断发展的情况下，标题的字数也朝着多样化的方向发展。那么对新媒体文案来说，是否符合其发展规律和有着社会适用性呢？要知道，过犹不及，新媒体文案标题也是如此。对于各大新媒体平台的文案标题来说，在一个适度范围内的标题字数才能更吸引读者。也就是说，文案的标题字数应该限制在一定的范围内。

以用户的阅读习惯和平台的运行方式来说，假如文案的标题超过三行，在大多数情况下，读者是不会去点击阅读的。

在智能手机种类多样的情况下，不同型号的手机显示的文案标题字数也是不一样的。一些图文信息在自己手机中是一行，但在其他型号的手机中可能就是两行了。在这种情况下，标题中的有些关键信息就有可能隐藏起来，不利于读者了解文案的描述重点和对象。所以，在制作标题的时候，应该保持文案标题的字数无论在什么样的手机上显示的都是一行。

在制作标题时，重点内容和关键词的选择上要有所取舍，只要把最主要的内容呈现出来即可。

## 3.3　文案标题的写作要求

如果想要深入学习撰写爆款文案标题，就要掌握爆款文案标题的特点。本节以短视频文案标题为例，围绕着爆款文案标题的五大特点，重点介绍文案标题的写作要求，以此帮助读者打造出爆款标题。

### 3.3.1 体现出实用性

在短视频运营过程中，文案内容撰写的目的主要告诉用户通过了解和关注短视频内容，能获得哪些方面的实用性知识或能得到哪些具有价值的启示。因此，为了提升短视频的点击量，运营者在进行标题设置时应该对其实用性进行展现，以期最大限度地吸引读者的眼球。

例如，与健身有关的短视频账号，都会在文案当中介绍一些健身的动作，并在文案标题中将其展示出来，短视频用户看到这一标题后，就会点击查看短视频所介绍的有关于健身的详细方法，如图 3-8 所示。

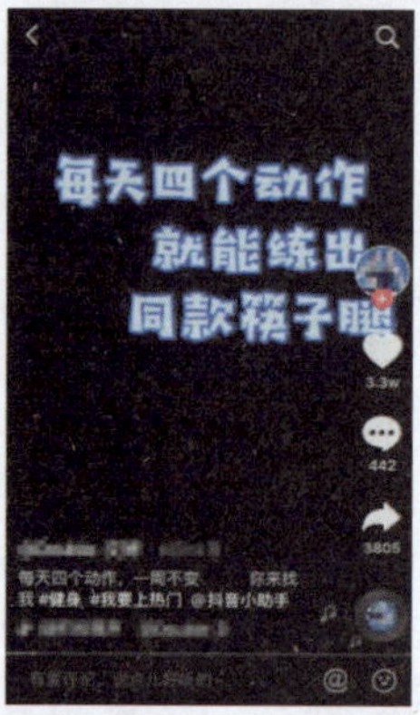


图 3-8　健身有关的短视频案例

短视频运营者在撰写实用性的短视频标题时，就应该对短视频内容的实用性和针对对象做了说明，为那些需要相关方面知识的短视频用户提供了实用性的解决方案。

可见，展现实用性的短视频标题，一般多出现在专业的或与生活常识相关的新媒体平台上。除了上述所说的关于健身的文案标题之中展现其实用性以外，其他专业化的短视频平台或账号的标题撰写当中也是非常常见的，如图 3-9 所示。

图 3-9　体现实用性的标题案例

在图 3-9 短视频标题中，明确的表示短视频内容包含了用户可能用得上的生活小妙招和生活问题的解决方法。因此，短视频用户看到这两个标题之后就会觉得短视频中的内容可能对自己有用处，这样一来，短视频用户自然会更愿意查看短视频内容。

### 3.3.2　陈述形象通俗

短视频的用户比较广泛，所以，短视频标题在语言上的要求是形象化和通俗化。从通俗化的角度出发，就是尽量不使用华丽的辞藻和不实用的描述。为了实现短视频标题的通俗化，运营者可以从长话要短说、避免华丽辞藻的修饰和添加生活化元素这三个方面着手。

短视频账号运营者可以利用这三个方面，把专业性、不易理解的词汇和道理简单明了地表达出来，让用户更容易理解短视频的内容。如图 3-10 所示为通俗化语言文案标题案例。

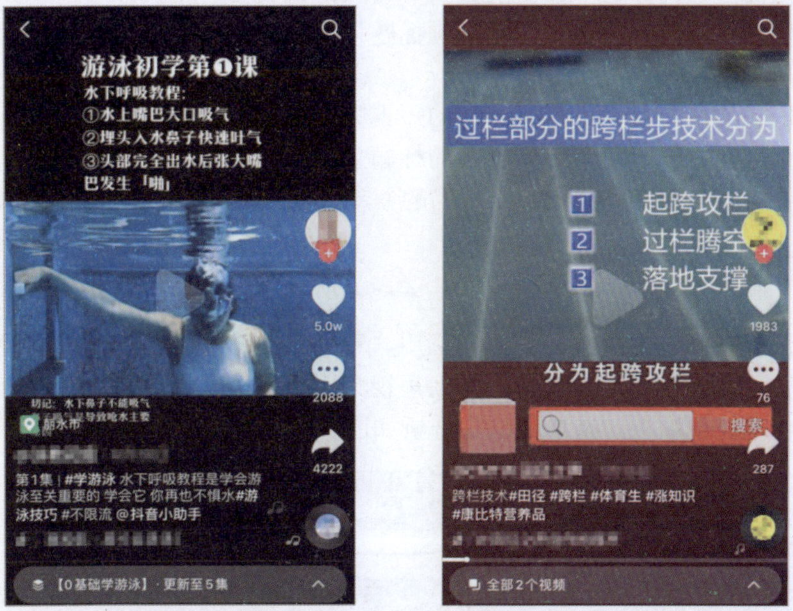


图 3-10　通俗化语言文案标题案例

除了某领域内部人员之外，其他短视频用户对于该领域的了解或熟悉度是远远不够的。如果毫无经验或是经验不足的短视频用户想要学习某领域的专业知识，那么专业性过强或者太过复杂的标题，用户有可能是不会点击阅读的。

而当短视频用户看不懂或不理解标题内容时，很可能也会选择略过对应的短视频。这样一来，短视频的播放量就难以得到保障了。

所以，短视频运营者在撰写标题时，要尽量化繁为简。让短视频用户在看到标题后能更好地学习或了解相关内容，从而让短视频用户更好地接受短视频运营者的观点或做法。

### 3.3.3　展示最大亮点

销售类短视频发布的目的就在于吸引用户的注意力，最终促进产品的销售，针对这一目的，在短视频标题的拟写过程中，应该注意将产品的最大亮点展示出来。这样做的目的主要是为了让短视频用户在看到标题的时候，就能直观感受到短视频中所提及的产品具有怎样的功能和特点，是否能提起短视频用户的兴趣，是否能满足用户的相关需求。

短视频标题的特征凸显这一层面上，可从多个角度来考虑。其中，最能够打动短视频用户的一般是表现出最新动态的产品特征。

这是因为用户都有一种追求新奇的心理需求，总是希望能够见证超越历史的某一时刻、某一事件，因而在短视频的标题中添加“全新”“开始”“创新”“终于”“初代”等词汇，往往更能吸引短视频用户的眼球，让短视频获得更多的观看量和点赞量。

### 3.3.4 采用问句形式

在短视频标题的写作中，标题的形式多种多样，短视频运营者不能仅仅拘泥于几种常见形式的标题，因为普通的标题早已不能够吸引每天都在变化的短视频用户了。在撰写短视频标题的时候，可以使用问句的形式，短视频标题使用问句能很大程度地激发短视频用户的兴趣和参与度。

这些问句形式的标题对于有着好奇心的短视频用户是十分具有吸引力的。短视频运营者在撰写短视频标题的时候，要学会用新颖的标题来吸引短视频用户的注意力。千篇一律的标题，用户看多了也会产生审美疲劳，而适当的创新则能让他们的感受大不同。

### 3.3.5 标题要突出主旨

如果一个短视频标题不能够做到短视频用户看见它的第一眼，就明白想要表达的内容，得出该视频是否具有点击查看的价值，那么短视频用户在很大程度上就会放弃查看这个短视频。标题是否体现短视频主旨造成的结果分析如图 3-11 所示。

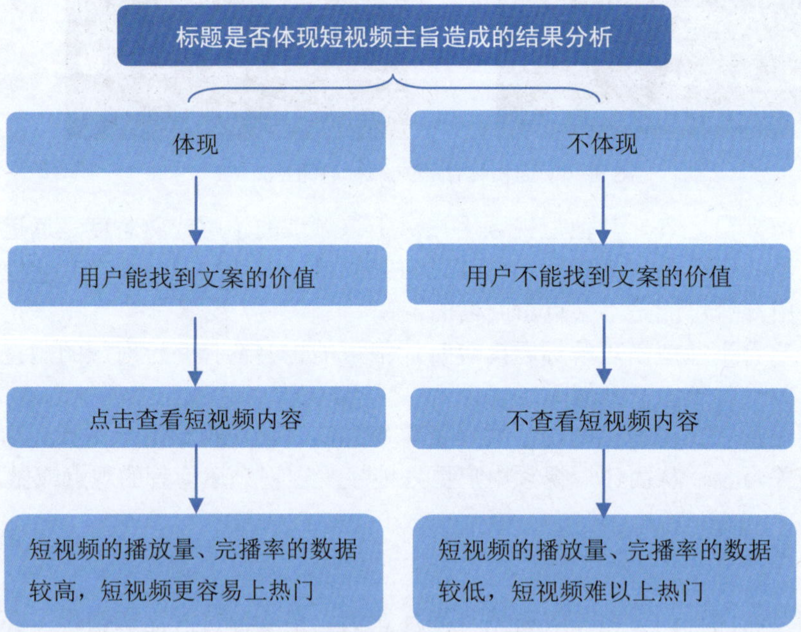


图 3-11　标题是否体现短视频主旨造成的结果分析

经过上述分析，可以直观地看出，文案标题是否体现文案主旨会直接影响短视频的营销效果。所以，短视频想上热门，就要注意文案的标题是否体现了其主旨。

## 3.4 文案标题的类型

在各类文案创作中，标题的类型技巧早已深入探讨过，并实际应用于文案创作中。每一个创意人员都希望避免公式化的形势，尽可能地发挥原创性和内容的表现方式。

在实际的写作过程中，标题的类型有很多，根据个人的能力可以侧重不同的类型。下面主要针对标题类型进行筛选，对直接展示类型、文字暗示类型、提问思考类型、目标导向类型和命令形式类型这五种更具实用价值和借鉴价值的类型进行分析。

### 3.4.1 直接展示类型

直接展示类型就是把用户想要的结果提炼在标题上，最为常见的就是打折类活动文案标题，比如“某某周年庆”，如图 3-12 所示。

图 3-12 打折类活动文案标题

直接展示类型的标题十分常见，尤其是在微店、微商、淘宝店铺等进行活动策划文案时，可将最有利于用户的标题摆在显眼位置，吸引流量。直接展示类型标题的内容包括以下五点。

第一点，点明商品宣传；第二点，不玩文字游戏；第三点，利益关系明显；第四点，宣布折扣活动；第五点，吸引顾客上门。

### 3.4.2 文字暗示类型

文字暗示类型的标题比较常见于微信的各类文案，尤其是部分文案还有各类图片暗示。对于文案写作而言，这也是重要的一种类型，能够通过勾起读者的兴趣而获得文案信息传播的成功。如图 3-13 所示为“江小白”的一则文案，其文案标题看似与产品毫无关系，但就是以暗示的方式说明其产品，江小白的营销方式也就是内容营销，其核心的传播素材并不是长篇大论的故事，反而是简短“鸡汤式”的广告文案。

婉转暗示类标题的目标同样是做产品的推销，但不同的是这种标题需要勾起读者好奇心，然后再通过内文解答读者的疑惑。关于文字暗示类型标题的相关分析可分为以下五步。

第一步，吸引用户注意力；第二步，激起足够好奇；第三步，激发读者阅读；第四步，获得内文信息；第五步，实现文案目标。

图 3-13　文字暗示类型的文案标题

### 3.4.3　提问思考类型

在提问思考类型的文案标题中，常见的就是运用逆向思维进行标题构建。提问思考类型的标题主要有两种作用，一种是，逆向思维的方式突出文案内容；另外一种是，通过读者的共鸣，激发阅读者兴趣。

提问引发思考是充分利用人类与生俱来的思维方式，尤其是问题与读者本身存在一定的关联时。越是有紧迫性的问题，越是充分展现其价值，从而也就更吸引用户注意力。提问思考类型具体分析包括以下五步。

第一步，推出提问思考标题；第二步，获得读者的关注；第三步，激发阅读兴趣；第四步，了解内文详情；第五步，实现文案目标。

### 3.4.4　目标导向类型

数字在互联网时代的重要性更加突出，因为相比于烦琐的文字，数字的表现力要更优质一些。在一堆文字中，读者往往最先关注到的是单个的数字，而目标导向类型的标题就是通过在标题中添加数字的形式，带动读者的兴趣。常见的主要有“几大理由”“几个步骤”“几大类型”等。

目标导向型的标题能够更好地让用户有探知欲望，往往效果也是较好的。需要注意的是，标题导向的内容必须要与标题本身相呼应，相关分析分为以下五点。

第一点，促使用户的探知；第二点，吸引读者看内文；第三点，获得相关信息；第四点，标题的作用完成；第五点，实现文案的目标。

### 3.4.5　命令形式类型

还有一类标题是直接告诉用户应该如何做，从而吸引读者浏览内文。相比于其他类型的标题，命令的形式更能够为处于考虑阶段的用户提供相应的内容分析，从而引导用户做出决定，相关分析分为以下五点。

第一点，要求读者做出行动；第二点，引导读者的决定；第三点，使用户改变思想；第四点，完成标题的目标；第五点，实现产品的销售。

## 3.5　文案标题的撰写误区

在学习新媒体文案标题撰写时，还要注意不要走入误区，一旦标题失误，便对文案的阅读量造成不可小觑的影响。本节将从文案标题容易出现的六大误区出发，介绍如何更好地打造新媒体文案标题。

### 3.5.1　语言表述含糊

在撰写新媒体文案标题时，要注意避免为了追求文案标题的新奇性而表述含糊的现象出现。很多撰写者会为了使自己的文案标题更加吸引读者的目光，一味地追求文案标题上的新奇，从而导致文案标题的语言含糊其辞。

含糊是指语言不确定，或者表达方式或表达的含义模棱两可。在新媒体文案标题上，如果只看标题，那么读者完全不知道文案想要说的是什么，会让读者觉得整个标题都很乱，完全没有重点，无从看起，从而在不经意间增加了读者的阅读负担。因此，在撰写新媒体文案标题时，尤其要注意文案标题的表达要清晰，重点要明确。要让读者在看到标题的时候，就能知道文案内容大致讲的是什么。只有这样，读者才会觉得文案条理清晰，进而点击阅读。

通常，要想表述清晰，就要做到找准文案重点，明确文案中的名词，如人名、地名、事件名等。

### 3.5.2　使用无关词汇

一些文案撰写者为了让文案标题变得更加有趣，使用一些与标题没有多大联系，甚至是没有关联的词汇夹杂在标题之中，想以此达到吸引读者注意的效果。

这样的文案标题可能在刚开始时能引起读者们的注意，读者们可能也会被标题所吸引而点击查看文案内容。但时间一久，读者们便会拒绝随意添加无关词汇的文案。这样的结果所造成的影响对于一个品牌或者产品来说是长久的。所以，在撰写新媒体文案标题时，切忌将无关词汇使用到文案标题中去。

在新媒体文案中容易出现与文案标题无关的词汇，如图 3-14 所示。

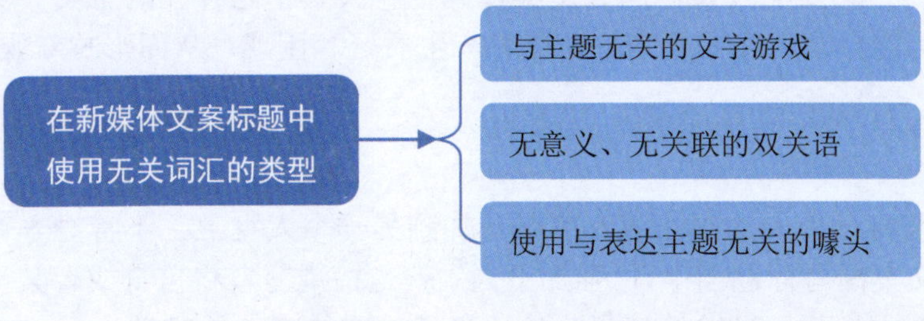


图 3-14　在新媒体文案标题中使用无关词汇的类型

在撰写新媒体文案标题时，词汇的使用一定要与文案标题和内容有所关联，撰写者不能为了追求标题的趣味性就随意乱用无关词汇。而是应该学会巧妙地将词汇与文案标题的内容紧密结合，使词汇和标题内容融会贯通，相互照应。只有做到如此，才算得上是一个成功的文案标题。否则，不仅会对用户造成一定程度的欺骗，也会变成所谓的“标题党”。

### 3.5.3　负面表达内容

撰写一则新媒体文案标题，其目的就在于吸引读者的目光，只有文案的标题吸引读者，读者才会去阅读文案内容。基于这一点，也让文案标题出现了一味追求吸睛而大面积使用负面表达的情况。

在撰写标题时要尽量避免太过负面的表达方式，而是要用正面的、健康的、积极的方式表达出来，给读者一个好的引导。例如，在表示食用盐时，撰写者最好采用“健康盐”的说法，如“教你如何选购健康盐”，要避免使用“对人体有害”这一负面情况的表述，才能让文案和产品更容易被读者接受。

### 3.5.4　极度虚假自夸

新媒体文案撰写者在撰写标题时，要运用文学中的一些表现手法，比如夸张、比喻等，但这并不代表就能毫无上限地夸张，把没有的说成有的，把虚假说成真实的。在没有准确数据和调查结果的情况下冒充“第一”，这在新媒体文案的标题撰写当中是不可取的。

撰写者在撰写新媒体文案标题时，要结合自身品牌的实际情况，进行适当地艺术上的描写，而不能随意夸张，胡编乱造。如果想要在文案当中使用“第一”或者意思差不多的词汇，不仅要得到有关部门的允许，还要有真实的数据调查。如果随意使用“第一”，不仅对自身品牌形象有不好的影响，还会对读者造成欺骗和误导，当然在法律上也是不允许的。

### 3.5.5　比喻形式不当

在新媒体文案的撰写中，经常会用到比喻式的文案标题。能将某事物变得更为具体和生动，具有化抽象为具体的强大功能。所以，采用比喻的形式撰写标题，可以让读者更加清楚地理解文案标题当中出现的内容，或者是想要表达的思想和情绪。这对于提高文案阅读量起到十分积极的作用。

在新媒体文案标题中运用比喻时，也要注意比喻是否得当的问题。一旦比喻不当，就很难在文案标题之中达到想要的效果，那么文案标题也就失去了它存在的意义。不仅不能被读者接受和喜爱，还可能会因为比喻不当，让读者产生质疑和困惑，从而影响新媒体运营效果。

### 3.5.6　想法强加于人

强加于人，就是将一个人的想法或态度强行加到另一个人身上，不管对方喜不喜欢，愿不愿意。在新媒体文案撰写标题当中，“强加于人”就是指撰写者将自身或者某一品牌的想法和概念植入到标题之中，强行灌输给读者，给读者一种气势凌人的感觉。

当一则文案标题太过气势凌人，读者不仅不会接受该文案标题所表达的想法，还会产生抵触心理。越是让读者看，读者就越是不看；越是想让读者接受，读者就越是不接受。如此循环往复，最后受损失的还是文案撰写者，或者是某品牌自身。例如，“如果秋冬你只能买一双鞋，那必须是它”“今年过节不收礼，收礼只收洁面仪！”就是“强加于人”的典型标题案例。

## 本章小结

本章首先介绍了文案标题的作用、写作要点和写作要求；其次介绍了文案标题；最后介绍了文案标题撰写的六大误区，以帮助读者更好地掌握标题的写作技巧。

## 本章习题

1．文案的标题有何作用？

2．文案的标题主要有哪些类型？

# 第 4 章　文案内容写作要求

**本章导读**

文案写作，不仅仅要求撰写者的文笔好，还需要注意写作时的一些要求，规范好文案的写作，才能写出更加优质的文案内容。本章主要介绍文案的写作要求、文案开头的写作、文案的写作技巧，以及文案结尾的写作等。

**本章重点**

- 文案的写作要求
- 文案开头的写作
- 文案的写作技巧
- 文案结尾的写作

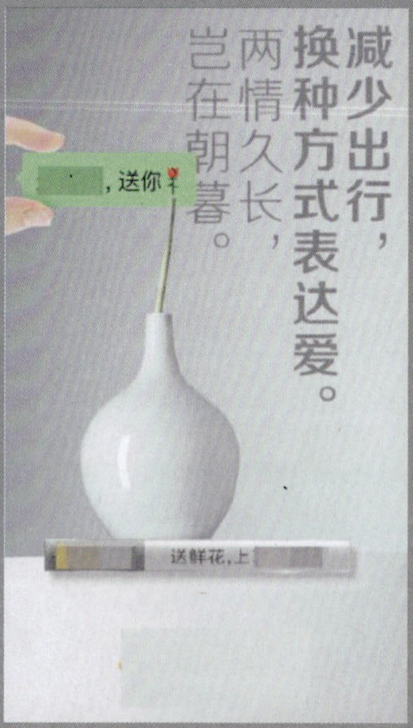


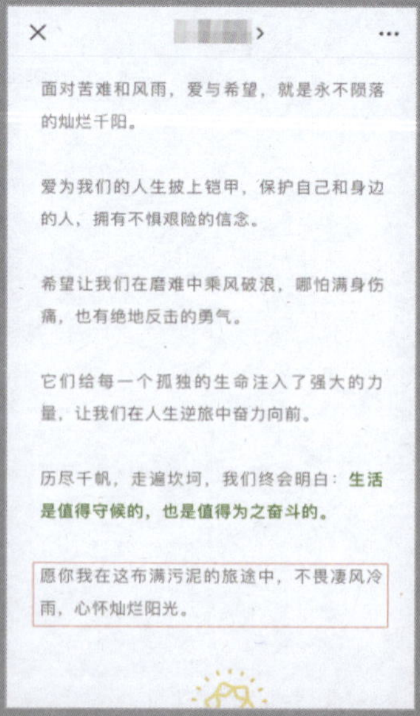

# 4.1　文案的写作要求

在编写文案内容时，需要符合一定的写作要求，这样才能打造出优质文案内容，并且还能够很好的规范文案写作。

## 4.1.1　拥有情感支撑

俗话说：“人非草木，孰能无情？”处于社会生活中的人总是基于各种情感因素的影响而做出各种抉择和进行生活实践。这一情形映射在新媒体文案中就表现为：文案的读者在其中蕴含的诸多情感影响下而进行关注、分享转发和评论等行为，最终为运营者带来粉丝和流量。

在新媒体文案中，应该从情感的角度出发，对内用情感打动读者和对外抓住读者的情感弱点，构建起新媒体文案的情感支撑。

**1．对内：用情感打动读者**

“情”之一字，自古以来，文人骚客对它进行了尽情的描述，并利用“人同此情”的认识心理感动了千千万万的读者。可见，在新媒体运营过程中，撰写饱含情感的文案是实现运营推广目标的主要途径，而利用这一途径的关键点就在于用情感打动读者。新媒体文案“用情感打动读者”的三个撰写角度，如图 4-1 所示。

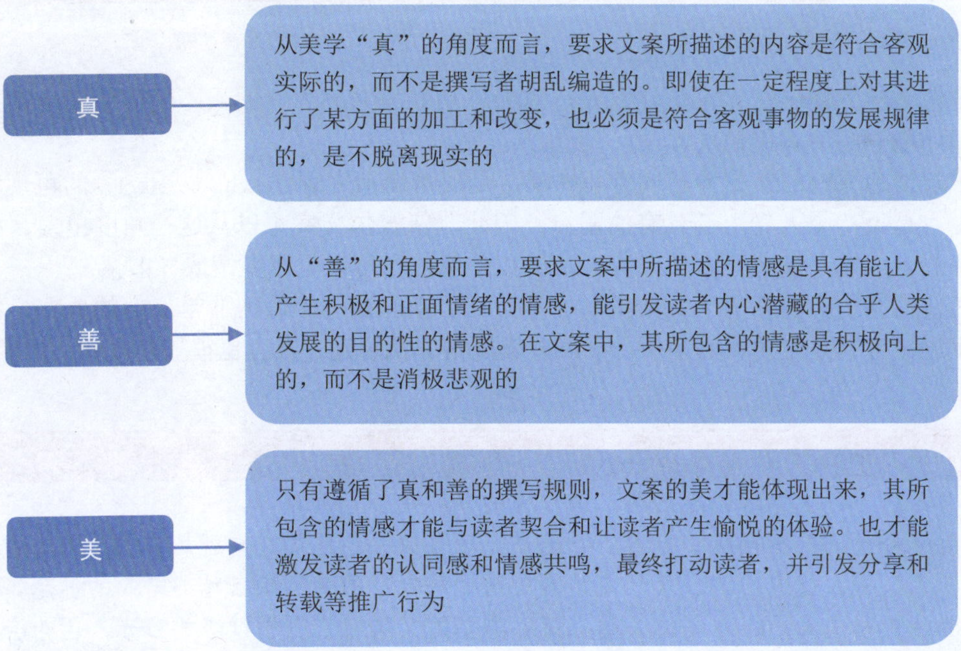


图 4-1　新媒体文案“用情感打动读者”的三个撰写角度

如图 4-2 所示为某公众号在平台上发布的一篇通过情感打动读者的新媒体文案，从而吸引正能量读者浏览。

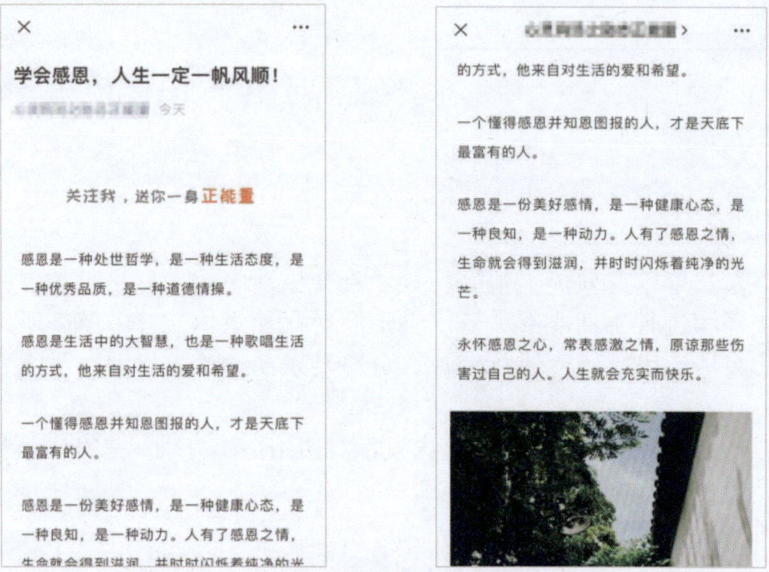


图 4-2　一篇通过情感打动读者的新媒体文案

> **▶ 专家指点**
>
> 图 4-2 中的新媒体文案是关于学会感恩，人生才会一帆风顺。而在描述这种行为时，是倾注了真、善、美的强烈情感，从而使得这一篇心灵鸡汤具有了打动读者的力量。

2．对外：抓住读者情感弱点

无论是什么样的情感，无论是什么人，总会感动着有共同思绪的人，他们总是会被某一特定时期和环境中的情感所触发。

这些引起情感共鸣的就是情感弱点和缺陷，是阿喀琉斯之踵（Achilles' Heel）的再现。从本质上来说，是每一个人身上都具有的弱点。因此，新媒体文案可以从这一角度出发，抓住读者的情感弱点。这一情感可以是亲情、友情和爱情，也可以是思乡情或怀旧情。

关于抓住情感弱点的新媒体文案撰写，某微信公众号是一个做得非常成功的典范，在这个情感文案领域可谓是做的得心应手。不仅排版风格非常合适，内容也很抓住人心，如图 4-3 所示。

> **▶ 专家指点**
>
> 如图 4-3 所示的文案《励志人生：做自己的梦，走自己的路！》，讲述了一个人追寻自己的梦想时，会受到很多挫折和打击，但是不能轻易放弃。此篇文案就是抓住了很多追梦人的情感弱点，并由此引出该公众号文案的主题“做自己的梦，走自己的路”的理念，是抓住情感弱点撰写文案的得意之作。而且情感类型的文案特别吸引读者的目光，因为会更容易产生共鸣。

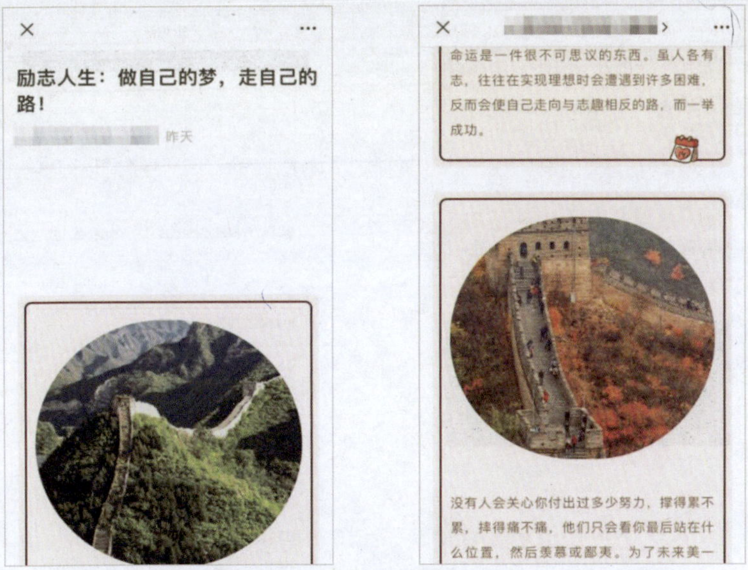


图 4-3　某微信公众号抓住读者情感弱点的新媒体文案案例

## 4.1.2　“人格”与“魅力”缺一不可

处于社会生活中的人，他（她）之所以能获得用户的喜爱，其原因就在于其有着健全的人格，正是因为人的这一人格特征，赋予了他（她）无穷的魅力，进而产生令人爱戴和尊敬的凝聚力。新媒体文案也是如此，它之所以能吸引读者关注，也是因为其平台内容有着自身的“人格魅力”，形成了一种“魅力人格体”，其中心要点就在于“人格”和“魅力”。以“Sir 电影”微信公众号为例，详细介绍两个要素。

### 1. “人格”要素

“人格”二字，是存在每个人意识里的，且在每一个人身上的具体体现又不相同。对于“Sir 电影”这一微信公众号而言，平台内容的人格主要表现在两个方面，具体内容如下。

（1）平台人格。平台人格是“Sir 电影”这一微信公众号平台所具有的鲜明的个性特征。在众多平台基于技巧和宣传痛点而侃侃而谈平台的共通性和同质化，以便追求宣传的用户化和扩散的时候，“Sir 电影”却另辟蹊径，致力于打造全新的凸显自己性格的平台内容。

这一做法对传统媒体而言，是一种不理性和不中立的颠覆行为。然而，在“Sir 电影”看来，这恰好符合其充分展现个性和特点的“新媒体”身份的最真实和典型的写照。

如图 4-4 所示为“Sir 电影”针对电影《流浪地球》加长版，撰写的一篇观点鲜明的新媒体文案。

▶ 专家指点

如图 4-4 所示为《流浪地球》加长版文案内容，前面以反问的方式对此部电影的加长版提出了强烈的疑问，从而引起读者兴趣，后面则是回答疑问。

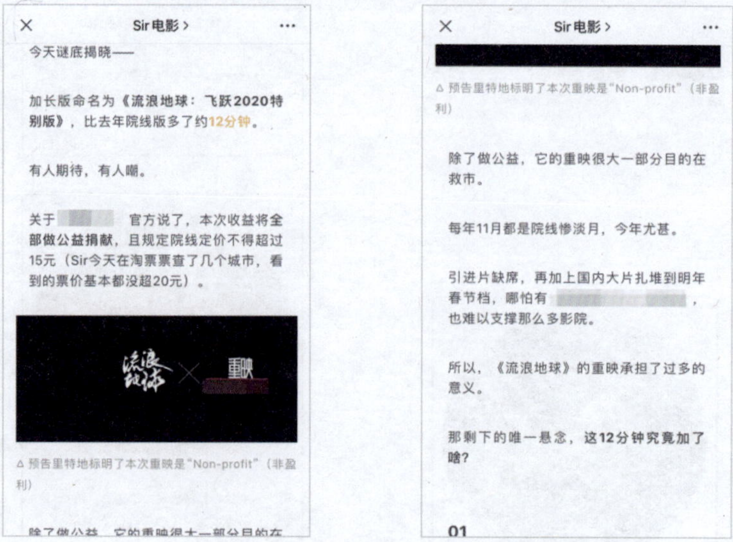


图 4-4 《流浪地球》加长版文案

（2）家族成员人格。除了在平台内容方面全力打造一个异于其他平台的运营方向，在其核心价值构建上更是有着其自身的发展思路和方向发展其“魅力人格矩阵”，也即 IP 家族。如今，其家族成员已经发展了多个个体，如“Sir”“表妹”和“云舅”等。

“Sir 电影”微信公众号利用其成员个人不断发展的影响力，不断做着“家族”成员在“人格”方面的质变提升的关键工作，通过平台内容的数量积累和质量的优质加工。

正是因为“Sir 电影”无论是平台还是塑造的 IP 家族成员，都有着鲜明的人格特征，公众号才可以通过关注平台的读者和读者关注的内容进行用户画像，这对于企业产品、品牌推广和营销有着非常重要的作用，如图 4-5 所示。

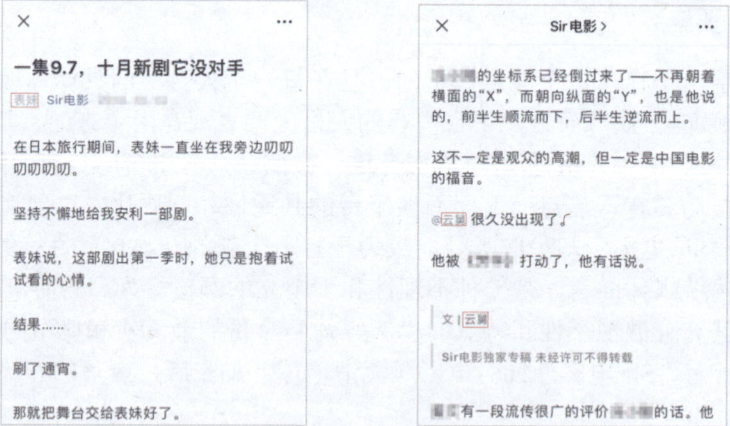


图 4-5 “Sir 电影”的 IP 家族成员举例

2．“魅力”要素

在新媒体运营过程中，“Sir 电影”在确立了其平台及成员的鲜明“人格”的基础上，接下来思考的就是怎样让这些鲜明的“人格”特征产生的魅力被用户所关注，并推广和宣传。

在“Sir 电影”的新媒体运营理念中，其平台媒体本身所吸引到的粉丝是可以与品牌进行合作的，并通过这种合作促成其人格魅力影响的进一步延伸和宣传品牌的价值辐射。

正是通过这种相互之间的合作，使得“Sir 电影”公众号魅力的对外影响反过来又能促进平台用户的增加和粉丝的凝聚。而这一运营理念的形成是建立在其魅力人格矩阵成员，虽然在人格方面存在较大的差异，有着鲜明的个性特征，但这种人格产生的魅力却是相通的，特别是在对外的引流和企业品牌价值辐射方面。

### 4.1.3　用两点来提升用户的黏性

在新媒体平台快速发展的时代环境下，用户可选择的关注点是越来越多。对企业、商家而言，怎样赢得更多的用户关注，以及怎样赢得用户更多的关注是急需解决的两个问题。

在新媒体文案的宣传形式范围内，一般提及的都是利用各种方式打造具有吸引力的内容，如内容和布局有创意、描写具有场景感、插图清晰又精美、内容有内涵和灵魂等。真正能起到引起用户关注的原因就在于两个方面，即用户关注的目标和“与我有关”的信息。

**1．长期兴趣点**

在用户的长期生活中，总会形成一定的兴趣、爱好，或是在一定的时间范围内，因为某些方面的原因而对某一领域和方面感兴趣。

如果在文案撰写过程中从长期感兴趣的一个方面着手，将文案标题、内容与之绑定，这样的结果必然是极易引起读者关注的。如图 4-6 所示为某制作美食的公众号，主要是吸引各种喜欢美食的读者，提供长期制作食谱的相关内容。

图 4-6　某制作美食的公众号

**2．切身利益点**

在社会生活中，总是存在着与人们的切身利益息息相关的话题和关注点。如出行的人会关注目的地的天气信息；进行股票投资的人会关注股市行情和相关行业政策变化，以及大多数的人都会关注的养老政策的变化等，这些都是基于切身利益而关注的。

在新媒体文案的撰写过程中，可基于众多读者的利益点进行切入，找准读者关注的理由，在此情况下撰写的文案读者是感兴趣点击阅读的。

如图 4-7 所示为某兼职微信公众号发布的《【线上兼职】平均 15~40 元/次，电台配音，写作，分享图片兼职》文案部分展示。

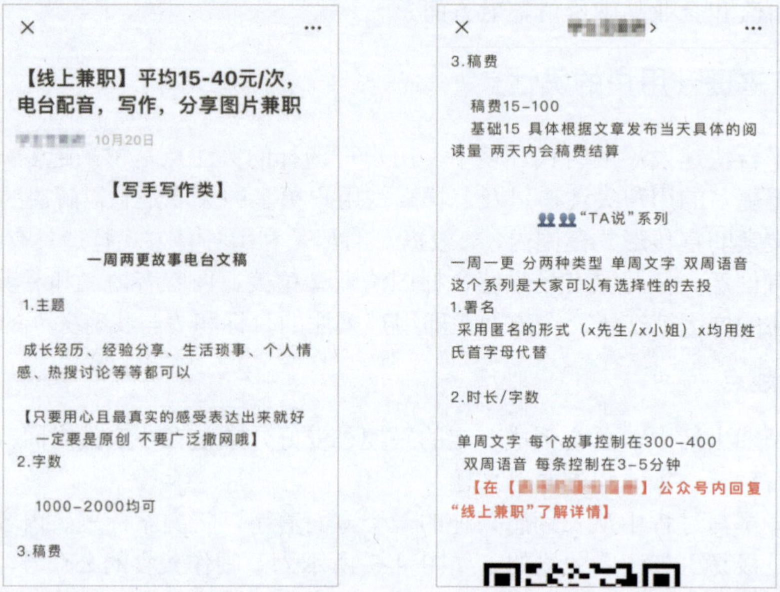


图 4-7　某兼职微信公众号发布的文案案例

**▶ 专家指点**

在图 4-7 所示的文案中，绑定了"兼职赚钱"这一与用户切身利益相关的信息，由此绑定了相关领域和多个方面的关注者。那些正在忙着准备兼职赚钱的学生、配音和写作的专业人员，以及在家带娃的宝妈，是很容易被吸引从而点击阅读的。由此可见，只要能找准用户的利益关注点，吸引用户关注微信公众号平台的文案也就不是一件困难的事了。

### 4.1.4　打造焦点话题的角度

任何一篇文案，都是围绕某一话题中心进行描写或论述的，用于推广和营销的新媒体文案也是如此。在新媒体文案中打造和切入一个更吸引人的话题，是一篇文案获得众多关注的前提，也是撰写文案必须要把握的重心。关于新媒体文案中心话题的打造，可从以下三个方面着手。

#### 1. "人性化"内容

从读者关注的焦点来看，人性化内容一直都是容易占据主导优势的，这主要是基于自然属性和社会属性这两个基本属性而言的。当然，基于这两个属性而展开、撰写的文案也是比较容易受关注的，在内容推广和营销中也容易形成爆款，如图 4-8 所示。

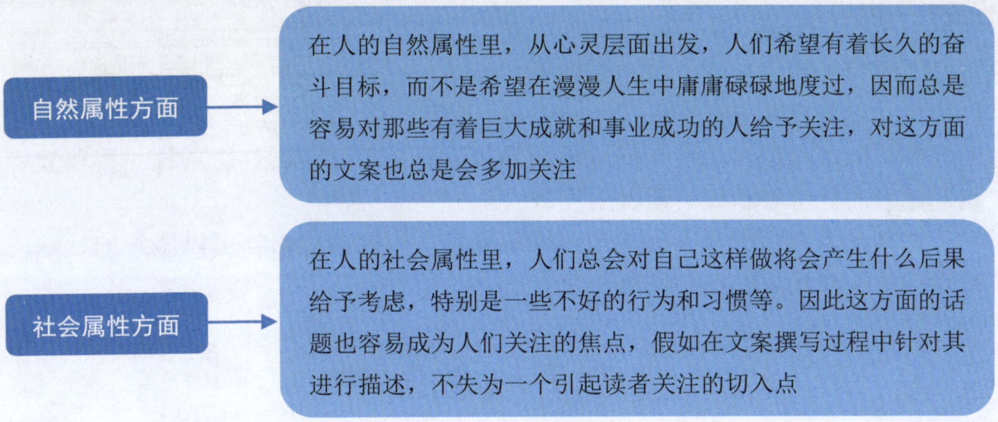


图 4-8　新媒体文案中心话题的“人性化”内容解读

## 2. “热点化”内容

对新媒体文案而言，涉及的热点话题应该具有以下三个方面的属性，才能打造受用户欢迎的文案，如图 4-9 所示。

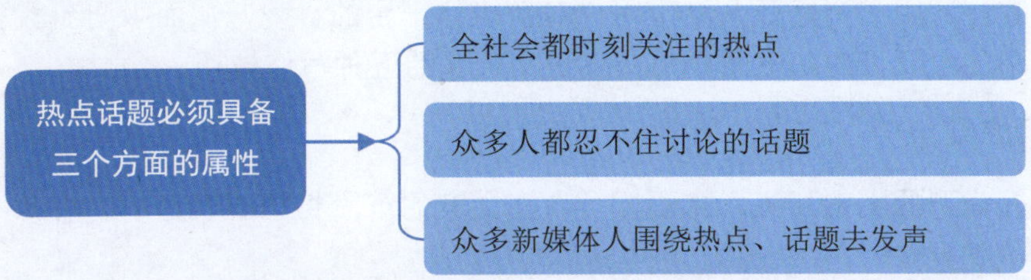


图 4-9　文案中热点话题必须具备三个方面的属性

在图 4-9 所示的三个属性中，全社会关注是热点话题的基本属性和前提条件，只有这个话题受全社会关注才能从根本上解决读者感兴趣的问题，进而才能成为众多人讨论的“话题”，并成为以关注社会舆论和时事来进行推广的新媒体人去重点发声和争论的话题。

另外，在新媒体文案撰写中，热点并不是能完全事先规划的，除了一些重大的节日和庆典外，其他的事件和社会热点都具有一些相同的属性，即随机性和临时性。因此，在进行新媒体文案撰写时，应该时刻关注社会时事，并精准地抓住关键的社会话题和词汇，从中发现用户关注热点，以便为文案的撰写提供切入点，打造能够聚焦的热点话题文案，为平台推广和营销提供内容引导。对于那些能够进行策划的热点，如“五一”“中秋”和“十一”等，应当在其来临之前进行相关方面的准备工作，既时刻关注社会动态，准确把握热点，还应该积极进行造势，营造一种热烈的氛围，从而为文案的扩大和延伸关注创造条件。

总之，在新媒体文案撰写中，无论是不能提前策划的热点还是需要策划的热点，都具有即时性，需要文案撰写者善于把握和抓住时机，不要让热点从身边悄悄飘过，从而错失推广和营销的良机。

### 3. “揭秘式”内容

既然热点具有随时性和随机性，且稍纵即逝，是难以把握的，那么在没有获得热点话题的情况下，新媒体文案撰写者应该怎样打造一个容易吸引人关注的焦点话题呢？

关于这一问题，除了可以对人性化问题着力加以引导外，还可以营造一种“揭秘式”的文案话题，引起读者的好奇心和吸引读者的注意力。

特别是对一些别人不知道而只有你知道，抑或是别人不能做到而你可以做到的话题，这无疑也是能打造读者关注焦点的中心话题。

# 4.2 文案开头的写作

对于一篇新媒体平台的文案，其开头的重要性仅次于文案标题及文案主旨。所以，文案撰写者在写文案的时候，一定要注意在开头就吸引住用户的目光。

## 4.2.1 正文开头的写作技巧

让运营者能够用一个好开头赢得用户对新媒体平台的喜爱，从而吸引到大批的粉丝和关注是文案撰写的主要目的。下面介绍文案正文开头的五种写作技巧。

### 1. 直奔主题

直奔主题类型的文案开头，需要撰写者在文案的首段将想要表达的内容都写出来，不遮遮掩掩而是干脆爽快。

新媒体平台的文案撰写者在使用这种方法进行正文开头创作的时候，可以使用朴实、简洁等能进行清楚表达的语言，直接将想要表达的内容写出来，不用故作玄虚。如图 4-10 所示为直奔主题的开头，撰写者便直接围绕标题中“手机这样拍大片”在文案开头说清楚，此次的影展照片都是 100%手机拍摄的，迅速点题。

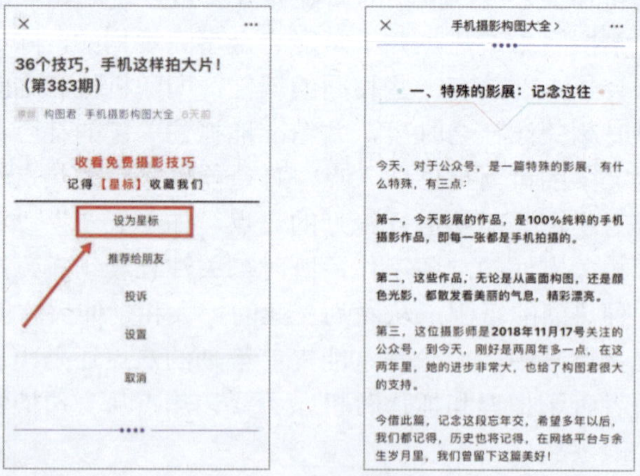


图 4-10 直奔主题的开头

在使用这种直奔主题的类型做正文开头的时候，要注意的是，正文的主题或者事件必须要足够吸引人，如果主题或者要表达的事件没有办法快速地吸引用户，那这样的方法最好还是不要使用。

### 2．想象猜测

新媒体文案撰写者在写想象与猜测类型的正文开头时，可以稍稍运用一些夸张的写法，但不要太过夸张，基本上还是倾向于写实或拟人，能让用户在看到文案的第一眼时就能够展开丰富的联想，猜测在接下来的文案中会发生什么，从而产生强烈的继续阅读文案的欲望。

在使用想象猜测类型的文案开头的时候，要注意的就是开头必须有一些悬念，给用户以想象的空间，最好是可以引导用户进行思考。

### 3．平铺直叙

平铺直叙型也被叫作波澜不惊，表现为在撰写正文开头时，把一件事情或者故事有头有尾、一气呵成地说出来，平铺直叙，也有的人把这样的方式叫作流水账。

平铺直叙型的方式，正文中使用的并不多，更多的还是存在于媒体发布的新闻稿中。但是，在新媒体平台正文的开头中也可以选择合适的时候使用这种类型的写作方法，例如重大事件或者名人明星的介绍，通过正文本身表现出来的重大吸引力来吸引用户继续阅读。

### 4．幽默诙谐

幽默感是与他人之间沟通时最好的武器，能够快速搭建自己与对方的桥梁，拉近彼此之间的距离。幽默诙谐的特点就是令人高兴、愉悦。新媒体文案撰写者如果能够将这一方法使用到文案的正文开头写作中，将会取得不错的效果。

在新媒体平台上，有很多的商家会选择在文案中通过一些幽默、有趣的故事做开头，吸引用户的注意力。因为用户喜欢看可以带来快乐的文案，这就是幽默诙谐型正文开头存在的意义。

### 5．引用名言

在写新媒体文案时，使用名言名句开头的文案，一般会更容易吸引用户的目光。因此，新媒体文案撰写者在写作的时候，可以多搜索与文案主题相关的名人名言，或者是经典语录。

在新媒体文案的开头，撰写者如果能够用一些简单但是精练同时又紧扣文案主题并且意蕴丰厚的语句，或者使用名人说过的话语、民间谚语、诗词歌赋等语句，这样就能够使文案看起来更有内涵，而且这种写法更能吸引用户，可以提高新媒体文案的可读性，以及更好地凸显文案的主旨和情感。

## 4.2.2　善于使用摘要内容

在部分新媒体平台中，文案撰写者可以通过摘要内容的呈现，对整篇文案的重点内容进行提炼，从而起到激发用户阅读兴趣的作用。因为发布消息之后，这部分的摘要内容会直接出现在推送信息中，如图4-11所示。

图 4-11　摘要内容

在编辑摘要时，要尽量简洁明了，如果摘要写得好，不仅能够激发用户对文案的兴趣，还能够激发用户第二次点击阅读文案。

需要特别注意的是，在一些新媒体平台中，摘要是需要进行设置的。比如，在微信公众号中，没有选择填写摘要，那么，系统就会默认抓取正文的前 54 个字作为文案的摘要，如图 4-12 所示。

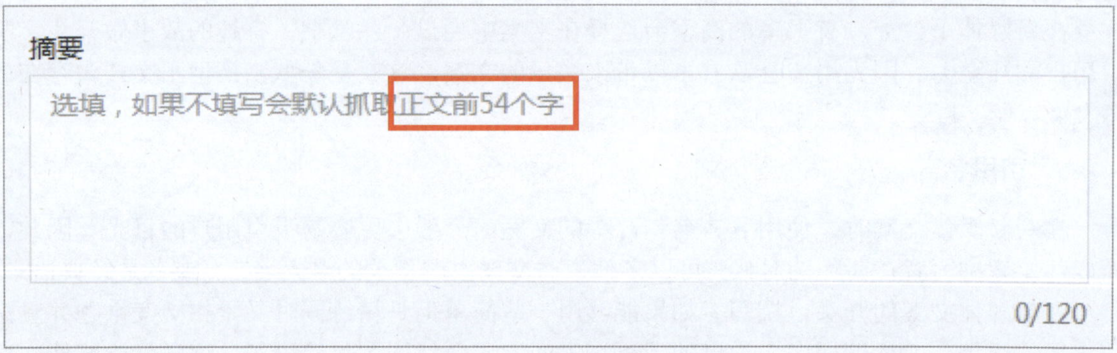


图 4-12　摘要的设置

## 4.2.3　创造出彩的开篇内容

对新媒体文案来说，正文的开头是一篇文案很重要的组成部分，决定了用户对这篇文案内容的第一印象，因此要极为重视。在新媒体平台上，一篇优秀的文案，在撰写正文开头时一定要做到紧扣文案主题、陈述部分事实、语言风格吸引人和内容有创意。

如图 4-13 所示为某公众号发布的故事类型文案。在该篇文案的开头，从人生际遇开始感叹，最后告诉读者即使有的人过得不好，但是还是在奋力地对抗命运，并勇敢前行着。这个出色的文案开头，成功地吸引读者继续看下去。

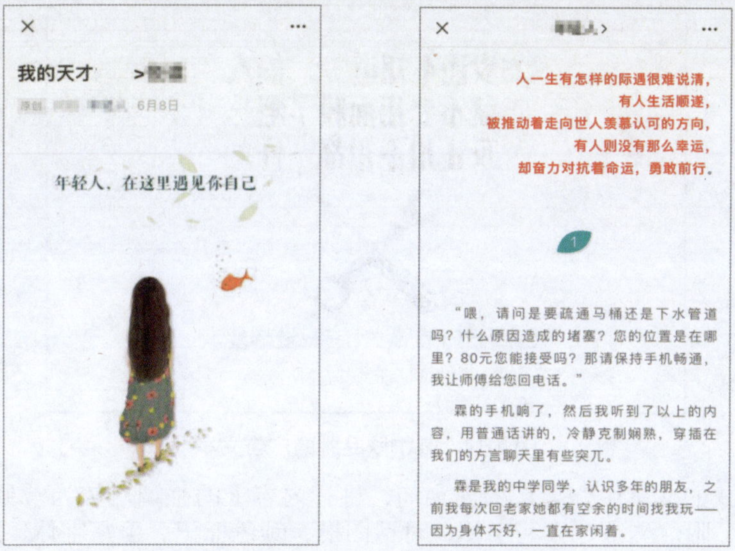


图 4-13　某公众号发布的故事类型文案

## 4.3　文案的写作技巧

文案撰写者是专业的文字工作者，需要拥有一定的文学修养，需要掌握写作窍门的同时，又能够高效率、高质量地完成文案任务。文字能力也叫作文字表达能力，文案内容撰写者运用具体语言文字，进行阐明个人观点和表现个人意见，促使文字效果突出。对于文案撰写者而言，在具体的写作窍门中，主要有单句段落突出重点内容、字句的强调与突出、文字的运用表现力、适当的断句、内容的全面性和避免偏见词语这六种可控的文字能力。

### 4.3.1　单句段落突出重点内容

从文字本身而言，重点突出是最为常见的作用，其中有一种技巧就是用一句话作为单独的段落，突出展现的内容。如果所有的句子跟段落长度都类似，就会将形式变得没有特色。如果突然出现一句话成为单个段落，读者的注意力就会被集中过来。

从文案的角度出发，把复杂的概念讲得很简单，这是智慧的体现。对于一个商业理论，其概念、模式、策略都是可以简洁处理的。一句话的段落模式能够突出内容，也能够使呆板的文案形式变得生动。

### 4.3.2　字句的强调与突出

成功的文案往往表现得优秀统一，而失败的文案则是原因众多。在可避免的问题中，字句的强调与突出不够是失败的主因，还有问题模棱两可、文字说服力弱和内容毫无意义都是需要规避的。字句的强调与突出是广告文案中是出现得最多的，比如文字加粗、变形、加色等。如图 4-14 所示为某护肤品牌的广告文案，字体有明显加粗。

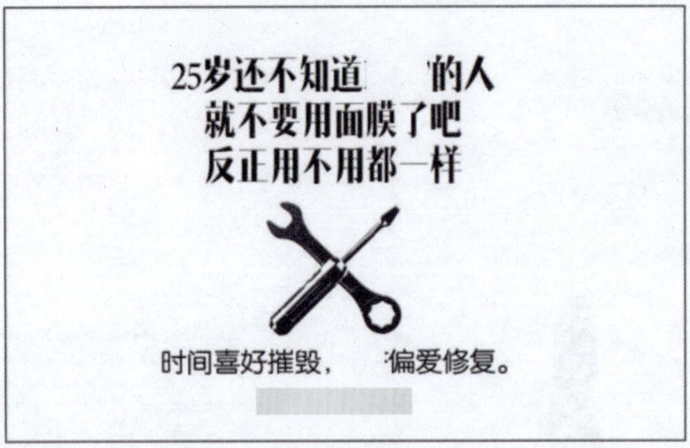


图 4-14 某护肤品牌的广告文案

在纯文字形式的文案中，要想突出字句，进行内容上的强调，较为常见的做法主要有：下划线、粗体字、附注文字、大写字体、对话图框、颜色标记、手写字体、3D 表现、彩色文字和文字加框这几个方面。

### 4.3.3 文字的运用表现力

在中国传统文化中，尤其是诗歌这种极为关注文字运用表现力的文字形式，一直以来都有着“诗句以一字为工，自然灵异不凡。如灵丹一粒，点铁成金也”的说法，可见文字运用的巧妙，直接体现了个人能力。在当今社会中，文案要求没那么高，但是文字运用同样能直接看出个人水平。如图 4-15 所示为“苏宁易购”和“360 安全卫士”的情人节广告文案，创意满满。

图 4-15 “苏宁易购”和“360 安全卫士”的情人节广告文案

### 4.3.4　适当的断句

适当的断句，主要是将整体内容的排版和字数稳定在一个可以接受的范围内，这是首要的作用。除此之外，就是创造一定的韵律感，这种方式同样在广告类的文案中比较常见。

断句同样有突出文字内容的作用，在长篇的文案中采用较多，主要是起到强调的作用。让整篇文案显得长短有致，这同样考验了文案撰写者的能力。

### 4.3.5　内容的全面性

文案内容信息的全面性主要是指多角度对广告信息进行展示，满足用户对广告信息深度了解的需求。需要注意的是，除了全面性之外还有一种方法，就是通过重复播放来加深读者的记忆，与全面性的效果是一致的。

### 4.3.6　避免偏见词语

在文案中，文案撰写者需要避免使用带有偏见的词汇，尤其是被社会普遍视为带有偏见意味的词，常见的比如：职业偏见、性别偏见。关于偏见用词的相关分析，如图 4-16 所示。

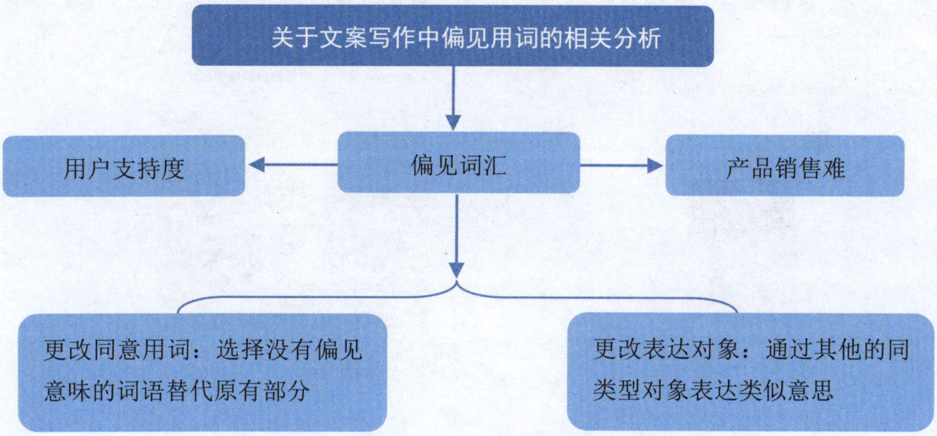


图 4-16　关于文案写作中偏见用词的相关分析

## 4.4　文案结尾的写作

一篇优秀的新媒体文案，不仅需要一个好的标题、开头，以及中间内容，同样也需要一个符合读者需求的结尾。文案结尾技巧主要有以下几个。

### 4.4.1　运用首尾呼应法

首尾呼应法，就是要在文案的结尾点题。新媒体文案撰写者在进行文案撰写的时候，如果要使用这种方法结尾，就必须要做到首尾呼应；文案开头提过的内容、观点，在正文结尾的时候再提一次。

通常，很多新媒体文案都是采用的总—分—总的写作方式，结尾根据开头来写，已达到首尾相应的效果。如果正文的开头文案撰写者提出了对某事、某物、某人的看法与观点；中间进行详细的阐述；到了文案结尾的时候，就必须自然而然地回到开头的话题，进行完美的总结。

### 4.4.2　结尾号召行动

新媒体文案撰写者如果想让用户加入到某项活动中，就经常会在最后使用号召法来结束全文。同时在很多公益性的新媒体平台账号推送的文案中，使用这种方法结尾的也比较常见。

号召法结尾的文案能够在用户阅读完文案内容后，使得用户与文案的内容产生共鸣，从而产生更强烈的愿望要加入到文案中发起的活动中去。如图 4-17 所示为某微信公众号推送的一篇文案，在文案的结尾处，号召力十分明显。

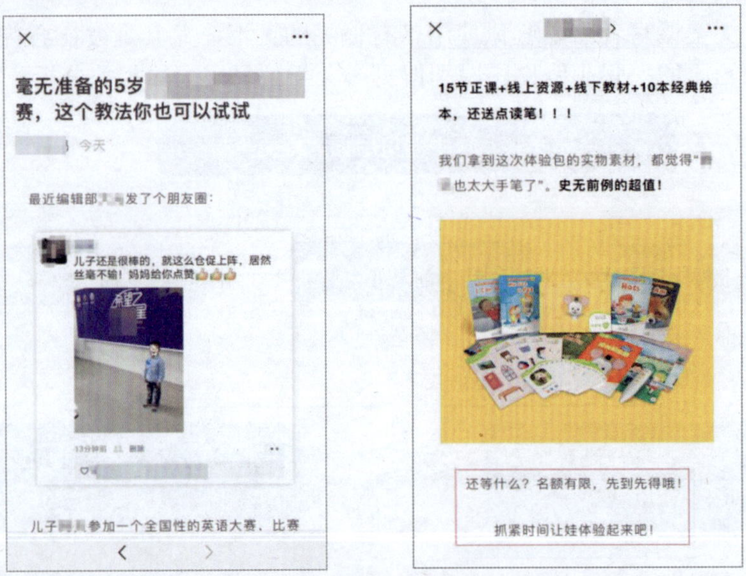


图 4-17　某微信公众号号召法结尾的文案案例

### 4.4.3　结尾推送祝福

祝福法是很多新媒体文案撰写者在结尾时常使用的一种方法。因为这种祝福形式能够给用户传递一份温暖，让用户在阅读完文案后，能感受到新媒体平台对其的关心与爱护，这也是非常能够打动用户内心的一种文案结尾方法。如图 4-18 所示为某微信公众号祝福法结尾的文案案例。

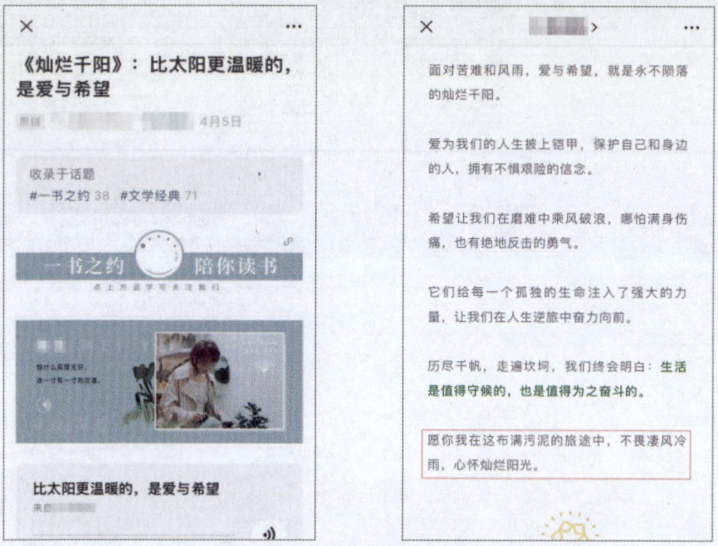


图 4-18　某微信公众号祝福法结尾的文案案例

# 本章小结

本章首先介绍了文案的写作要求；然后介绍了文案及文案开头的写作技巧；最后介绍了三种文案结尾的写作技巧；帮助读者写出更加优质、能引爆流量的新媒体文案。

# 本章习题

1．正文开头有哪五大写作技巧？
2．文案结尾有哪些写作技巧？

# 第 5 章　文案的写作与排版形式

本章导读

随着时代的发展，文案也以多种形式出现在用户面前，有的爆款文案更是给商家带来了巨额利润。写作完成之后，应该要考虑如何排版，才能让读者看起来赏心悦目或者更有吸引力。本章主要介绍文案的九种写作形式，以及文案的六种排版形式。

本章重点

- 文案的写作形式
- 文案的排版形式

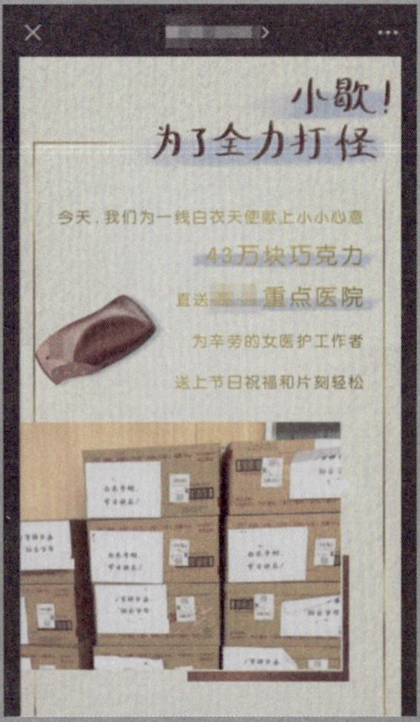

# 5.1　文案的写作形式

在这个传播手段日益进步的社会，不管是线上还是线下的企业，都会用到文案对企业的产品进行推广和营销。文案的形式不是单一的，而是多种多样的，不同的文案形式能够起到不一样的营销作用，因此掌握不同的写作技巧是很有必要的。

## 5.1.1　创意式文案

随着科技的不断进步，人们开始追求有趣的、好玩的，以及没见过的事物，希望每天都有不同的创意能围绕在身旁，那样人们才不会觉得生活枯燥、单调以及乏味。如果撰写出使人感到惊喜的创意文案，那么就很有可能吸引更多的读者和粉丝，使得文案中推销的产品和服务大卖。如图 5-1 所示为“江小白”联合见字如面发布的创意广告文案，简单的文字，走心的图片，搭配起来十分惹人注目。这样的广告文案不仅在视觉效果上为用户带来了美的享受，而且还戳中了不少用户的痛点，引发了广大人群的情感共鸣。

图 5-1　“江小白”联合见字如面发布的创意广告文案

江小白的文案偏向于创意和文艺，针对的人群大多是年轻一代，因此文案的风格也是按照大部分年轻人的喜好设计的。清新的画风、富有深意的句子，以及简洁的画面，都是创意。

图 5-1 中提到的创意式文案是属于“文字+图”，在如今的社会里这是很常见的创意方式，都是从用户的角度出发，进行创意式文案的撰写，这样的文案能给读者留下深刻的印象。

创意是比较灵活的，一般不会自动出现在文案撰写者的脑袋里，而是需要撰写者主动去挖掘。挖掘创意灵感的方法有以下几个。

**1．制造新闻，实现营销目的**

新闻在人们的生活中已经属于必不可少的产物，企业要学会制造新闻。如年会、年底座谈会、经销商大会、知名人士到访，以及企业领导参加知名活动等，这些事件都可以作为制造新闻的素材。只要文案中所写的真实、不是太夸张，就是一篇新闻创意文案。

制造新闻创意文案，不仅可以提升产品的曝光率，还可以塑造企业品牌的美誉度。只要保证新闻创意式文案是真实可靠的，那么营销目的也能实现了。

### 2．搬出数据，增强品牌力量

数据类文案写作方式和其他文案是一样的，数据类文案的写作特点，如图 5-2 所示。

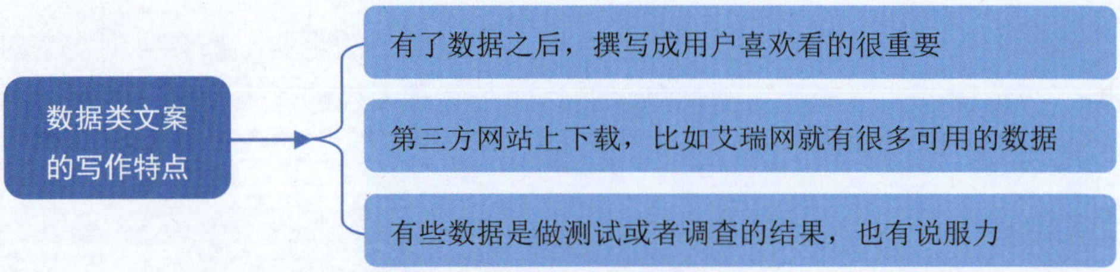


图 5-2　数据类文案的写作特点

此外，撰写数据类文案还可以通过搜索相关关键词的方式，收集一些有用数据，然后对其进行分析，之后在这些数据的基础上进行整理和加工。文案中可以通过插入数据、图片，以及图表等途径为产品做宣传。由此，创意文案写起来会比较快，而且说服力很强。

### 3．讲述故事，吸引读者眼球

企业可以利用故事进行创意大爆发，故事可以从公司产品、企业家、消费者、企业活动，以及员工生活等处得到启发。只要用心关注国内外的热点事件，带着行动目标去想如何讲故事，那么故事创意文案就可以“出炉”了。此外，还可以撰写出一个凄美的爱情故事、励志的奋斗故事，以及悲惨的人生经历等，只要把产品贴切地融入故事中，就能达到一定的效果。

企业在利用热点事件进行创意思维时，一定要关注最近的热点事件，把自己的产品与热点相结合，这样才能快速地吸引用户的眼球。

## 5.1.2　促销式文案

促销式文案从字面意思来看，就可以知道是一种直白的推广方法。而且对于这种形式的文案而言，越直白越好，它是如今企业用得比较多的一种文案营销的方法，也是比较经典的一种营销手段。

一般来说，促销式文案可以分为纯文字和“促销标签+图”两种形式。

### 1．纯文字，直接推荐品牌和产品

纯文字的促销式文案比较常见，主要凭借文字向读者推荐品牌的特色、发展历程，以及卖点等信息。

### 2．“促销标签+图”，更加直观

“促销标签+图”的促销式文案是指，在产品或活动的图片上，搭配一些促销标签如“全场包邮”“新春限时抢购”等。此文案通过“攀比心理”“影响力效应”等因素吸引用户注意力。如图 5-3 所示为“促销标签+图”的促销式文案。

图 5-3　“促销标签+图”的促销式文案

此篇文案是“促销标签+图片”的典型案例，以“双 12”为中心，突出“优惠券”“5 折”等字眼。同时，还营造了一种节前的紧张氛围，使得用户看到文案后促使购买，这就是促销式文案的魅力。撰写促销式文案的技巧如图 5-4 所示。

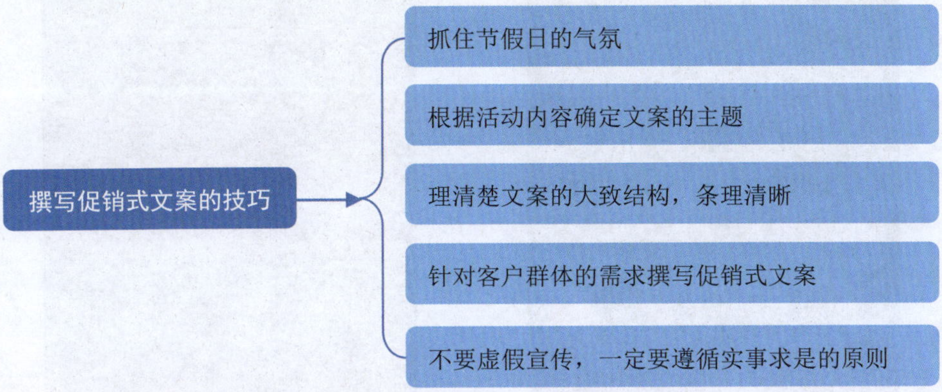


图 5-4　撰写促销式文案的技巧

**▶ 专家指点**

在撰写促销式文案的时候，还要注意两点：一是适当加入一些创意；二是要让读者感到物超所值，并且通过适当的时间限制方式，促使有购物需求的读者产生紧迫感。

### 5.1.3　悬念式文案

悬念式文案，就是通过设置悬念引起读者的注意。首先是提前设置好问题，让读者自行猜测、关注，以及讨论，然后等到时机成熟再抛出答案，它属于自问自答式。

悬念式文案在各种各样的场景中都会出现，不管是主打文字销售的微信公众平台，还是致力于销售商品的淘宝头条，都会应用到悬念式文案。

如图 5-5 所示为简书上的《什么？你还在玩公众号互粉》的文案，这个标题一开始就设置了悬念，无限勾起读者的好奇心，紧接着就会点进文案进行查看。在阅读的过程中，读者就会发现，撰写者会一步一步地给出答案，而有的撰写者则会在文案后面介绍商品。

悬念式文案不仅可以有效吸引读者的眼球，提升文案的浏览量，而且还可以趁势推销相应的产品，在帮助读者解决问题的同时获得收益，两全其美。悬念式文案思维的写作技巧主要有以下几个。

第一，设置问题要合理，把握原则；第二，设置问题的同时准备好答案；第三，文案开头可以营造特定情景；第四，营造情景要具有一定的吸引力；第五，对产品的推荐点到此为止即可；第六，可以对正文进行合理的布局。

在快消费时代，充满耐心地阅读已经不常见了，尤其是阅读广告。悬念式文案的好处在于成功利用读者的好奇心理，戳中痛点。如果想把一篇悬念式文案打造成功，就要学会提炼一到两个关键点，一点一点地给出关键信息，让读者去猜测，最后给出解答。

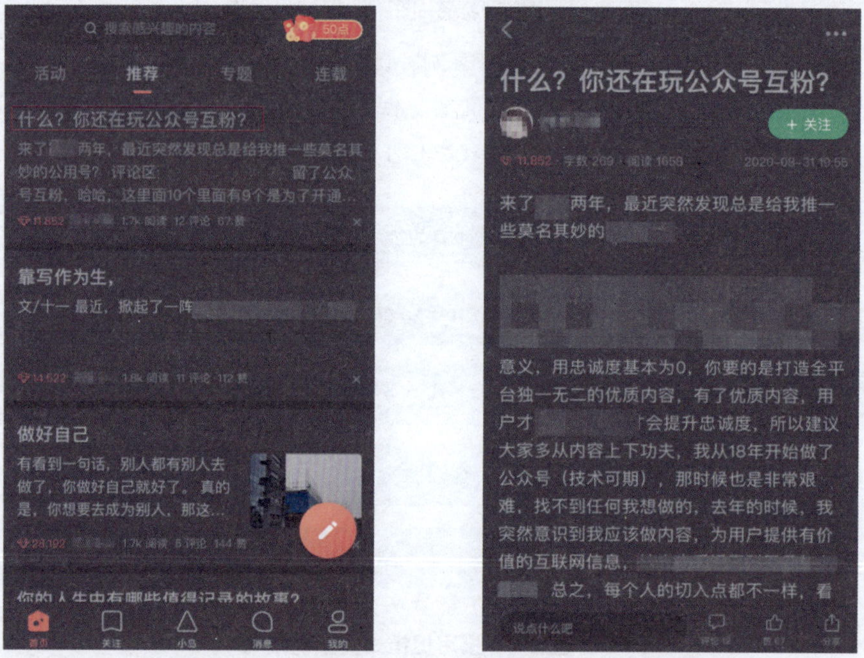


图 5-5　简书上《什么？你还在玩公众号互粉》的悬念式文案

## 5.1.4　广告式文案

广告式文案比较有说服力，是文案中广告性质较浓厚的一种，一般由专门的撰写者负责组织撰写。特征在于：投入资金少、吸引消费者目光、增强产品销售力，以及提高产品美誉度。这种广告式文案，能够通过自身的魅力和特点，吸引读者的眼光，从而进一步引导其产生购买行为。

广告式文案除了发布在各大权威的网站，还会发布在报刊上。很多企业经常会把优秀的广告式文案投放在报纸上，但是在投放时需要遵守如图 5-6 所示的三点原则。

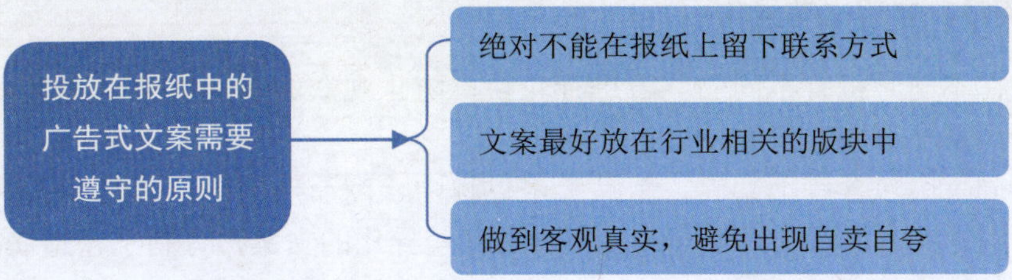


图 5-6　投放在报纸中的广告式文案需要遵守的原则

在写作技巧这方面，若是文笔欠佳，推荐采用点列式写出产品卖点。广告文案的主要任务是引起读者内心购买的冲动，所以最后一段需要再次强调商品特有的销售点、价格优势或者赠品。撰写广告式文案的技巧有以下几个。

**1．利用搜索引擎，提升排名**

下等文案，写出来是自己看的；中等文案，有了针对的目标对象；上等文案，针对的是目标对象与搜索引擎。文案除了吸引消费者关注外，还有就是提升搜索引擎排名。因此，企业文案中提到商品时，需要有完整名称出现至少两到四次，从而方便搜索引擎读取。

**2．图文并茂，效果更为显著**

长篇大论的文字描述，语言再生动形象，也比不过图文并茂的介绍。许多企业对于广告式文案都有误解，要知道，广告式文案不是写作文。广告式文案的要点在于吸引读者的视线，将之转化为顾客。因此，相比较于令人头疼的大段文字，图文并茂的效果反而更好。在文案中配上一两张形象的图片，加上到位的图片描述，阅读量会远远高于纯文字式文案。

**3．优秀文案，引导读者购买**

常购物的用户都有这样的体验，到实体店里本来只是想买一双鞋，结果经过销售员天花乱坠的描述和推荐，自己都不知道怎么回事，就买了衬衣、裤子、毛衣和外套回家了。

这便是实体店销售员精彩的话术了，销售员会通过引导，让顾客把消费目标转移到销售员最想要销售的商品，而非顾客想要买的商品。如果文案写得好的话，也是可以达到这样的效果的。

**4．实事求是，文案成功利器**

在写文案之前，可以想一想，产品或者企业有没有得到过什么奖？企业品牌是不是有名气？是不是行业中的销售冠军？是哪个网站网友口碑最佳的商品？哪个当红名人代言这个商品？或者这个商品有没有绝对的价格优势？等厘清思路后，再把有效的信息写入文案之中。只要商品或者企业有任何的优势和特点，都可以写在文案当中。

**5．谨慎细致，顺利传播品牌**

撰写电子商务产品的广告文案时，就相当于建立一个销售页面数据库，也等同录了一段推销该商品的影片。一篇优秀的文案，能够为企业吸引众多流量，且有助于产品的销售。值得注意的是，优秀的文案还可以得到不止一次地传播，使得企业的产品得到更好地传播。

### 6. 应时而动，展现出差异化

电视广告在不同时机有不同的广告进行轮换，防止观众的审美疲劳。文案自然也应该针对不同的阶段，撰写不同的版本。

电商的不同阶段包含有上架前、新品上市过程中、商品热销中、热度褪去时，以及清仓甩卖时等。不同时期，可以撰写不同的文案，这些差异化的文案，有利于营造卖场销售气氛，优化商品的销售结果。

广告式文案比较常见，特别是在各大网站和社交软件平台上。如图 5-7 所示为某微商发布的一篇关于洗面奶的广告式文案。

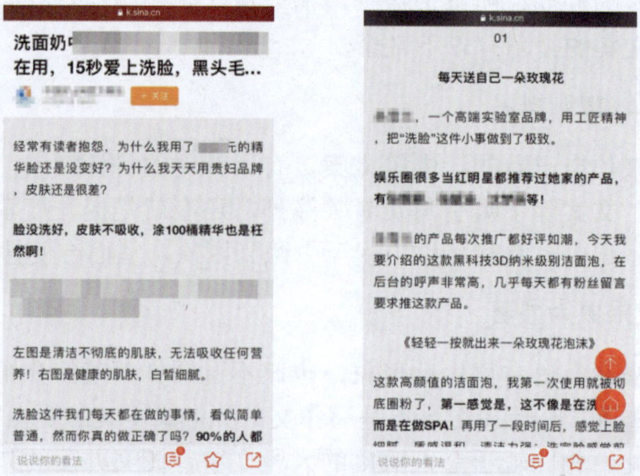


图 5-7　某微商发布的一篇关于洗面奶的广告式文案

> **▶ 专家指点**
>
> 广告式文案比较直观，但又不是直指销售，属于软性植入的一种方式。值得注意的是，在打造这样的广告式文案的时候，最好事先就确定好目标人群，针对用户的特点撰写文案，这也是撰写文案所必需的。

## 5.1.5　新闻式文案

新闻式文案，指的是以新闻的方式，从不同的角度传递经营理念、品牌理念，以及产品特点。撰写文案可以巧妙通过重点新闻事件为文案增色，不仅可以顺利吸引读者的注意力，而且对引导市场消费也有所帮助。新闻式文案能够在较短时间内迅速提升企业产品的曝光率，从而树立良好的品牌形象。

新闻式的文案创作指的是通过新闻媒体的口吻进行文案的撰写，但需要注意如图 5-8 所示的两点问题。

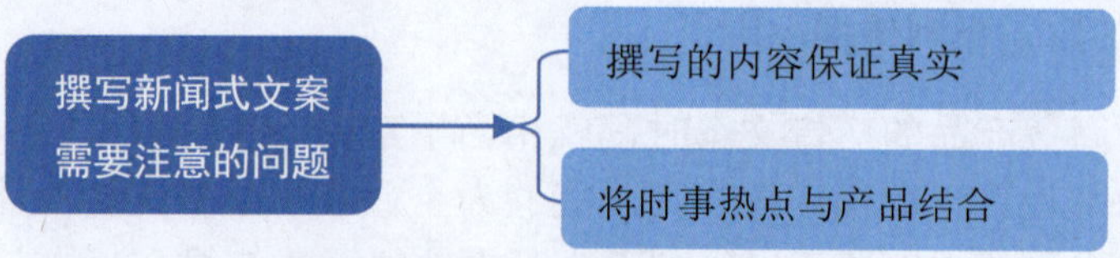


图 5-8　撰写新闻式文案需要注意的问题

由此，文案的效果会更好，用户的关注度也会更高。如图 5-9 所示为制造新闻的四种方法。

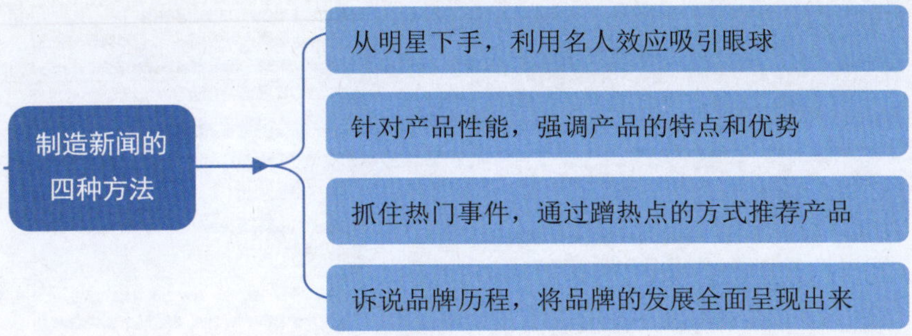


图 5-9　制造新闻的四种方法

> ▶ 专家指点
>
> 如果想通过新闻式文案推出产品，最好是一马当先，主动出击，进行报道。这样不仅节省了时间和精力，引起广大读者的注意，而且还可以使得各大媒体心甘情愿、争先恐后地帮企业做宣传。

在撰写新闻式文案时，还要注意不要走进一些常见的误区，以免影响文案的效果和质量。撰写新闻式文案应该避免的误区，如图 5-10 所示。

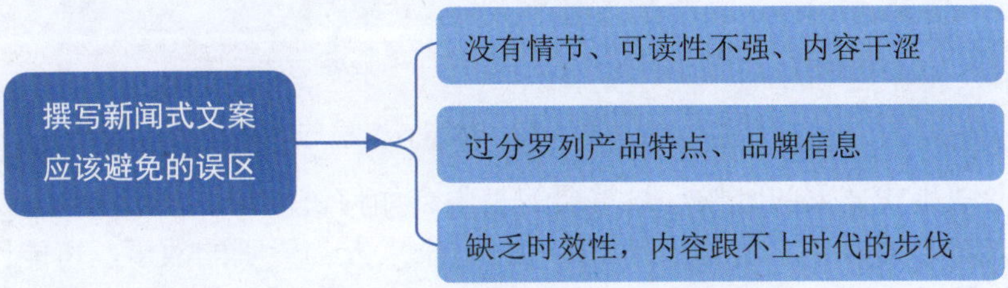


图 5-10　撰写新闻式文案应该避免的误区

### 5.1.6　故事式文案

小时候就喜欢听故事，长大了喜欢看故事。小时候听着千奇百怪的故事，会对故事中的情节、人物有所向往，而长大后则开始在故事中领悟到人生哲理。不同的阶段，故事对于人们来说有着不同的意义，但有一点不容置疑的是，人人都爱听故事。故事永远都是人们所热衷的，写出一篇好的故事式文案，既能抓住读者的心，赢得认可，还能促进产品的销售。

以热门资讯上发布的一篇“农夫山泉”饮品文案为例，就是一篇富有创意的文案。文案以亲身经历编写为故事，将“中秋节外出求学”“吃月饼消化不良”“一个人在外也要有点甜”与产品结合起来，并安插了产品购买链接在文中。虽然是一篇文案，但在文案的前半部分完全看不出推销产品的痕迹，这就是故事式文案的高明之处，如图 5-11 所示。

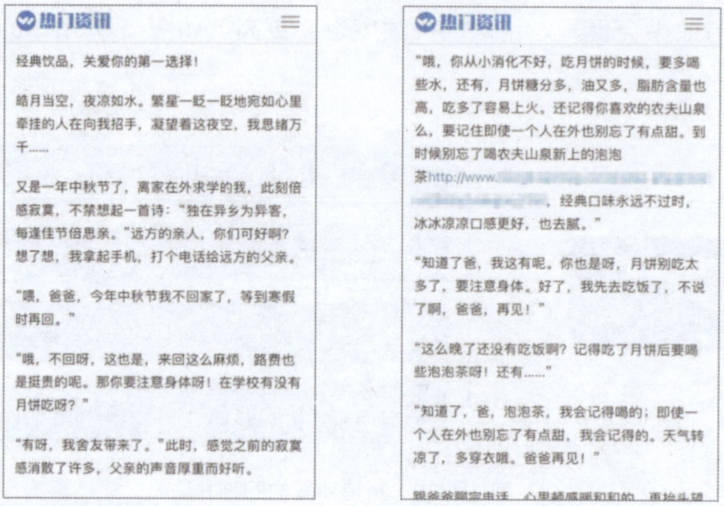


图 5-11　农夫山泉饮品文案案例

这篇文案是典型的故事式文案，关键以上故事还是用第一人称叙述的，因此带给读者的感受也更加平易近人、真实可信。故事式文案的特点如图 5-12 所示。

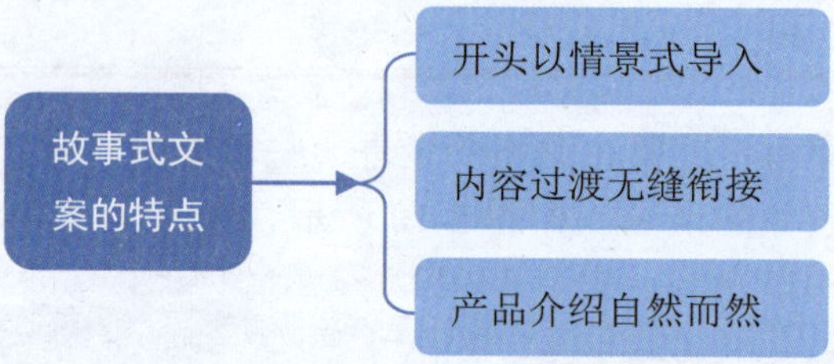


图 5-12　故事式文案的特点

在打造故事式文案的时候，最重要的是学会如何讲故事。故事好听、好看，但不一定好讲，很多人对于故事津津乐道，但如果写出一个人人都爱听的故事，可能比较困难。

一个好的故事式文案，不仅要有情节、有创意，还要能打动人心、引起共鸣，最好是有效提升产品的销售量，推广品牌形象。故事式文案的写作技巧如图 5-13 所示。

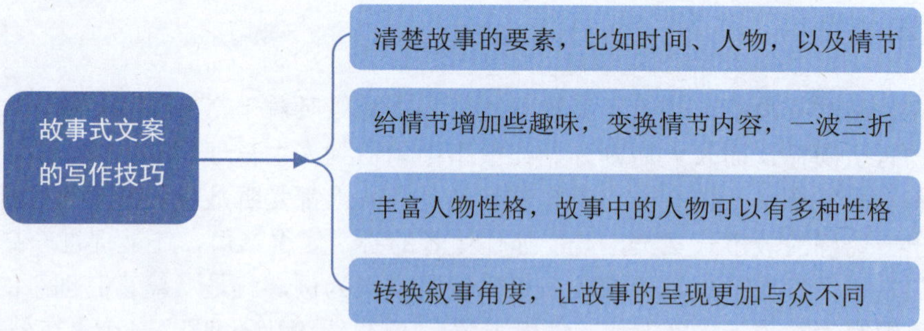


图 5-13　故事式文案的写作技巧

▶ 专家指点

故事式文案是很多文案撰写者都会用的一种形式，它的优点数不胜数，最主要的是容易将读者带入到情境之中，使得文案更加有代入感。当然，想要撰写出优秀的文案也不是那么轻而易举的。

### 5.1.7　“病毒式”文案

在信息大爆炸的时代，每个人每天接触的信息不尽其数，这其中能被记住的信息寥寥无几，广泛传播的信息更是少之又少。一篇“病毒式”文案产生的营销效果往往是不可估量的，因为传播得快，让更多的潜在消费者接触和阅读。打造“病毒式”文案的实用技巧，具体内容如图 5-14 所示。

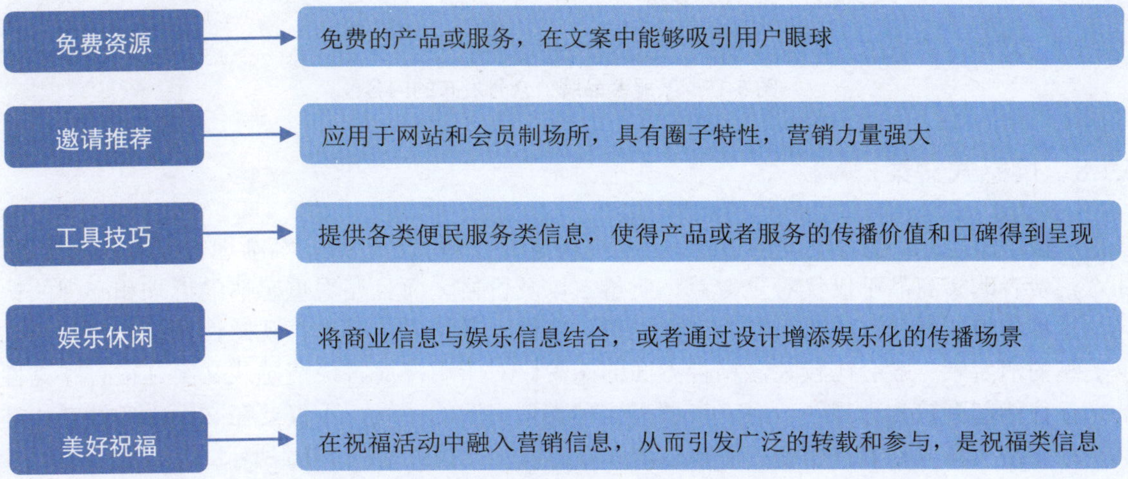


图 5-14　打造“病毒式”文案的实用技巧

同时，在打造和发布“病毒式”文案的过程中，还可以与各种不同形式的活动相结合，从而进一步引爆“病毒式”文案的关键点。此外，还可以通过发挥用户的媒体力量来继续扩大“病毒式”文案的传播范围。以某服装品牌公众号为例，某日常搭配的账号，它发布的文案特征就是会加入一些实际的优惠和新品剧透照片，如图 5-15 所示。在分享新品剧透的同时，还在文案的末尾展示转发朋友圈抽奖的活动，吸引更多的读者持续关注微信公众号和店铺，从而推销产品。

之所以能够成为“病毒式”传播的文案，一方面是因为在文案当中加入了折扣等具有实际利益的信息；另一方面因为它提供了穿搭技巧为读者带来了帮助。“病毒式”文案之所以能够广泛地传播开来，是由于多方面的原因构成的。当然，有时候因为一个、两个原因也可以呈“病毒式”传播，主要是有没有找到引爆点。

图 5-15　某服装品牌公众号发布的内容

## 5.1.8　情感式文案

“情”作为一个亘古不变的话题，在广告界也备受瞩目和欢迎，渐渐地也被人们所看重。如今消费者购买商品不仅仅看重数量、质量，以及价格，而且还看重感情的诉求和心理的认同，这种独特的消费方式可以称为感性消费。感性消费是以自己的直观感性情绪为基础的，这类型的消费者一般会比较关注精神方面的感受。对于用户而言，情感式文案是很有感染性的，往往能起到较为理想的效果。在撰写这种类型文案的时候，不仅要在文案中巧妙宣传产品，还要给文案增添情感色彩。能够打动人心的情感挖掘点如图 5-16 所示。

情感式文案最为显著的特色就是比较生动感人，一篇优秀的情感式文案内容，能够做到动之以情，晓之以理。从而受到广大读者的青睐，传播到更为广泛的地方。

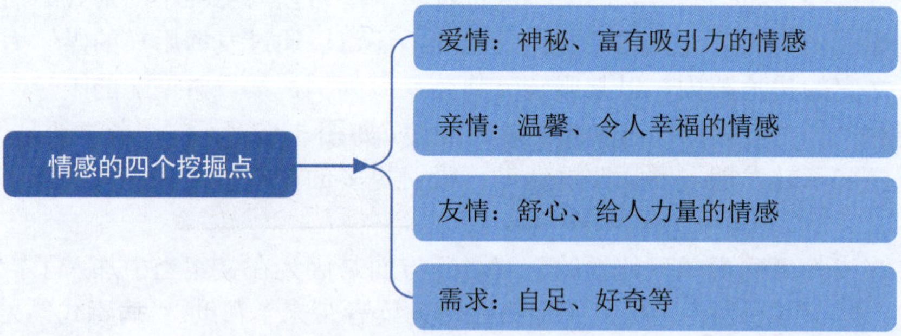


图 5-16　情感的四个挖掘点

以著名的巧克力品牌“××”为例，它的文案大多走的都是情感路线，通过爱情、亲情和友情等元素来吸引读者的眼球。如图 5-17 所示为该品牌在微信公众平台发布的一篇为《让她们放松“一块巧克力”的时间》的情感式文案，字里行间都渗透着对医护人员的关爱，同时又恰如其分地对产品进行了推广。

图 5-17 ××品牌的情感式文案案例

这样充满感情的文案，十分容易引起广大读者的情感共鸣，从而得到更为广泛的传播，产品的植入也是毫无痕迹，悄无声息。

> ▶ 专家指点
>
> 例如，比较经典的“家里有你才是过年”“把乐带回家”“我爱你只是隔了两个××的距离”等情感式文案，都是走情感路线，激发读者的情感共鸣。

### 5.1.9 反情感式文案

反情感式文案恰好与情感式文案相反，情感式文案是比较正面、乐观的，而反情感式文案则不同。表达形式一般都是以警告的形式，引起消费者的注意。主要目的是为了吸引读者的注意。如图 5-18 所示为反情感式文案的典型案例。

从这两篇反情感式的文案可以看出，一般标题都会比较夸张，如“冬天早上吃它最伤身，再饿也别吃”“这几种茶千万别喝”等，这显然就有点夸张的成分在里面。而正文一般就会循序渐进，提到为何会出现如此严重的情况，应该如何解决，进而推荐要销售的产品。

图 5-18 公众号的反情感式文案

在撰写反情感式文案的时候应该注意以下几个问题。

首先是反情感式文案的写作技巧，如图 5-19 所示。

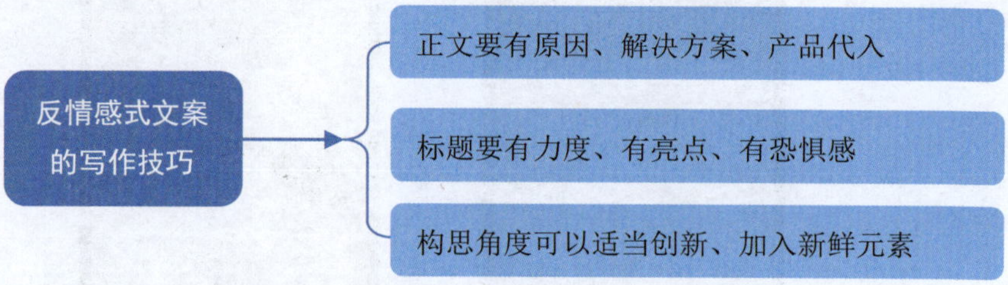


图 5-19　反情感式文案的写作技巧

其次是撰写反情感式文案的过程中，不能一味的追求效果而忽略其中的细节。撰写反情感式文案的注意事项如图 5-20 所示。

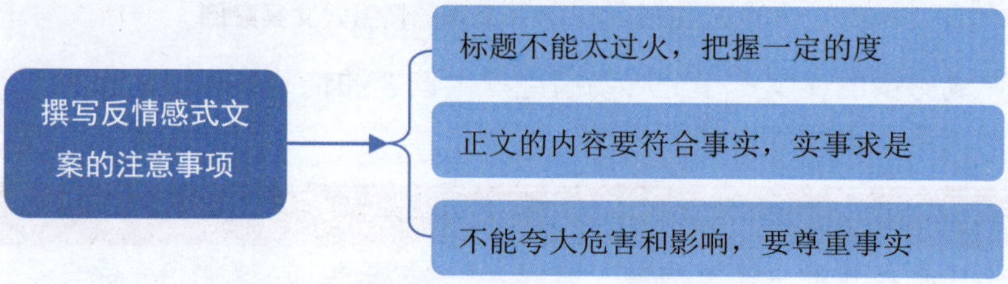


图 5-20　撰写反情感式文案的注意事项

# 5.2　文案的排版形式

新媒体平台的文案撰写者在编辑正文的时候，其编辑的文案内容的形式可以是多样的。而且，这些形式每一样都拥有独自的特色，是其他形式所不可比拟的。因此，运营者要将每种形式都掌握。

## 5.2.1　文字式

文字式的内容形式指的是，整篇文案下来，除了邀请读者关注该新媒体平台的图片或者是文案尾部的二维码图片外，文案中要表达的内容都是用纯文字进行描述的，没有嵌入任何图片。而且纯文字式的正文内容形式，对文案本身的内容要求也比较高，如果质量不佳且字数偏多，就会引起读者的反感，有的读者甚至会读到一半就放弃阅读。

文字式文案内容的要求主要以下三点，如图 5-21 所示。

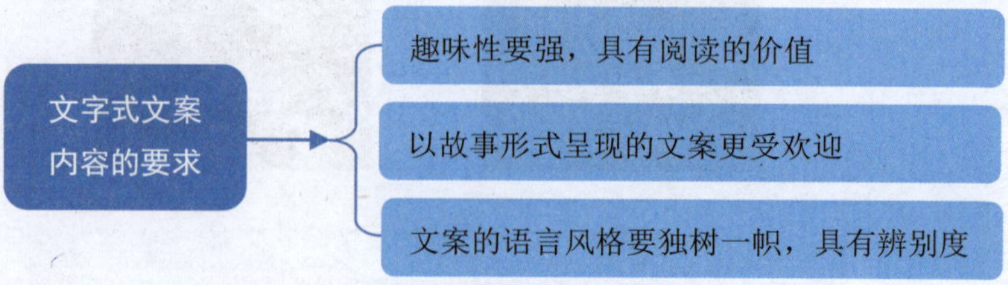


图 5-21　文字式文案内容的要求

文字式的内容形式虽然比较单一，但也可以通过分节、变换字体颜色等方式来引起读者的注意。长篇幅的文字或多或少都会使读者产生阅读的不适感，因此，适当地对文案排版进行调整是有必要的，这也是拯救纯文字文案内容的一种方法。

## 5.2.2　图片式

图片式的正文指的是，在整篇文案中，正文内容都是以图片表达的，没有文字或者文字已经包含在图片里面了。文案的正文内容都是通过图片的形式呈现，有的是直接几张图片，有的则是图片中包含文字，但还是以图为主，文字为辅。图片式的内容布局的好处如图 5-22 所示。

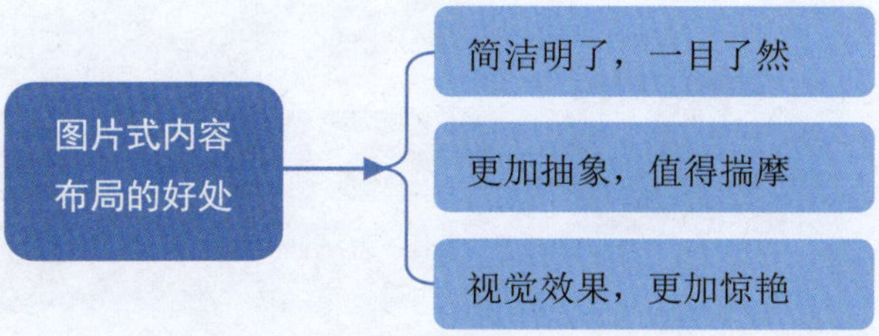


图 5-22　图片式内容布局的好处

图片式内容布局的技巧如图 5-23 所示。

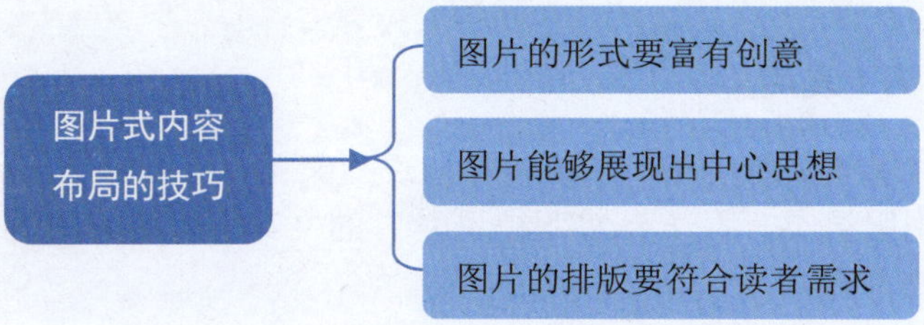


图 5-23　图片式内容布局的技巧

如图 5-24 为图片式的内容形式。它的正文内容都是以图片为主，以极具创意的方式将产品、图片以及产品的描述文字结合为一体，给读者留下深刻的印象。

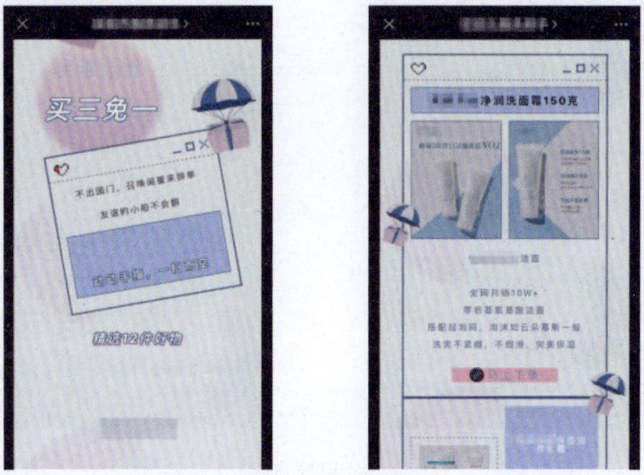


图 5-24　图片式内容形式

图片式的内容形式能够传达出更为直观和生动的品牌理念、产品特色，以及企业文化，对于偏向商业性的文案而言，这种形式是很实用的。从视觉效果的角度出发，图片也更加容易被读者接受。

### 5.2.3 图文结合式

图文结合式，就是把图片和文字结合起来展示的一种形式。很多文案采用的都是图文结合式传达正文内容，这种形式最为常见，也比较实用。新媒体平台正文的呈现形式可以是一张图也可以是多张图，这两种不同的图文形式，呈现出的效果也是不一样的。打造图文结合式的要点如图 5-25 所示。

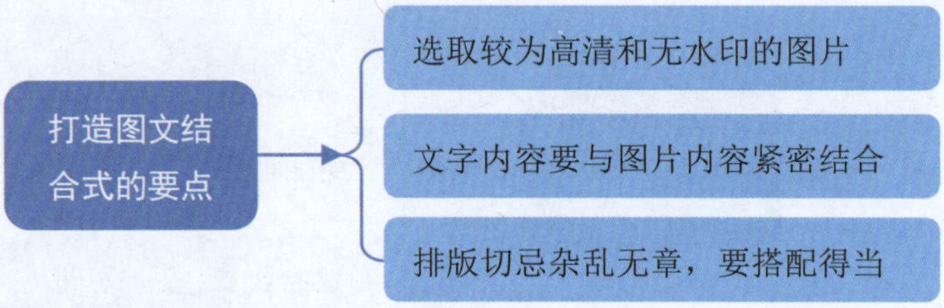


图 5-25 打造图文结合式的要点

图文结合式分为两种呈现形式，一种单张图片；另一种是多张图片，两种形式传达出来的效果各有千秋。

**1．单张图片，突出重点**

如果新媒体平台发布的是一张图消息，那么点开文案，就可以看见一张图片配一篇文字。

例如，名为“眉眼温柔，日子自然变得可爱”的文案，就是只有篇头的一张图片作为文字的点缀，如图 5-26 所示。

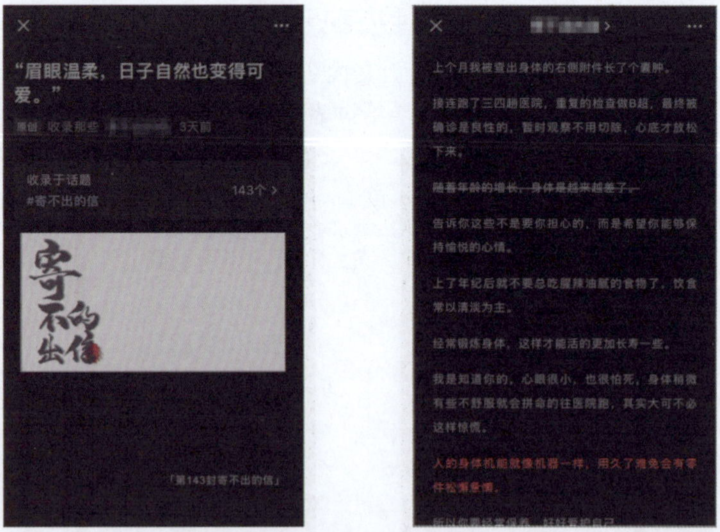


图 5-26 单张图片的图文结合式

### 2. 多张图片，图文相间

如果新媒体平台发布的是多张图的消息，那么点开文案看见的是一篇文案中配多张图片。如图 5-27 所示为某公众号推送的多张图呈现的文案正文。

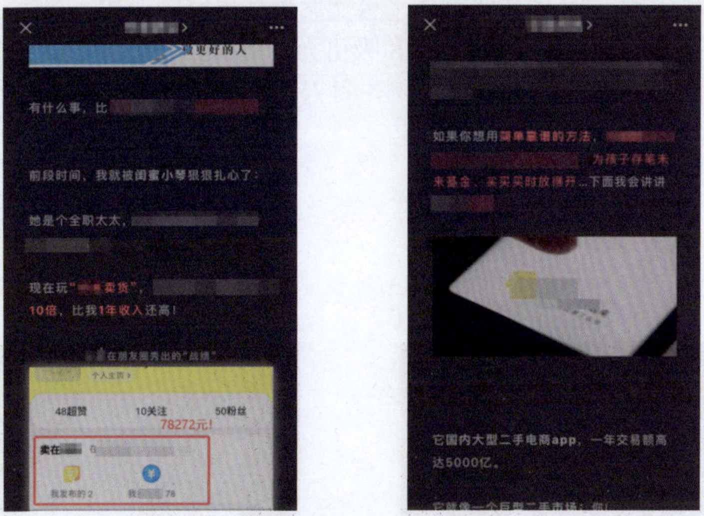


图 5-27　某公众号推送的多张图呈现的文案正文

多张图片的形式适用于展示产品、风景，以及人物等内容，一张图片配一段文字，可以对图片中的内容进行介绍和讲解，让读者看得更清楚、更明白。当然，图文结合式也要注意排版的合理性，文字和图片的大小、位置要符合读者的阅读习惯。

## 5.2.4　语音式

语音式的新媒体平台正文，是指平台运营者向读者传递的信息通过语音的形式发送到平台上。这种形式可以拉近与读者的距离，使读者感觉更亲切。如图 5-28 所示为某公众号以语音形式传递文案正文内容的案例。关于语音内容表现形式，新媒体平台的运营者可以先将语音录到电脑里，然后再进行上传。

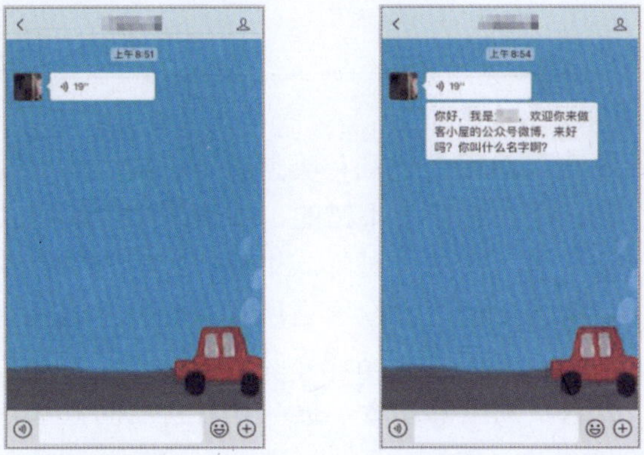


图 5-28　某公众号以语音形式传递文案正文内容的案例

### 5.2.5 视频式

视频形式传递文案正文内容是指各大商家可以把要宣传的卖点拍摄成视频，发送给广大用户群。它是当下热门的一种传递新媒体平台文案正文内容的形式。

相比文字和图片，视频更具备即视感和吸引力，能在第一时间快速地抓住用户的眼球，从而达到理想的宣传效果。以某公众号为例，每天都会为用户推送视频。如图 5-29 所示为某公众号推送的视频内容。

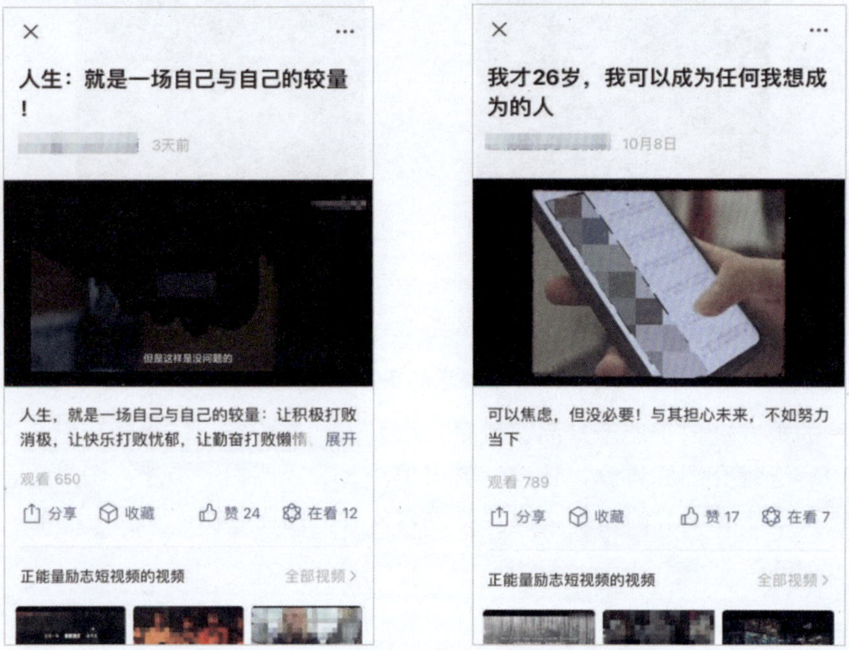


图 5-29 某公众号推送的视频内容

运营者可以将想要发布的视频上传到微信公众平台上，再保存到素材库中。然后在发布视频的时候选择“从素材库中选择”的选项，或者将视频保存到电脑中，然后通过“新建视频”选项添加视频。

### 5.2.6 综合混搭式

新媒体平台运营者除了可以运用上述几种类型的方法向读者传递新媒体平台正文之外，还有一种形式用于传递平台正文也是非常不错的，那就是综合混搭式。

综合混搭式就是将传递平台正文的九种形式中的一部分综合起来，运用在一篇文案里。这种形式是集几种形式的特色于一身，兼众家之所长。这种形式能够给读者最极致的阅读体验，让读者在阅读文案的时候不会感觉到枯燥乏味。新媒体平台运营者运用这种形式传递文案正文内容，也能够为平台吸引更多的读者，提高平台粉丝的数量。

## 本章小结

本章首先介绍了文案的九种写作形式，即创意式文案、促销式文案、悬念式文案、广告式文案、新闻式文案、故事式文案、“病毒式”文案、情感式文案和反情感式文案；然后介绍了文案的六种排版形式，以帮助读者更好地进行文案营销。

## 本章习题

1．创意式文案具有哪些挖掘灵感的方法？
2．文案具有哪六种排版形式？

# 第 6 章　文案的布局与表现技巧

**本章导读**

文案写作完成之后，需要确定好文案的布局风格。可以用讲故事的形式叙述，也可以按照其他形式叙述。除此之外，文案根据类型变化，还有不同的表现技巧。本章主要介绍文案内容的布局方式和文案内容的表现技巧，帮助读者更加熟练地撰写文案。

**本章重点**

- 文案内容的布局方式
- 文案内容的表现技巧

# 6.1　文案内容的布局方式

在各类新媒体平台推送的文案中，不难发现，不同类型的文案的布局方式也有所不同，而这种布局的不同也导致呈现在用户面前的视觉排列效果也不同。了解并运用不同的文案布局方式，有利于运营者打造出不同的视觉效果，增强平台的吸引力。本节主要介绍新媒体平台推送文案的多种布局方式。

## 6.1.1　故事式

故事式的新媒体平台正文是一种容易被用户接受的文案布局形式。一篇好的故事正文，很容易让读者记忆深刻，拉近品牌与用户之间的距离，生动的故事容易让读者产生代入感，对故事中的情节和人物也会产生向往之情。企业如果能写出一篇好的故事型正文，就会很容易找到潜在客户和提高企业信誉度。

对于新媒体文案，首先要确定产品的特色，将产品关键词提炼出来；然后将产品关键词放到故事线索中，贯穿全文，让读者读完之后印象深刻。故事类正文需要满足的要求，如图 6-1 所示。

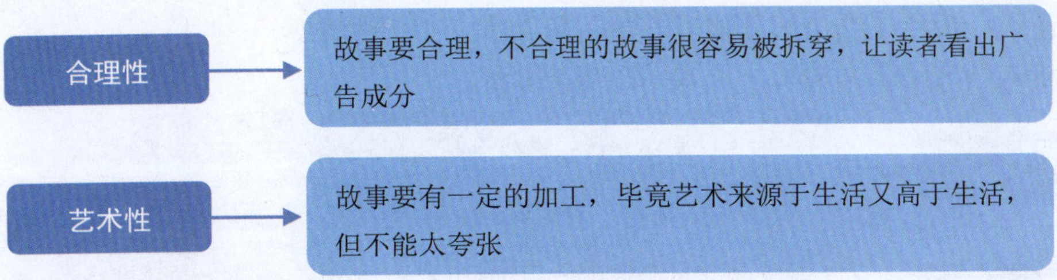


图 6-1　故事类正文需要满足的要求

## 6.1.2　制造热卖场景

新媒体平台运营者如果善于从不同的角度进行文案营销的创意写作，那么就可以大大增加读者的新鲜感。读者如果看到不常见的事物，往往会花费时间“摸清底细”，从而就有可能耐心地通读文案正文，这样才能为品牌营销提供很好的助力。

创意式文案的写作，可以通过多种形式实现，其中，制造商品的热卖场景便是创意式文案中时常会运用到的一种非常有效的方法。

“羊群效果”“抢”都属于市场行为的一种现象，热卖的东西总是能更加吸引用户关注，激发用户的好奇心。

用文案撰写出真实的情景、热烈的氛围，营造出产品热销甚至断货的感觉，让消费者在热潮中产生购买冲动和迫切感。如图 6-2 所示为一篇制造热卖场景的文案，文中所说的“9.9 元 60 个头绳”吸引了大量的用户购买。

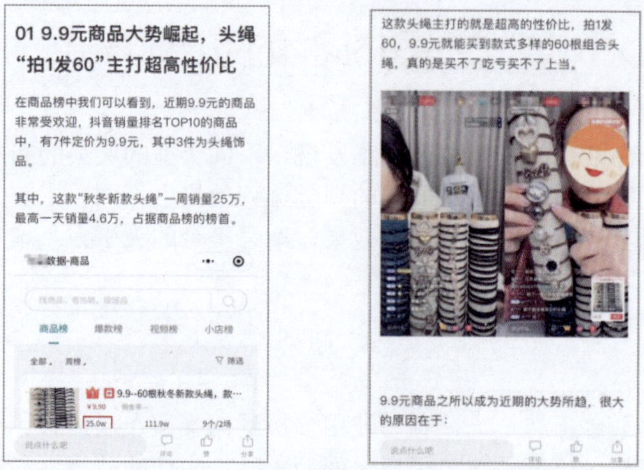


图 6-2　一篇制造热卖场景的文案

### 6.1.3　总分总式

新媒体平台推送的文案中，时常会出现总分总式的布局方式。在文案营销内容中运用“总分总”式的布局，需要撰写者在文案的开篇就点题；然后在主体部分将中心论点分成几个横向展开的分论点；最后在结论部分加以归纳、总结和必要的引申。

“总分总式”文案正文的写作形式如图 6-3 所示。

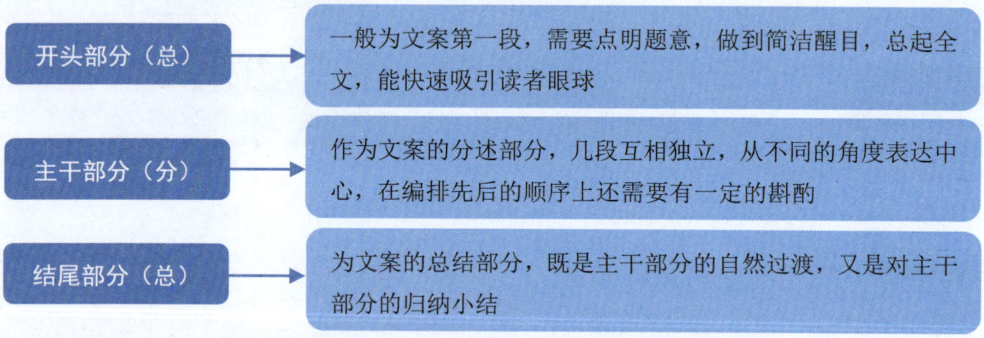


图 6-3　“总分总式”文案正文的写作方式

### 6.1.4　模拟访谈式

相比较文字陈述的方式，双方或多方对话的访谈方式更加易懂和进行阅读，因为访谈的方式都是一对一、一对多的问答形式进行的，更有利于问题的解答和深入了解。因此，在文案撰写过程中，访谈式的文案撰写也是一种效果较好的创意构思。

### 6.1.5　层递式布局

层递式布局，即层层递进的正文布局，其优点是逻辑严谨，思维严密，按照某种顺序将内容一步步铺排，给人一气呵成的感觉。但是层层递进的正文布局的缺点也很明显，对于主题的推出不够迅速，若开头不能吸引读者，那后面的内容也就失去了存在的意义。

层层递进型的正文布局，重点在层递关系的呈现。论述时的层递主要表现如图 6-4 所示。

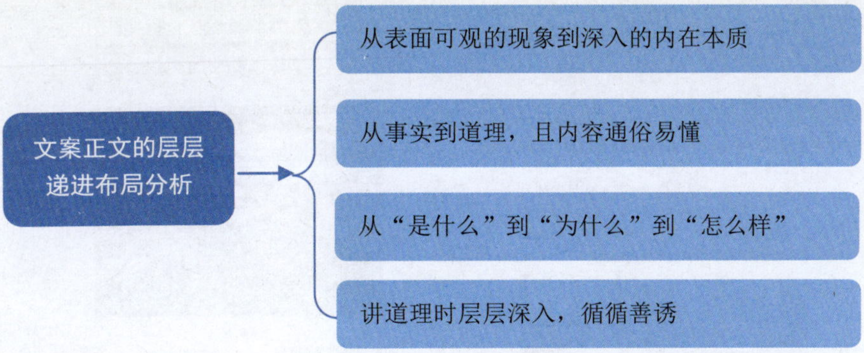


图 6-4　文案正文的层层递进布局分析

正文布局形式适合论证式的新媒体文案，层层深入、步步推进的论证方式能够增加文案的表现力。运用层递式结构要注意内容之间的前后逻辑关系，绝不可随意地颠倒顺序。层层递进型的正文布局对于说明某些问题，非常有效。

如图 6-5 所示为某微信公众号推送的一篇层递式布局文案。

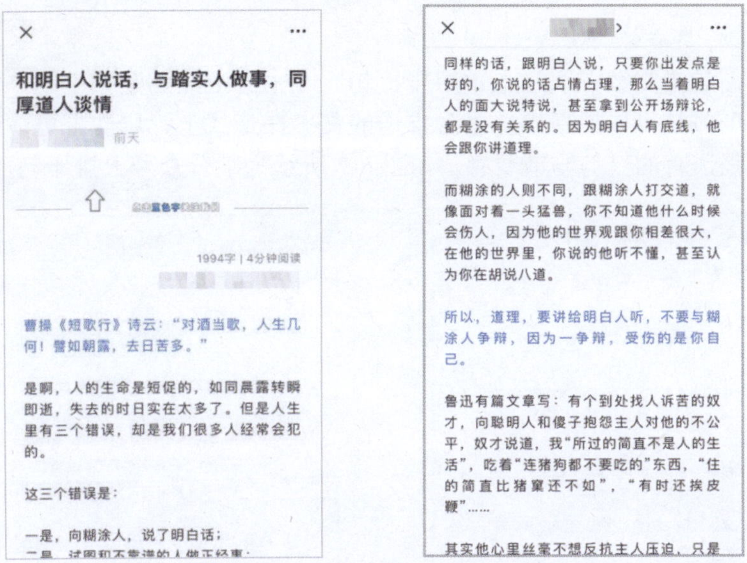


图 6-5　某微信公众号推送的一篇层递式布局文案

## 6.1.6　时间式

时间式的文案布局方法是指以时间为主线贯穿全篇文案，在时间线索的指导下，使得文案中简明地记叙着在每个时间段中的主要事件，并且在梳理文案脉络的同时，留有足够的空间作为艺术“空白”留给读者去想象，去创造。

如图 6-6 所示为某公众号发布的时间式布局文案。此文案围绕“1977 年、2015 年、2016

年”等几个时间段写全国恢复高考事件，从而使得整篇文案的脉络清晰。

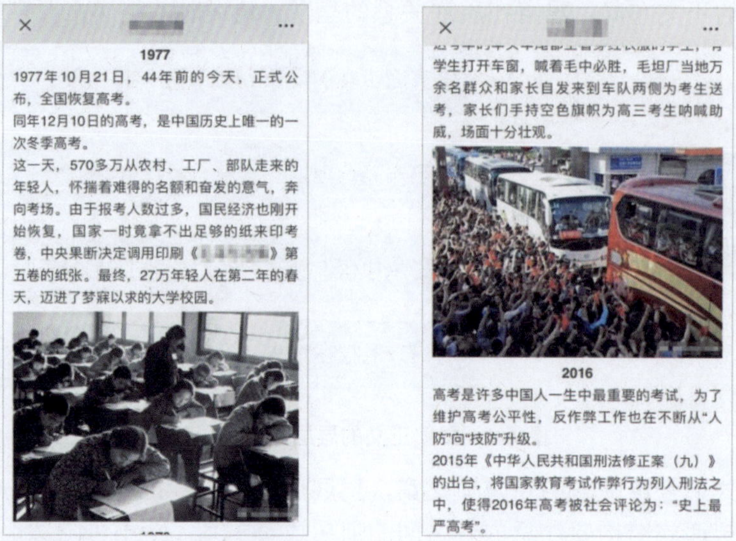

图 6-6　某公众号发布的时间式布局文案

## 6.1.7　排比式

排比式布局，是指文案在表达上常用排比句。在内容上句句紧扣主题，突出文案的中心思想。排比式布局方法可以使新媒体平台推送的文案在形式上、层次上更清晰。因此，可以在很大程度上增强语言的气势与节奏感。如图 6-7 所示为某公众号上排比句形式布局的文案。

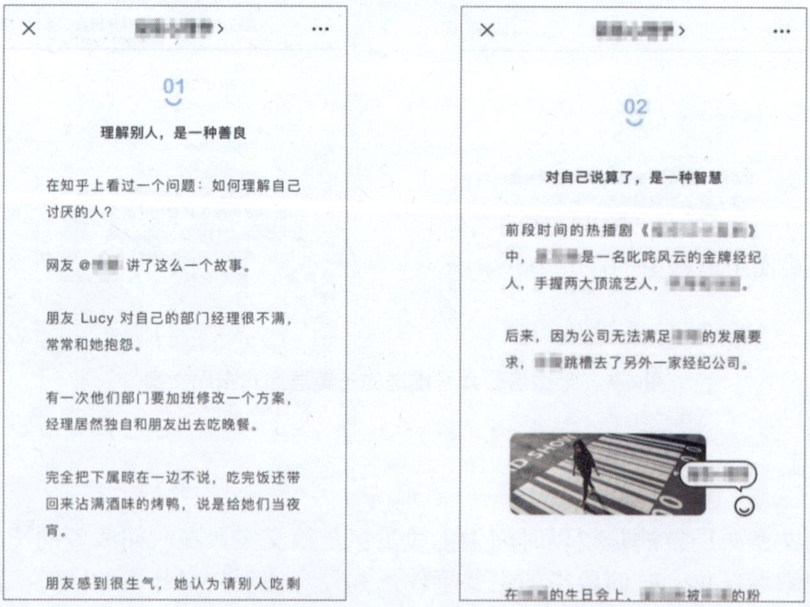

图 6-7　某公众号上排比句形式布局的文案

### 6.1.8　二级标题式

二级标题的拟写不仅要整齐、紧扣主题并且应富有艺术感染力，要达到能反映作品创作思路。如图 6-8 所示为二级标题布局的案例。

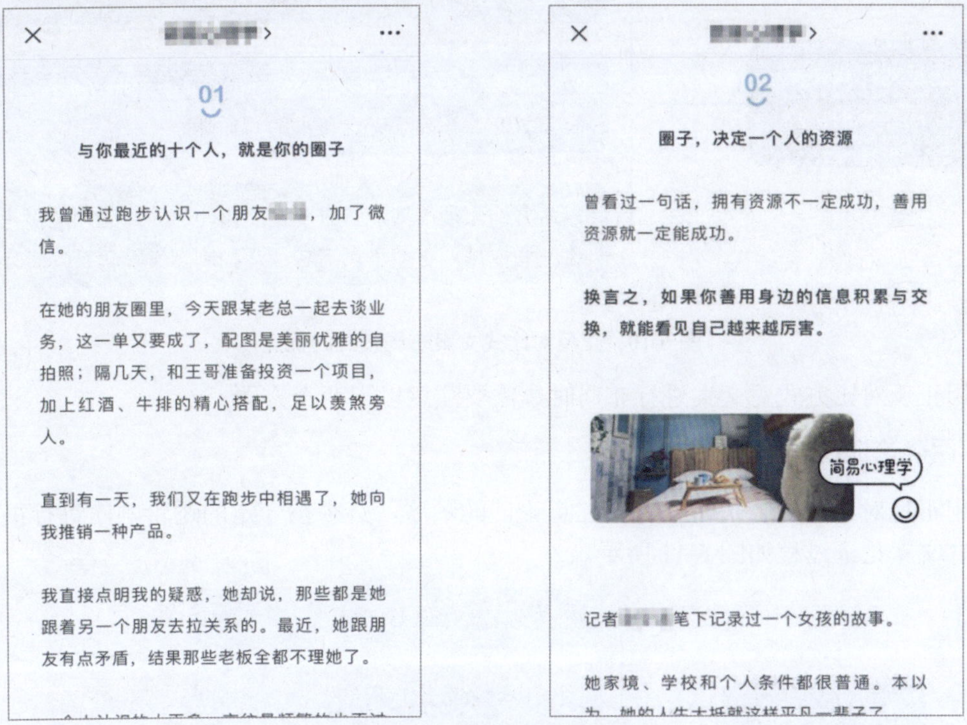


图 6-8　二级标题布局的案例

### 6.1.9　正反比式

正反对比式是指，通过正反两种情况的对比分析论证文案观点的正文结构的布局方式。文案运用对比分析，会使道理讲得更透彻、鲜明；局部运用正反对比使论据更有说服力。

正反对比式使用过程中的注意事项如图 6-9 所示。

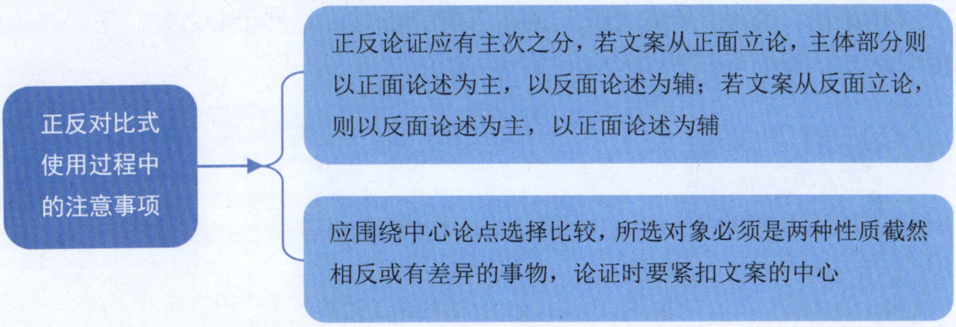


图 6-9　正反对比式使用过程中的注意事项

正反对比式文案布局方式，可以在较短小的篇幅内，立体而多角度地表现人物、叙述事件、描写商品特点和烘托品牌。优点如图 6-10 所示。

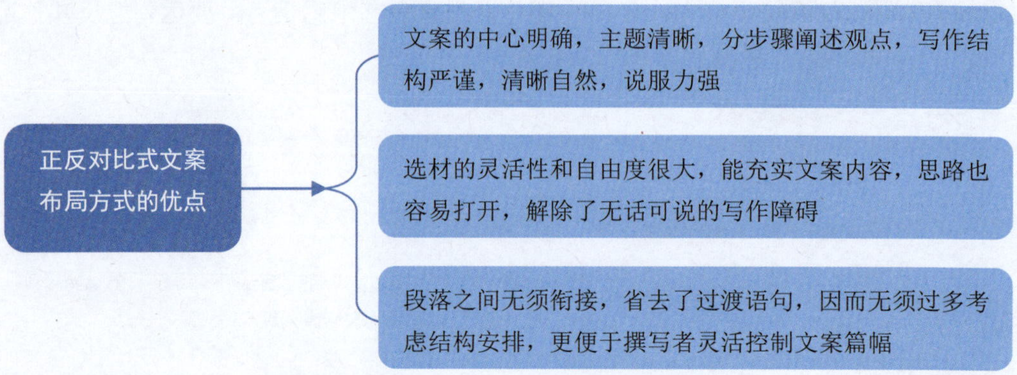


图 6-10　正反对比式文案布局方式的优点

采用正反对比方式对文案进行布局时，需要注意以下两个方面。

### 1. 明确论证过程

使用正反对比布局方式时，首先注意论证的顺序，必须按一定的逻辑顺序进行撰写，片段组合式文案论证过程如图 6-11 所示。

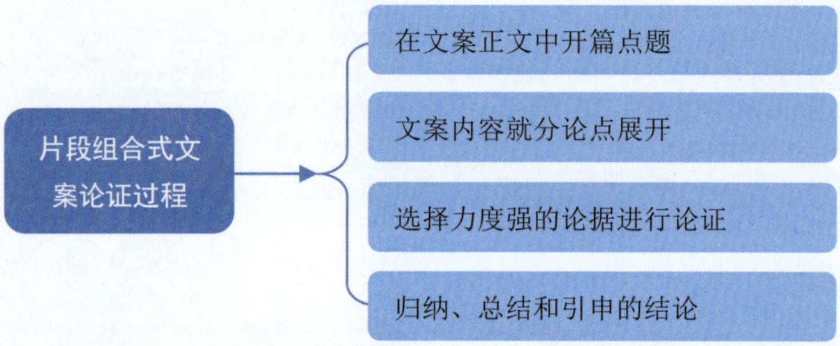


图 6-11　片段组合式文案论证过程

### 2. 理清论证关系

在文案正文中采用正反对比布局方式，除了要把论证过程烂熟于心之外，还应该注意正反对比式的论证关系，如图 6-12 所示。

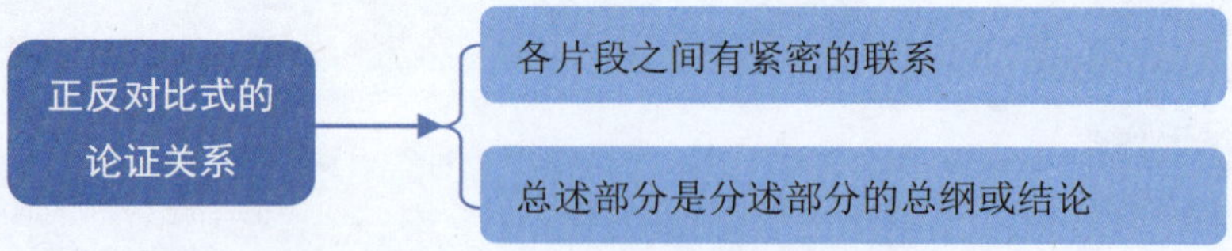


图 6-12　正反对比式的论证关系

# 6.2　文案内容的表现技巧

各新媒体平台的运营者要利用不同类型的文案向用户呈现最佳的阅读效果，就要对各类文案的特征和写作要求有所了解。本节介绍七种不同文案的特征和写作技巧。

## 6.2.1　促销文案

促销文案是文案中比较常用的一种，在各大电商网站的首页上都能看到。如图 6-13 所示为促销文案的四个特征。

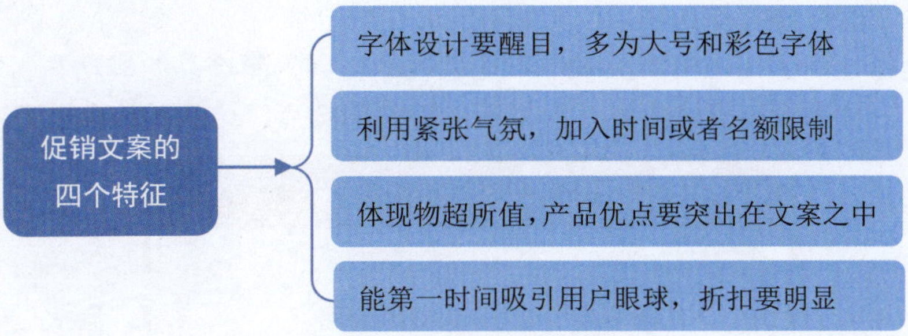


图 6-13　促销文案的四个特征

如图 6-14 所示为某品牌的促销文案，活动信息运用大号的字体显得比较醒目，而“不止50%”的折扣信息，则是用白色字体放在中间位置，从而增加对消费者的吸引力。

图 6-14　某品牌的促销文案

## 6.2.2　新品文案

新产品的策划文案中，创作重点主要是以产品为中心，通过产品进行全面内容的把握。新品文案的主要内容如图 6-15 所示。

图 6-15　新品文案的主要内容

很多新品推出之时，都是以产品的卖点为主，没有卖点就打造卖点，以吸引消费者的注意力。如图 6-16 所示为某品牌化妆品推出的新款产品——隔离霜，此新品文案主要是以“小银管隔离，一抹雾面”为卖点。

新品文案是每个商家在推出新品时都不能忽视的，因为新产品的成功与否取决于文案与视觉效果的设计，如果没有抓住卖点或者打造出特色的卖点，这款新品难以突围成功。

图 6-16　某品牌化妆品的新品文案

## 6.2.3　节日文案

节日促销是极为常见的活动方式，在众多的节日中，能够形成整体活动氛围。打造社会现象节日主要还是以传统节假日为主，中国的传统节日多种多样，是悠久历史文化的一个重要组成部分。

对于商家和企业而言，节假日是能够吸引大量消费者的时期，所以在这一时间段开展相关活动往往能够起到事半功倍的效果，因此文案的作用也就更为突出，相关分析，如图 6-17 所示。

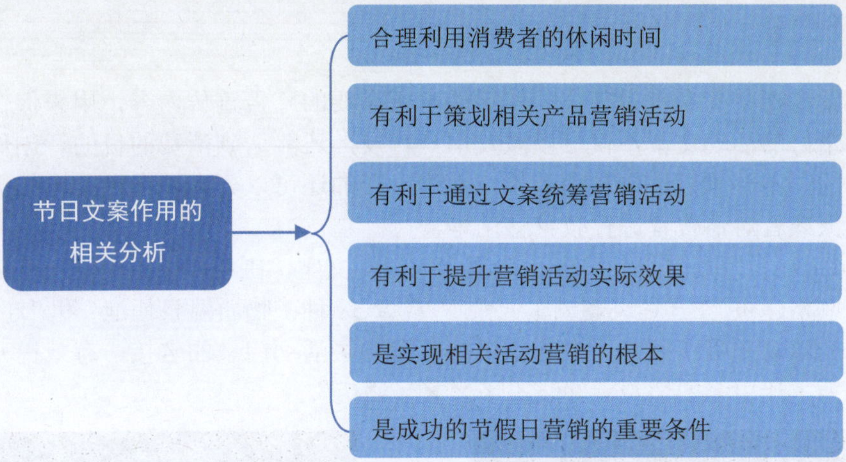


图 6-17　节日文案作用的相关分析

节日文案相对于其他的文案而言，会增添一些节日的特色，营造浓厚的节日气氛。如中秋节会围绕“家庭、团圆、美好”等主题进行文案的设计，春节就会撰写比较热闹、温情的文案。总之，不同的节日文案会有不同的主题和风格，但总体离不开节日氛围的打造。

要想节日文案能够有效地吸引消费者进行浏览和购买，因此在设计的时候需要把握消费者的心理，知道消费者需求是什么。然后再结合节日的特色和优惠信息进行文案的撰写。如图 6-18 所示为某品牌冰箱的节日文案。

图 6-18　某品牌冰箱的节日文案

### 6.2.4 活动文案

活动文案是指某商家或者某公司做活动时所需要的广告宣传内容，用来促销商品或者宣传品牌。一个好的活动文案不仅可以激发用户转发，还能达到消费的目的。创作活动文案时一定要有目的，不然难以达到预期效果，而这个目的还可以分为很多种，比如提升转化率、打造品牌形象或者对消费者进行教育感化等。

如图 6-19 所示为微信公众平台上某酒店的活动文案，围绕“降价”这一活动展开。通过“欧洲古堡风格建筑”“五彩斑斓风车元素”“富含 58 种矿物质温泉任泡”和“超多游玩项目”等丰富多彩的活动来吸引用户，文案结尾处放置购买活动门票的链接，有效提升转化率，增强品牌影响力，让更多的消费者知晓“××××酒店”。

图 6-19 微信公众平台上某酒店的活动文案

### 6.2.5 个性文案

撰写新媒体文案时，应结合不同行业的特点，撰写出符合平台风格的特点和亮点。注重文案的唯一性与无可替代性，从而创作出独特风格的个性文案，合适的语言风格能给粉丝带来优质的阅读体验。

### 6.2.6 主题文案

在进行文案设计时，一定要明确主题，而且还要在表达上突出主题，让消费者直接接收到想要传达的信息。因此，主题文案需要符合如图 6-20 所示的要求，才能突出文案重点。

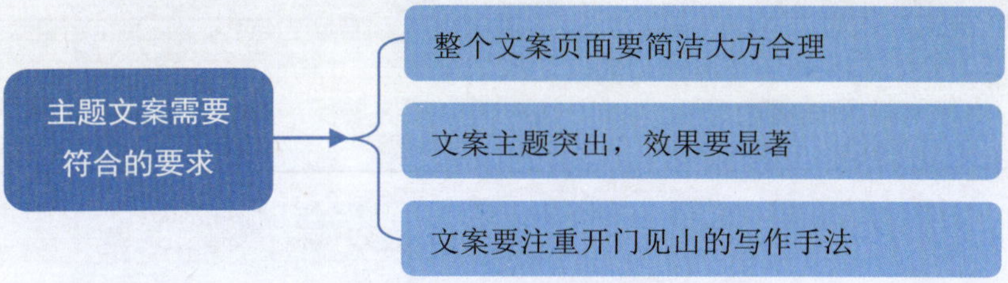


图 6-20　主题文案需要符合的要求

一般广告突出的主题：都是围绕营销展开的，要素有：促销、优惠、打折、满减等信息，所以，在设计时更应该重点突出。

如图 6-21 所示为某食品类品牌的营销文案，文案设计主要突出了产品的特性，即“从生产到发货 7 日完成”“7 日鲜”“国民零食”，图中的“前 1 000 份领券减 50”“最低到手价 89”吸引了消费者的兴趣，这也是促销的方式之一。

在突出主题的时候，还要注意一些事项，不然只会造成布局的混乱。设计主题突出的布局效果时应该注意：内容要大于形式、细节不可过多；要分清主次关系。

图 6-21　某食品类品牌的营销文案

## 6.2.7　预告文案

新媒体运营者可以对内容提前预告，这就像每部电影前的宣传预告片一样，通过提前预告的方式让用户对内容有一定的期待性。而且新媒体运营的提前预告无须成本，是一种非常有效的推广运营方式。内容提前预告的注意事项如图 6-22 所示。

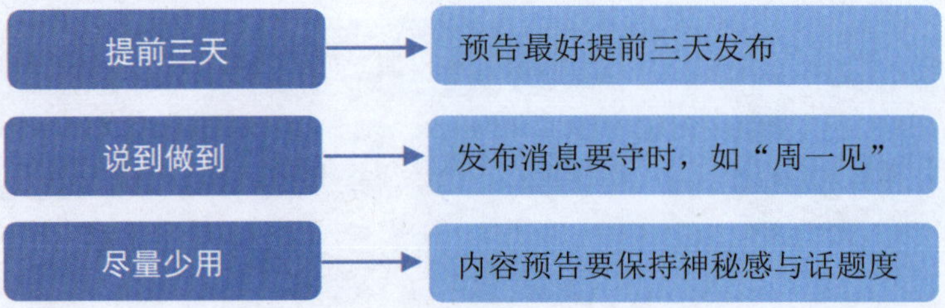


图 6-22　内容提前预告的注意事项

# 本章小结

本章首先介绍了文案的九大布局方式，即故事式、制造热卖场景、总分总式、模拟访谈式、层递式布局、时间式、排比式、二级标题式，以及正反对比式；然后介绍了促销文案、新品文案和节日文案等七大文案的表现技巧。

# 本章习题

1．故事类的正文写作满足哪些要求？
2．简述总分总式文案具体有哪些写作部分？

# 第 7 章 文案中图片与版式设计

本章导读

要想提高文案的点击率，增加新媒体平台的关注度与曝光度，新媒体运营者就必须让用户对其提供的信息眼前一亮。而要做到这一点，图片的选择和排版尤为重要。本章主要介绍图片素材的要求、平台封面的选择、图片的处理技巧，以及如何打造优质的文案板式。

本章重点

- 图片素材的要求
- 平台封面的选择
- 图片的处理技巧
- 打造优质的文案版式

# 7.1 图片素材的要求

在进行新媒体文案创作时，图片美观是一个非常关键的要求，可以通过适当的图文组合与色彩搭配修饰新媒体页面，增加文案的观赏性，为用户带来更好的视觉感受。

## 7.1.1 文案配图的美化与点缀

企业或个人在进行新媒体平台运营的时候，是离不开图片的点缀和美化的。图片是让新媒体平台的文案内容变得生动的一个重要武器，会影响到文案的阅读量。

因此，当企业或个人利用图片给文案增色的时候，也可以通过一些方法给图片“化妆”，让图片更加有特色，吸引到更多的读者。

新媒体平台的编辑给图片“化妆”，可以通过多种方式使得原本单调的图片，变得鲜活起来。让图片更加精美、更容易吸引眼球的方法主要有以下两种。

### 1．图片拍摄多加注意

新媒体平台使用的照片来源是多样的，有的新媒体平台使用的图片是企业或个人拍摄的；有的是从专业的摄影师或者其他地方购买的；还有的是从其他渠道免费得到的。

新媒体运营者只要在拍摄图片时，注意拍照技巧的运用、拍摄场地布局，以及照片比例布局等，就能使得图片达到理想的效果。

如果对于摄影不是十分精通，也可以关注摄影类的新媒体平台账号进行了解和学习，比如“手机摄影构图大全”公众号。

### 2．后期处理善用软件

新媒体平台运营者在拍完照片后如果对图片不是太满意，还可以选择借助后期的软件对图片进行美化处理。

现在用于图片后期的软件有很多，可以根据实际技能水平选择图片后期软件，通过软件可以让图片变得更加鲜艳、明亮。常见的后期软件有：Lightroom、美图秀秀、光影魔术手、Photoshop 等。

一张图片有没有加后期，效果差距是非常大的，因此给读者带来的视觉效果也是截然不同的。如果使用一张没有经过任何后期处理的照片作为文案的陪衬，很有可能难以吸引读者的注意力，这个时候就需要对其进行精修和美化处理。

## 7.1.2 选择合适的色彩图片搭配

新媒体平台运营者想要让图片吸引读者的眼球，那么所选图片的颜色搭配就要合理。色彩搭配是一门学问，图片的颜色搭配也需要仔细研究。

图片的颜色搭配合适能够带给读者一种顺眼、耐看的感觉，从而提升阅读体验。从新媒体平台角度出发，图片颜色搭配合适的要点，如图 7-1 所示。

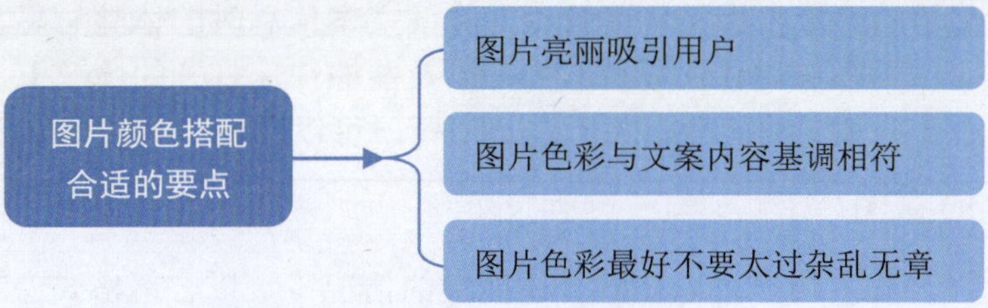


图 7-1　图片颜色搭配合适的要点

很多读者在阅读文案的时候都希望能有一个轻松、愉快的氛围，不愿在压抑的环境下阅读，而色彩明亮的图片不会给读者带来一种压抑、沉闷的感觉。

图片颜色与文案内容基调是否相符，也是在图片的细节处理中需要注意的问题，新媒体平台上的文案图片处理也是如此。如果公众号推送的内容是比较悲沉、严谨的，那就可以选择与内容相适应的颜色的图片，比如偏于深色系的图片。如果这个时候使用太过跳跃的颜色，就会破坏文案的整体效果。

大多数新媒体平台都会根据固有风格或者推送的文案内容决定图片的配色，目的就是为了让读者记住自己，留下深刻的印象。图片颜色的不同搭配如图 7-2 所示。

图 7-2　图片颜色的不同搭配

## 7.1.3　裁剪合适的图片尺寸

图片除了需要注意颜色的选择之外，还应该选择合适的尺寸。因为一张合格、优秀的图片，不仅要协调、柔和，而且还要看得清，且尺寸大小符合读者的预期。

图片尺寸指的是：图片本身的尺寸（像素），同时还代表着排版中的图片展示。文案中的图片在排版中的尺寸大小一般都被限制在了固定的范围之内，不可能做太大的调整。因此，为了保持图片的清晰度，就必须保证图片本身的尺寸大小，以提高图片的分辨率，这是保证图片高清的最好方式。

图片高清显示的容量大小又与读者点击阅读文案信息时的体验息息相关。因此，在保持图片的高分辨率、不影响观看、顺利上传，以及能够快速打开的情况下，怎样处理图片容量大小就成了一个十分关键的问题。关于这一问题，可以通过以下两种方法来解决。

1．巧用 QQ 截图

在 QQ 打开界面，用户可以在结合快捷键的情况下，以合适格式保存图像即可得到普通大小的高清图片，具体步骤如下。

Step 01 打开 QQ，再打开一张需要修改尺寸的高清图片。按【Ctrl + Alt + A】组合键，将会在图上显示截图范围图标，如图 7-3 所示。

图 7-3　显示截图范围图标

Step 02 移动鼠标至图片的左上角，然后按住鼠标左键并进行拖曳，选择高清图片。在显示的浮动面板上，单击“保存”按钮，如图 7-4 所示。执行上述操作后，即可完成截图。

图 7-4　完成截图

Step 03 弹出“另存为”对话框，在其中设置保存位置和文件名，单击“保存类型”右侧的下拉按钮，在弹出的下拉列表框中选择 JPEG 格式，单击“保存”按钮，如图 7-5 所示，即可完成图片另存操作。

图 7-5　图片保存

用户可以分别查看“属性”面板中显示的两种保存格式的图片大小，如图 7-6 所示。从图中可以看出，运用 QQ 截图并以 PNG 格式保存的图片大小和占用空间明显要比以原格式保存的图片小得多。

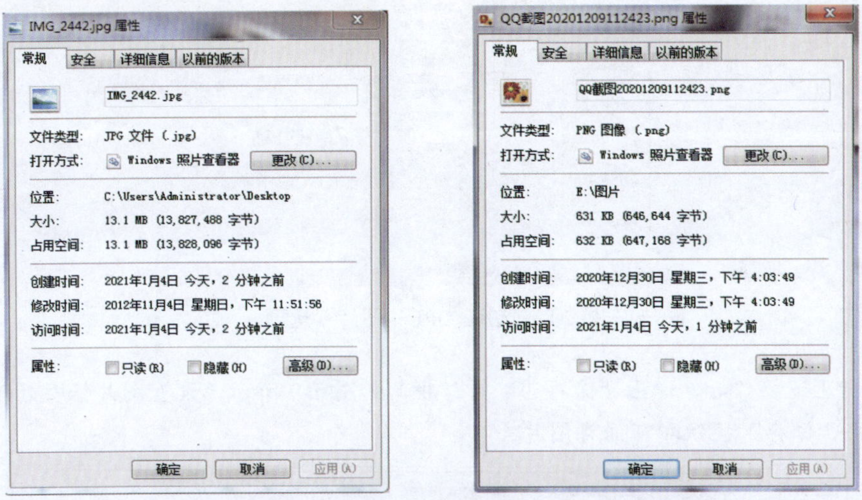


图 7-6　“属性”面板中显示的两种保存格式的图片大小

### 2. 善用画图工具

除了可以运用 QQ 截图把高清图片改为普通大小外，还可以通过画图工具实现，具体步骤如下。

**Step 01**　单击“开始”|“程序”|“附件”|“画图”命令，打开“画图”工具。在软件界面中，单击“画图”|“打开”命令，打开需要修改的高清图片，如图 7-7 所示。

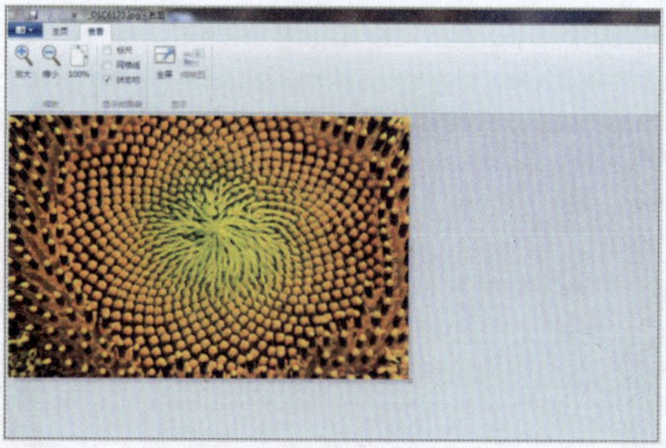

图 7-7　打开“画图”工具

**Step 02**　单击“画图”|“另存为”命令，在弹出的“另存为”窗格中选择“JPEG 图片”选项，如图 7-8 所示。

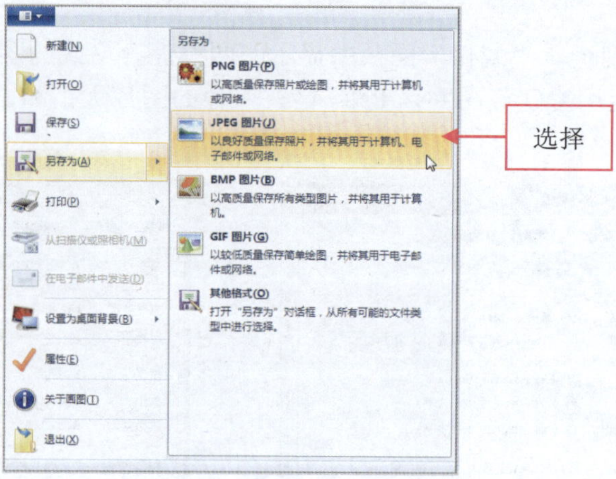


图 7-8　选择“JPEG 图片”选项

**Step 03**　执行上述操作后，弹出“保存为”对话框，如图 7-9 所示，设置图片保存的位置和类型，单击“保存”按钮即可保存图片。

图 7-9　“保存为”对话框

## 7.1.4　结合内容完美搭配图片

对于如何安排图片数量，根本的依据还是在于文案的内容。不同的文案有不同的体例、形式，以及侧重点，要想让图文完美搭配不是一件易事。具体介绍如下。

**1．推送图文的数量**

推送图文的多少是指新媒体平台账号每天推送的文案的多少。细心的读者会发现，有的新媒体平台账号每天会发送好几篇文案。而有的新媒体平台账号每天只会推送一篇文案，甚至隔几天或者一段时间才发一篇文案。

新媒体平台账号推送的图文越多，所用的封面就会越多；推送的图文越少，所用的封面也就越少。

**2．文案排版配图数量**

每个新媒体平台账号都有属于自己的特色，有的在文案内容排版的时候会选择使用多图片的形式，有的则只会选择使用一张图片。这种文案内容多图片、少图片的排版方式会给读者带来不一样的阅读体验。

以微信公众号为例，首先从推送图文的多少来看，有的同一时间推送多图文消息；有的则只会推送一则消息，甚至很久都不发消息。如图 7-10 所示为两个不同性质的公众号推送图文数量的对比展示。

图 7-10　两个不同性质的公众号推送图文数量的对比展示

## 7.1.5　根据时间点来决定发布照片容量

文案中所使用的图片都要经过仔细的斟酌，慎重考虑。以微信公众平台为例，在选择图片尺寸大小的时候，不是胡乱设置的，而是需要从不同的角度去考虑，如图 7-11 所示。

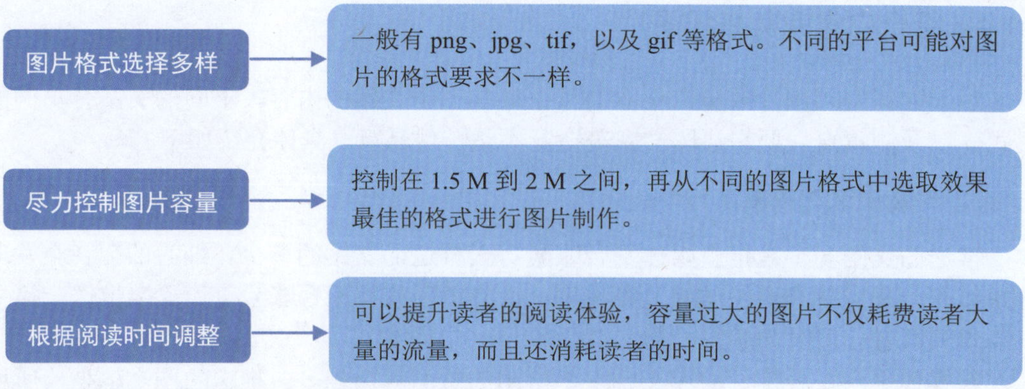


图 7-11　选择图片尺寸的考虑因素

例如，如果微信公众号平台定位的读者一般习惯晚上 8 点~9 点阅读文案，而这个时间段基本上人们都是待在家里的，因此读者可以使用 Wi-Fi 打开微信公众号平台进行阅读。

在这种情况下，既不用担心读者的流量耗费，也不用担心图片加载过慢，那么文案编辑就可以适当地将图片的容量放大，给读者提供最清晰的图片，让读者拥有最好的阅读体验。

但是如果微信公众号平台定位的读者大部分都是在早上 7 点~8 点钟阅读文案，那么读者使用手机流量上网的可能性就比较大，这时候如果公众号发送文案的话，就需要将图片的容量控制在 1.5 M 到 2 M 之间，为读者节省流量的同时也节省图片加载时间。

如图 7-12 所示，以“手机摄影构图大全”为例，由于是一个专门分享摄影技巧和经验的公众号，而且其粉丝、读者大多都是摄影爱好者，因此它的推送时间就选择了中午人们休息的时间。

图 7-12　“手机摄影构图大全”发布的文案图片

大部分读者这时候应该都处在有无线网络的环境下的，所以文案中也就插入了很多高清图片，以供读者欣赏。

### 7.1.6 动图让文案更加生动有趣

很多文案在插入图片的时候都会采用 GIF 动图形式，这种动起来的图片确实能为新媒体平台吸引不少的读者。GIF 格式的图片更加动感立体，相对于传统的静态图，它的表达能力会更强大。静态图片只能定格某一瞬间，而一张动图则可以演示整个过程，因此效果会更好。

作为一种独特的图片格式，GIF 的好处是显而易见的，不论是单独来看，还是作为文案中的插图，都能带给读者不一样的阅读体验。动图的类型要与文案的内容相匹配。技巧类的文案通常更需要动图的衬托和点缀，原因有以下两点。

一是，因为技巧类的文案本身比较冗长，如果文字表达不是特别生动的话，很容易让读者失去阅读的兴趣，因此动图的加入能够有效吸引读者的注意；二是，因为技巧类的文案在讲解知识时，往往会涉及到用文字难以生动表达的情况下，这个时候用一张动图来解释，难题就会迎刃而解。

以某微信公众号为例，推送的文案内容就含有动图。如图 7-13 所示为某公众号推送文案中的动图展示。

图 7-13 某公众号推送文案中的动图展示

### 7.1.7 长图文使读者一目了然

除了动图，长图文也是为文案内容加分的一种形式，以图片加文字的漫画形式描述内容，发布的文案阅读量都非常高。很多著名的品牌企业也经常运用这种方式宣传和推广新品。

长图文是促使各种新媒体平台获得更多关注、吸引更多粉丝的一种好方法，长图文的优势如图 7-14 所示。

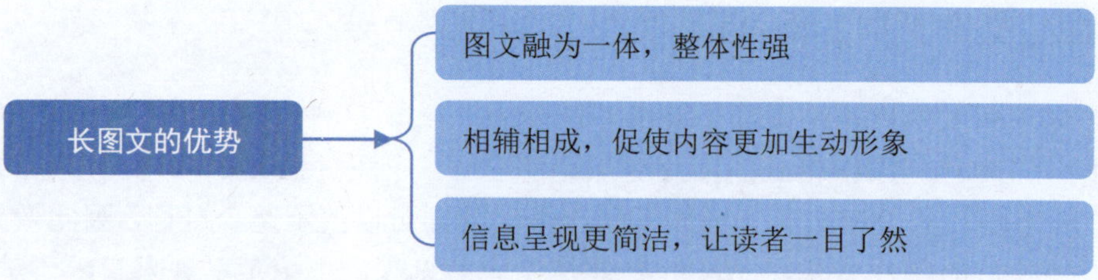


图 7-14 长图文的优势

长图文的形式在微信公众平台里屡见不鲜，有的微信公众号将长图文当成了自己的固有模式和风格，并以此吸引读者和粉丝。如图 7-15 所示为某公众号推送的长图文文案。

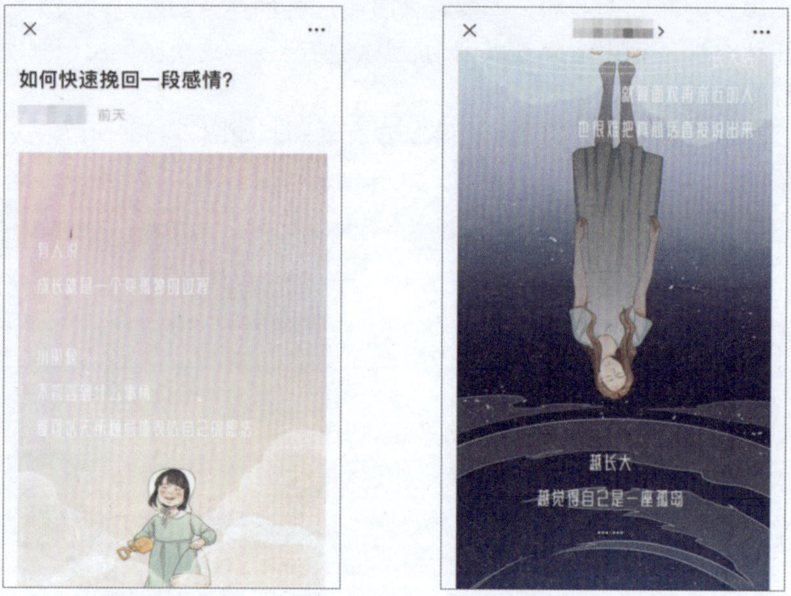


图 7-15 某公众号推送的长图文文案

# 7.2 平台封面的选择

封面图片决定着用户对新媒体平台的最初印象，影响着新媒体平台上文案的阅读量和点击率。好的封面图片能起到激发用户好奇，提高文案关注度的作用。

封面图片的选择是新媒体运营者打造好的视觉效果的重要条件之一。本节主要介绍如何做好封面图片的选择。

## 7.2.1 优质图片的三大基本特征

新媒体用户在搜索关键词之后，跳转的页面中会出现一系列文案的封面图片，而图片质量的高低直接影响到新媒体平台的相关推送的阅读量和点击率的高低。如果封面图片符合推送的主题，符合用户的审美标准，就能激发用户的好奇心，提高文案的阅读量。

优质的封面好图应具备以下基本特征，如图 7-16 所示。

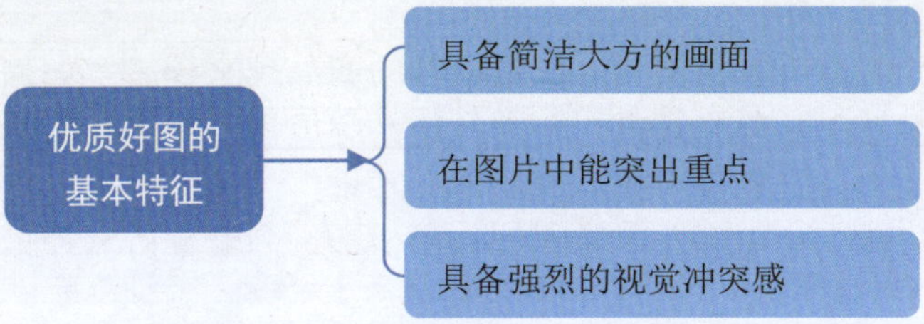


图 7-16　优质好图的基本特征

一张优质的图片能对新媒体用户产生强烈的视觉冲击感，在一定程度上节约了平台推广的成本支出。好的封面会让用户眼前一亮，向用户传递产品的重要信息，从而能引发用户的阅读兴趣。

### 7.2.2　遵循图片的制作规范

对图片进行设计的时候，还要遵守一定的图片制作规范，从而提高图片的质感，保证图片最佳的视觉效果。值得注意的是，在设计的图片中切忌标注过多杂乱无章的产品信息。因为杂乱无章的信息标注只会让图片看起来价值感低且信息混乱。

目前，很多商家都借助各种新媒体平台不断加大促销推广的力度。因此常常会在商品主图上大做文案，但有的时候因为没有把握好分寸，往往效果适得其反。有的商家在主图上无限放大促销、优惠、商品特色等信息，甚至占据了比产品本身还要大的面积，不仅影响了搜索页面的美观，还降低了商品的视觉效果。

如果商品主图没有按照规范进行制作，就会使得流量难以转化为销量，对视觉营销而言是较大的阻碍。因此，商品主图的制作规范需要在设计商品主图前就考虑好，以达到商品主图视觉效果设计的较好水平。因此，根据商品的类目进行主图制作规范对流量的转化相当重要，特别是对于一些已经具有影响力的品牌，主图的设计会在固定的区域放置品牌的标识，如图 7-17 所示为两个某品牌鞋子的商品主图。

图 7-17　两个品牌鞋子的商品主图

## 7.2.3 打造品牌强化用户记忆点

随着新媒体平台的不断蓬勃发展，在线销售的商品越来越多，如何进行更为出色的视觉营销也成为许多商家都在思考的问题。全力打造品牌成为了许多商家的首要选择，他们不再拘泥于简单的商品销售，而是致力于品牌的宣传和推广。因为只有通过记忆强化，才能使得消费者对商品所属品牌记忆犹新，把新老客户都留住。商家推广品牌需要面对的问题，如图7-18所示。

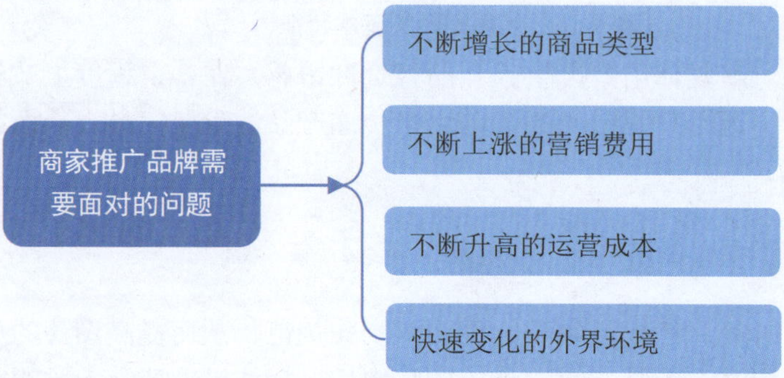


图 7-18 商家推广品牌需要面对的问题

传统的企业在树立品牌时，花费了不少心血，投入的资本也不容小觑。而新媒体平台要想对品牌进行宣传和推广，可以通过商品主图展示品牌标识。

如图 7-19 所示为两个某品牌服装的商品主图，有一个共同的特点，就是品牌标识都位于画面的左上侧。这样一来，不仅可以吸引新顾客的注意力，还可以让老顾客产生熟悉感，进而促进商品的销售，为品牌的宣传和推广打造良好的基础。

图 7-19 两个某品牌服装的商品主图

## 7.2.4 不同质感影响用户心理

新媒体运营者在进行图文设计，选择相关图片时，应注重体现图片的质感。高质感的图片会更加容易抓住新媒体用户的眼球，带给用户最佳的视觉体验。

不同质感的商品主图，会在无形之中影响消费者的心理感受，会从不同的角度关注商品，如图 7-20 所示。

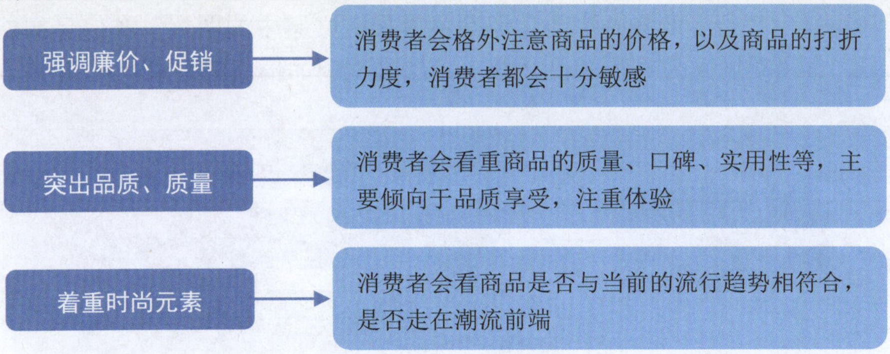


图 7-20 不同质感的商品主图对消费者的心理感受的影响

以瓷质盘子为例，作为一种注重质感的商品，在图片的设计上更是要格外用心。如图 7-21 所示为三种不同的商品衬托展示。

（a）光线偏暗的商品展示 （b）背景色与产品色接近的商品展示 （c）质感展示良好的商品

图 7-21 三种不同的商品衬托展示

从图片上来看，虽然展示的商品都是瓷质盘子，属于相同的类型，但体现出来的商品质感却有所不同，关于以上几种商品衬托展示的相关分析如图 7-22 所示。

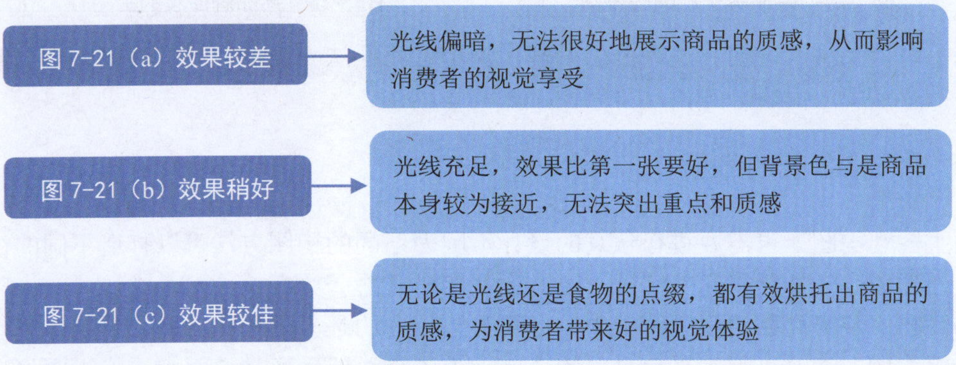


图 7-22 商品衬托展示的相关分析

### 7.2.5 信息展示要有主次之分

无论是新媒体平台上的宣传广告，还是各类推送文案中的图片，在信息的展示上都应该有主次之分，而不是随意分布，杂乱无章。分层处理商品信息的好处，如图 7-23 所示。

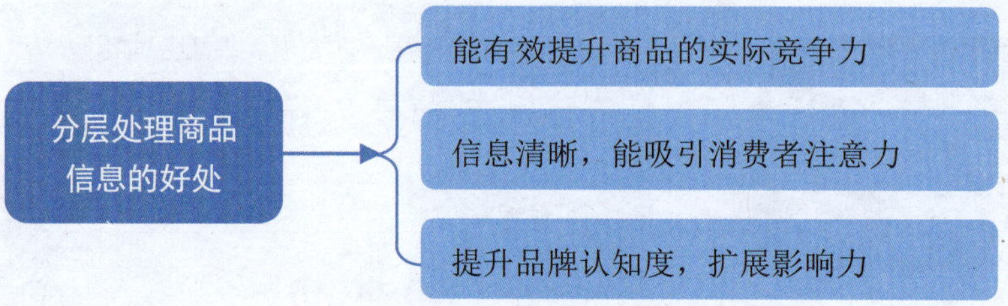


图 7-23 分层处理商品信息的好处

商品主图的信息会比较简单，只有商品图、品牌标识和简单的文案，如图 7-24 所示为某品牌护肤品的主图。而有的商品主图则会加上促销等信息，这时就需要在页面设计中对各种信息内容进行分层处理。如图 7-25 所示为某品牌面膜的主图，体现在第一位的自然是商品本身，然后是促销活动的信息“跨店满减，每满 300 减 40”“双 12 参考价 836 元”等。

图 7-24 某品牌护肤品的主图

图 7-25 某品牌面膜的主图

如果不对商品主图的信息进行分层处理，消费者就无法一眼抓住视觉营销重点，继而会失去对商品和品牌的信心。

### 7.2.6 形成风格各异的气氛

商品主图在构图上也需要进行认真的设计，因为不同的构图方法可以打造不同的视觉关注点，从而形成风格各异的商品气氛，给消费者带来视觉享受。

例如，在服装类商品的视觉营销中，运用得比较多的是分隔构图方法。新媒体平台运营者采用分隔构图方法时，因为平台页面的限制，为了全面展示商品的面貌，就需要将画面分割成几个部分。如图 7-26 所示为视觉设计中采用的分隔构图法。

图 7-26　视觉设计中采用的分隔构图法

采用分隔构图法的好处：一是可以全方位展示商品的特点，让消费者买得放心；二是可以呈现出产品的不同颜色和款式从而吸引消费者的注意力。虽然，分隔构图法主要用于服装类商品的视觉设计中，但也不排除有别的产品可以采用构图法，如图 7-27 所示。此商品主图运用分隔构图法，主要表现是在画面中将产品按照功效分割成四个部分，让消费者能够清晰明了地知道该商品有哪些优点。

图 7-27　商品主图的分隔构图法

### 7.2.7　增强产品的空间立体感

渐进构图法就是对商品有组织、有顺序地进行排列，比如由大到小、由远及近。渐进构图法的优势如图 7-28 所示。

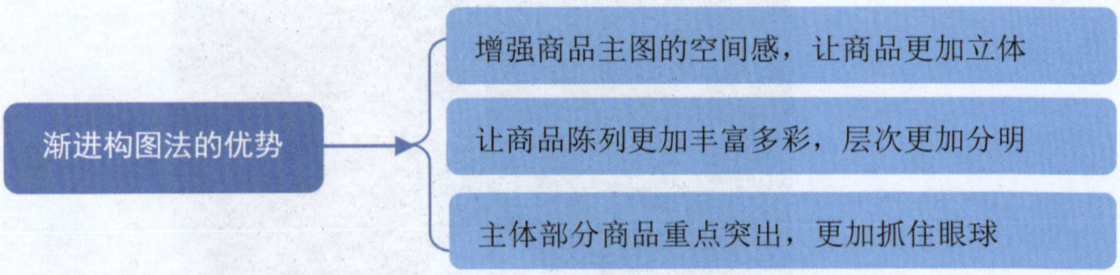


图 7-28　渐进构图法的优势

如图 7-29 所示为商品主图的渐进构图法，立体感和空间感都很明显。

图 7-29　商品主图的渐进构图法

### 7.2.8　充分多样展示易于对比

直线构图法能够充分展示商品的种类和颜色，使得消费者更容易在视觉效果上对商品进行比较，从而对商品的选择也更加多样化。如图 7-30 所示为运用直线构图法呈现的商品主图。

图 7-30　运用直线构图法呈现的商品主图

### 7.2.9　扩展目光聚集视觉焦点

发散构图法一般适用于比较细长的商品类型，构图优势如图 7-31 所示。

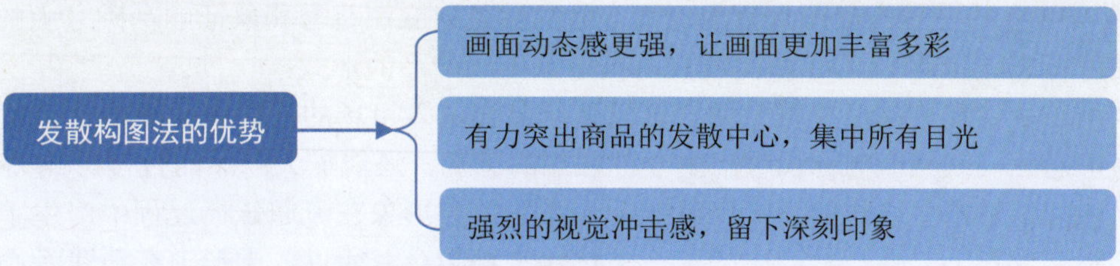


图 7-31　发散构图法的优势

如图 7-32 所示为商品主图的发散构图法，圆珠笔呈发散式向四周扩散，既能够扩展消费者的目光，又可以聚集视觉的焦点。如果想要让消费者注意到商品的品牌，还可以在焦点处放置品牌的标识，以达到宣传推广的作用。

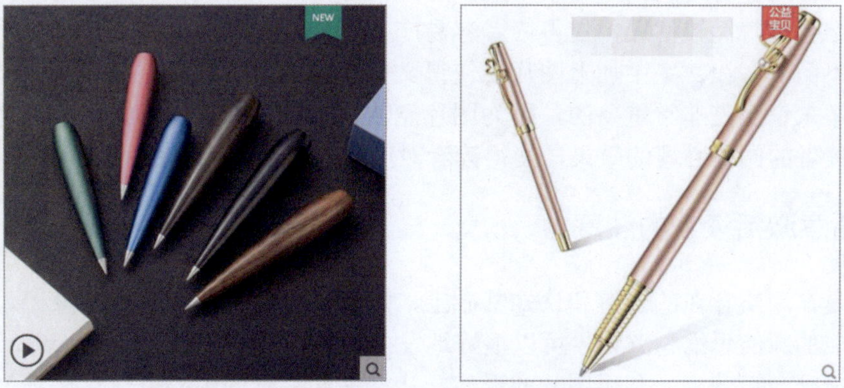


图 7-32　商品主图的发散构图法

# 7.3　图片的处理技巧

在新媒体运营中要想打造好的视觉效果，离不开视觉图片的支持。本节主要以微信公众号为例，介绍新媒体平台运营中常用的图片技巧。

## 7.3.1　扩大宣传影响促进营销

在新媒体平台文案中，产品图片的呈现形式，如图 7-33 所示。

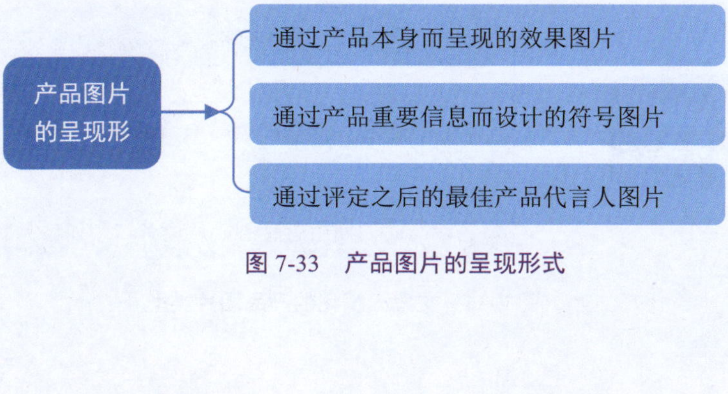


图 7-33　产品图片的呈现形式

图 7-33 中的三种产品图片呈现形式，后两种是建立在符号和象征的基础之上的，是利用产品品牌标志、企业 LOGO 和代表性人物形象推送产品的形式。

利用图片实现产品形象符号化，可以让产品在进入市场的过程中，能够让消费者看到与该符号形态相同或相似的标识时产生一种联想的感觉，还能扩大产品的宣传影响力。

之所以能够产生联想的感觉，就在于产品的符号形象在流通传播过程中产生了一种文化意义和社会生命力，并与社会中的某一文化元素相契合。所以，无形中在消费者心中形成了一定的形象地位，这就是产品形象化的真实意义所在。

### 7.3.2　让读者对产品更加认可

新媒体平台运营者写的文案如果不配图片，内容再好，它的吸引力也会大打折扣。因为过长的纯文字会显得比较枯燥，使得读者容易产生阅读疲劳，人们对于长篇幅的纯文字会选择性阅读或不阅读。在文案中加上图片会使得文案变得更加形象，这一点同样对带有广告性的新媒体文案来说也是非常重要的。因为图片能让读者视觉感官和思维受到图片的影响，从而达到影响读者的阅读心理的效果，使得读者对产品的认可度有一定的改变。

### 7.3.3　用新意激活读者的注意力

创意就是在现实存在的理解和认知基础上，赋予事物一种新的思维和意识。在创意范畴内，通过形成的新的思维和意识，可以很好地发掘资源深层次的价值。

在新媒体平台运营中，利用图片的形式，让产品和品牌的中心关注点充满创意，能够立刻吸引消费者的注意力。

关于新媒体平台的产品图片创意化，可通过两种形式来实现：一是利用产品的新包装；二是利用产品的细节图。在新包装、细节图等多种形式的创意下，企业产品和品牌能够吸引更多消费者，促成营销目标的实现。

### 7.3.4　让读者融入其中更加认同

在新媒体平台文案中，如果企业或商家放入其中的是有着消费者或其他人物存在的图片，那么该产品和品牌可以让读者产生身份认同感和代入感。而这一过程，也在无形中实现了读者对产品和品牌的了解，从而更信任产品或品牌。而想要实现这一目标，可以通过在文案中植入相关图片。文案人情化的产品图片类型，如图 7-34 所示。

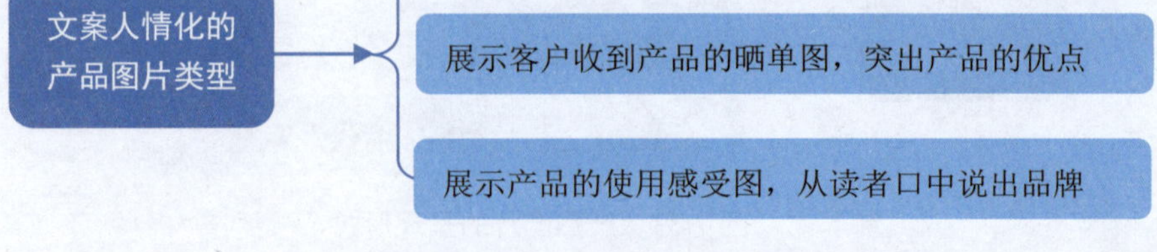


图 7-34　文案人情化的产品图片类型

通过图 7-34 中所提及的三种图片类型，可以让其他的读者融入到商品营销过程中并产生一种角色代入感。把自己当作其中的顾客，想象成是自己在进行产品购买前的咨询或者是使用产品后，诉说对产品的感受，可以充分体验到顾客的心情。

其实这就是图片让读者产生代入感的功效，而代入感的产生是建立在图片能够表达充满人情意味的产品的基础之上。因此，图片在表达上除了能够让产品创意化，还具有让文字人情化的作用。

### 7.3.5　让读者身临其境增强说服力

如果想要完美、形象地呈现一个真实的活动场景，除了视频外，没有比图片更合适的方法了。有时候文字描述也能真实地再现场景，能够让读者在脑海中呈现真实的生活场景，这种形式是比较含蓄和富有韵味的。而从直观、形象的角度出发，其效果还是略逊图片一筹。

如图 7-35 所示为某文化文具类品牌在微信公众号推送的文案中，利用图片将真实的场景呈现，推文的标题为“紫禁城建成 600 年|所有过去皆是未来”，为了使标题与内容一致，在推文中插入用户熟悉的各种场景图片，增加了文案说服力的同时打造自身品牌的亮点，还在文案末尾加入了产品图片，以此增加销量。

图 7-35　某文化文具类品牌在微信公众号推送的文案

在文案中利用图片形式让读者在阅览图文的时候可以很直观的感受到真实生活场景，那么，文案的推送也就具有了它的意义和价值。

### 7.3.6　增加可读性变得鲜活感

在新媒体平台推广的文案中通过添加图片，可增加文案的趣味性与可读性，打造出趣味式文案。

趣味式文案就是能让读者感受到其中的趣味并能引人发笑的文案。文字在引发趣味方面是需要读者集中注意力，放入关注的情况下才能产生，不能让读者在第一时间就引发自身的笑点。而图片恰恰相反，基于其丰富的表现力和生动性，往往读者在看到图片中有趣的部分就会感受到其中的趣味点，从而引导读者继续阅读和关注。

通过阅读植入了趣味式图片的文案，读者能很容易地发觉，似乎整篇文案都生动和鲜活起来了。而形成文案鲜活感的图片主要表现在两个方面，具体内容如下。

**1．注意图文相符**

无论是什么文案，在植入图片时都必须抓住一个基本原则，那就是图文相符，植入的图片必须符合文案主题。只有图片能很好地表现文案内容才能称为合适的图片，否则图片不仅不能起到画龙点睛的优化作用，往往还会适得其反。

**2．多用表情包**

表情包是一种既能很好地体现自身心情和感受的表现形式，也是增强表达的趣味性的主要方式。在趣味式文案创作过程中，把人们熟知的表情包植入进去，有利于读者更好地把握所有表达的感情。

奉送能让人轻松、活泼和逗趣的表情包，是撰写趣味式文案的主要方法，能让文案内容更加生动和有趣。

### 7.3.7　体现平台的隐藏情怀

要创作一篇出色的新媒体文案，图片的力量是不可忽视的。一篇图文结合的文案对读者的吸引力肯定是一篇纯文字的文案所不能比拟的，在文案中灵活运用图片表达内容是吸引人流的重要途径。如果选择的图片能够向读者传递一个新媒体平台的隐藏情怀，那么这类平台只用图片就可以胜过千言万语。

如图 7-36 所示为水彩画类型的微信公众号发布的一篇水彩画作品集，这一整篇文案，除了文案名称和撰写者简介用了文字表达，后面的内容都是水彩图片，但却能表达该公众号的高雅情怀。

图 7-36　水彩画类型的公众号中图片体现情怀的部分案例

### 7.3.8　加强平台与读者的互动交流

各位商家在进行新媒体平台运营时，根据平台的文案内容选择合适的图片，能够使得文案与图片之间搭配的很和谐，从而达到借助图片加深与读者之间的互动和交流。图片增加与读者之间的互动可以帮助平台凝聚读者，从而培养平台的忠实粉丝。

如图 7-37 所示为“手机摄影构图大全”公众号发布的一篇影展点评文案内容，全文围绕着摄影作品为读者讲解拍摄技巧，并且在末尾也与读者们互动。

图 7-37　“手机摄影构图大全”公众号互动类型的文案案例

从图 7-38 中可知，平台订阅者可以向“手机摄影构图大全”公众号平台投稿，而在有用户投稿的情况下，“手机摄影构图大全”公众号平台对这一活动的结果做了回应和点评，这种类型的活动就能够加深与读者互动，提高读者的黏性。

## 7.4　打造优质的文案版式

如果说文案中的内容是与读者之间产生思想上的碰撞或共鸣，那么撰写者对文案的格式布局与排版就是给读者提供一种视觉上的享受。

排版对文案有很重要的作用，也是文案能否成为爆文的重要因素。因为它决定了读者是否能舒适地看完整篇文案，对新媒体平台上以电子文档形式传播的文案排版尤其重要。

新媒体文案撰写者在给读者提供内容的同时也要注意文案的排版，让读者拥有一种精神与视觉的双重体验，也是让文案成为爆文的重要前提。今日头条、一点资讯等新媒体平台只能在其自身的后台编辑器中编辑文案，版式比较统一。但是微信公众号平台的版式，文案撰写者却是可以随意设计的，因此以下将以微信公众号为例进行介绍。

### 7.4.1 借助第三方编辑工具

在新媒体平台的后台，都提供了文字编辑功能。但是这些功能是有限的，只有最简单的文案排版功能。这些功能对只运营今日头条、简书、一点资讯等新媒体的文案撰写者来说，还勉强够用，但是对于运营微信公众平台的文案撰写者来说就显得太单调了，不能够吸引读者的眼球。

新媒体文案撰写者可以借助功能更齐全的第三方编辑器，帮助自己设计出更多有特色的爆文版式，吸引读者的眼球。网上第三方的编辑器有很多，如图 7-38 所示。新媒体文案撰写者可以借助编辑器创作出更多有特色的爆文版式。

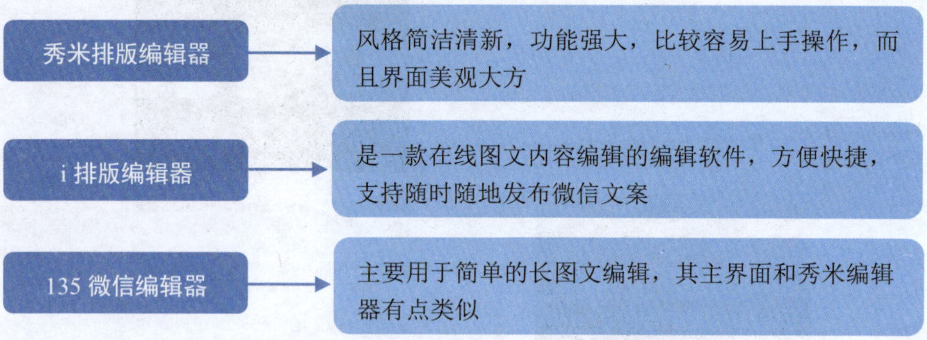


图 7-38　常见的新媒体第三方排版编辑器

使用第三方内容排版编辑器的好处比较多，第一就是能够提供更为精美的排版；第二就是能提升相关的工作效率；第三就是能够吸引更多的读者关注。

### 7.4.2 收藏喜欢的排版素材

文案撰写者可以从其他排版优秀的公众号中总结经验，汲取它们中的优点，再根据自身的情况建立属于自己的爆文排版体系。同时，在看见新颖、好看的排版素材时，也可以将其收藏，建一个属于自己的爆文版式素材库。这样不仅丰富了版式资源，还可以节省很多寻找版式素材的时间，提高了工作效率。

### 7.4.3 树立专一的排版风格

微信公众平台上的文案内容排版，选择合适的排版风格是必不可少的，意义表现在以下两个方面。

（1）提高效率。运营者选择好排版风格后，在以后的文案排版过程中就可以直接使用这种风格排版，能够节省很多排版时间，也能够提高工作效率。

（2）形成风格。运营者选好属于内容的排版风格，能够形成属于自己平台的独特风格，从而与其他平台形成差异化，吸引更多读者。

### 7.4.4　巧妙分隔文案内容

分隔线是在文案中将两个不同部分内容分隔开来的一条线。分隔线可以是线条形式，也可以是图片或者其他分隔符号，用户可以根据自身需要任意选择。分隔线可以用于文案的开头部分，也可以用于文案的结尾部分。

新媒体文案撰写者可以借助分隔线将文案的内容分开，不仅给读者提供提醒功能，还可以增加文案排版的舒适感，给读者带去更好的阅读体验。微信公众平台里编辑功能中的分隔线功能界面，如图 7-39 所示。

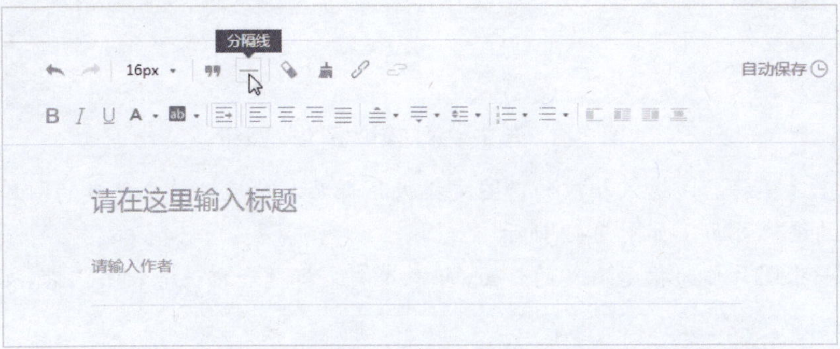


图 7-39　微信公众平台里编辑功能中的分隔线功能界面

### 7.4.5　常规工具的实例操作步骤

秀米编辑器是一款优秀的内容编辑器。秀米编辑器的排版操作流程如下。

Step 01　进入秀米官方网站并登录，在秀米主页单击“我的秀米”按钮，如图 7-40 所示。

图 7-40　单击“图文排版”按钮

Step 02　执行上述操作之后，进入“我的秀米”页面，单击“添加新的图文”按钮，如图 7-41 所示。

图 7-41　单击“添加新的图文”按钮

Step 03　执行上述操作后，进入相应的“图文排版”页面。然后，单击“我的图库”按钮，进入相应的编辑页面，如图 7-42 所示。

Step 04　上传一张图片作为推送消息的封面，并输入图文标题和描述等相关内容，如图 7-43 所示。

图 7-42　相应的编辑页面

图 7-43　输入相关内容

Step 05　单击“图文模板”按钮进入相应页面，在该页面单击“标题”按钮，即可出现各种标题模板，运营者可以选择运用该模板，效果如图 7-44 所示。

图 7-44　运用标题模板效果

Step 06　接着可在该标题栏输入相应的标题，之后单击下方的文本框，如图 7-45 所示，就会进入编辑状态，即可添加文案内容。

图 7-45　单击文本框

Step 07　文案内容输入完成并检查无误后保存文案，即可单击“去同步多图文”按钮，如图 7-46 所示。

图 7-46　单击“去同步多图文”按钮

**Step 08** 执行上述操作后，进入“同步到公众号”页面，在左侧的“所有图文”区域，单击刚刚保存好的文案，该篇文案就会出现在右侧空白区域，如图 7-47 所示。

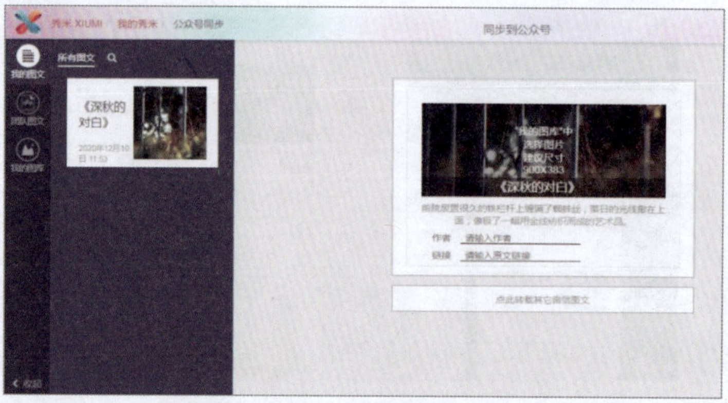


图 7-47　选择并单击要同步的文案

**Step 09** 对于已经有授权的同步公众号的用户来说，只要将鼠标指针移至上方的“同步到公众号”上，即可弹出相应对话框，选择好自己要同步的公众号，然后单击“开始同步”按钮，如图 7-48 所示，即可开始同步文案到公众号。

图 7-48　单击“开始同步”按钮

**▶ 专家指点**

对于没有授权同步公众号的用户来说，还需要去授权，才能按照上述操作同步图文内容到微信公众号后台。

## 7.4.6　提升文案排版工整度

135 编辑器主要用于简单的长图文编辑，主界面如图 7-49 所示。

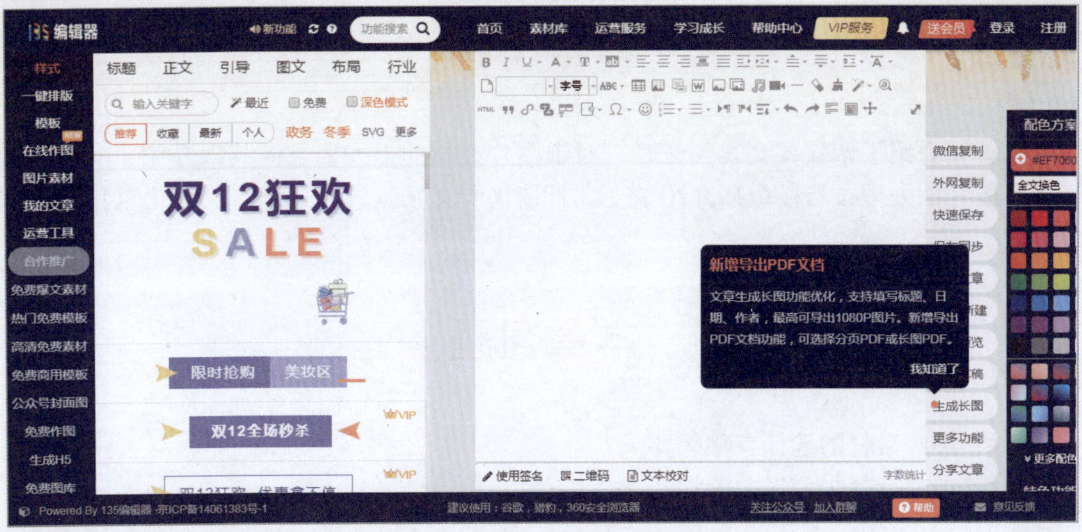


图 7-49　135 微信编辑器主界面

利用 135 编辑器编辑公众号文案，排版是非常工整的，对于文案成为爆文非常有帮助。

## 7.4.7　设计专属个性签名

i 排版编辑器，也是一款很不错的内容编辑器，用户通过微信“扫一扫”功能进行注册，就能在电脑端进行操作。如图 7-50 所示为 i 排版的主界面。

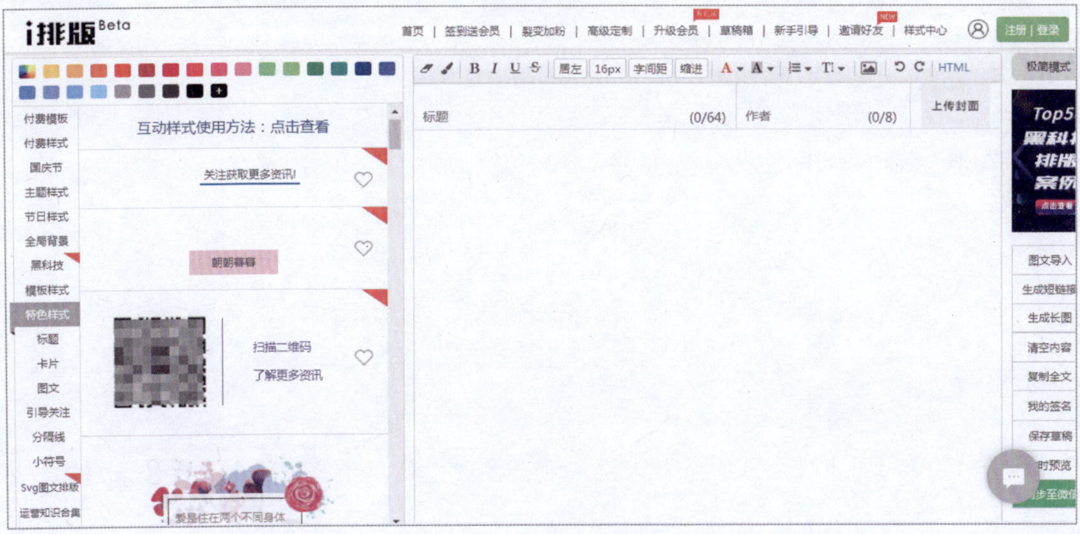


图 7-50　i 排版的主界面

i 排版可以一键排版，而且其最大的特色是可以设计签名，运营者可以将设计好的签名和二维码一起放在图文的最后。

# 本章小结

本章首先介绍了新媒体文案创作时，对于图片素材的七大要求；其次介绍了对平台封面的选择和图片的处理技巧；最后介绍了七大打造优质文案版式的方法，例如借助第三方编辑工具等。

# 本章习题

1．对于图片素材的选择有哪些要求？

2．应该如何选择平台封面图片？

# 第 8 章　文案营销的类型与技巧

**本章导读**

对新媒体而言，仅仅是撰写文案还不够，促成产品更快销售才是最终目的。这也是很多企业和商家纷纷进军新媒体领域的初衷。那么，应该如何利用新媒体文案促进相关产品的销售呢？本章主要讲述文案营销的要素、类型以及文案营销的技巧。

**本章重点**

- 文案营销的要素
- 文案营销的类型
- 文案营销的技巧

# 8.1 文案营销的要素

撰写新媒体文案的最终目的是为了给企业或者个人带来利润或者宣传，而撰写这类文案需要了解哪些文案营销要素呢？本节主要介绍文案营销推广的前期准备、放置链接、发布的注意事项、黄金时段推送，以及选择合适的渠道推送。

## 8.1.1 文案营销推广的前期准备

在进行推广之前，进行带货的文案必须是经过多次修改、优化所确定下来的。文案推广前期准备的注意事项如图 8-1 所示。

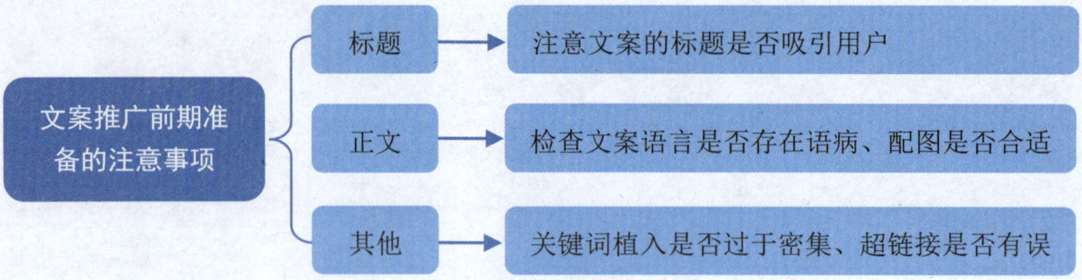


图 8-1 文案推广前期准备的注意事项

除了以上注意事项之外，最重要的需要注意推广的产品、品牌或者活动等目标是否成功地插入到文案中。

## 8.1.2 放置链接促进文案带货转化率

链接的添加可以加强和促进文案中带货产品的转化率，因此链接的作用是至关重要的。在带货文案中，通常会在文案中提示产品购买的链接，例如某宝微淘带货文案中图片下方附上产品的链接，如图 8-2 所示。

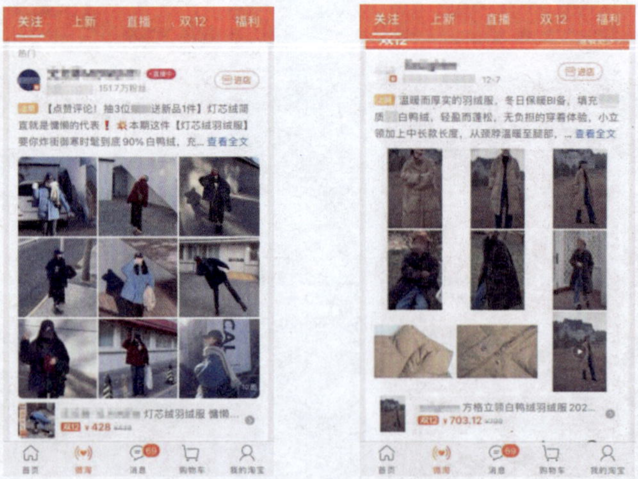

图 8-2 附带链接的带货文案

### 8.1.3　带货文案发布的注意事项

发布带货文案，既能让搜索引擎收录，又能提高用户的体验。带货文案发布的注意事项如图 8-3 所示。

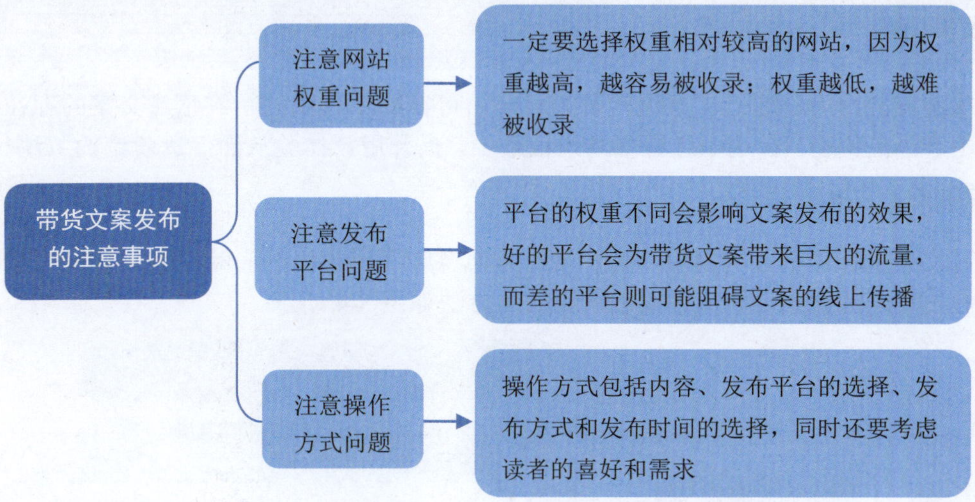


图 8-3　带货文案发布的注意事项

### 8.1.4　把握黄金时段推送信息

在进行带货文案推广时，应选择转载率最高的时间段进行发布，不同的平台有着不同的黄金发布时间段，下面以微信朋友圈的带货文案的发布时间为例进行说明。

早上 8 点到 9 点。新的一天开始，人们的大脑得到了充足的休息，对信息的需求量也相对要大，这是企业推送信息的黄金时段。

中午 11 点半到 12 点半。这段时间一般进入吃饭、午休的阶段，玩手机或微信的几率大大增加，发布者可以把握这个时间段进行信息推送。

晚上 20 点到 21 点。这个时间进入晚上的黄金时段，工作一天，人们进入放松的时刻，通常是在看电视或者散步，比较容易接受广告推送。

### 8.1.5　选择合适的渠道推送信息

不同平台的选择，产生的带货效果也不同，并且每个平台都具有各自的用户特色。因此发布者在推送时，应该多方面分析，选择合适的渠道进行发布。

每个发布平台都有其规则，只有在这个规则之上进行文案写作，才能实现产品的高转化率。如利用直播的方式带货，那么文案需要尽可能朗朗上口，保证吸引用户的眼球。其次，带货文案的语言需要通俗易懂，让用户一看就明白。

如果带货文案属于知识“干货”型，那么知乎则是一个很好的发布平台；如果带货文案的词汇比较时尚且娱乐性较强，那么新浪微博是个很好的发布平台。

# 8.2 文案营销的类型

本节主要介绍场景营销、借势营销、情感营销、分享营销和口碑营销五种类型。

## 8.2.1 场景营销

企业从不同的角度，通过文案进行营销运作，可以增加读者的新鲜感。文案的存在是为了促进相关产品的销售，在这个过程中场景很重要。提升用户体验从而促进营销的方法如下。

**1. 强调利益，激发购买**

在通过文案进行营销过程当中，为了使对方愿意购买所推出的商品，必须要花大量的时间和精力激发读者的购买欲。激发读者购买欲的方法如图 8-4 所示。

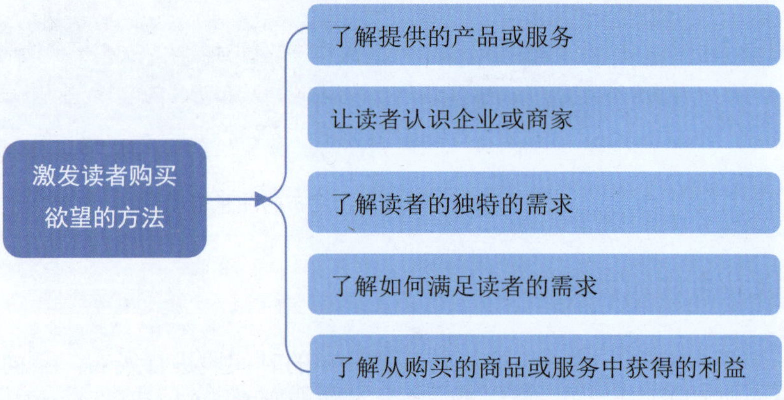


图 8-4 激发读者购买欲的方法

在了解对方需求和购买力的基础上，最大限度地激发其购买欲。除了上述方法，还可以从所推出的产品或服务能够给读者带来的利益角度进行介绍，做到一切以“客户利益”这一中心点出发，针对产品或服务推送信息。

> ▶ 专家指点
>
> 在“客户利益”这一点上，商家应该重点强调产品的安全性能、外观设置、是否经济实用以及能否给用户带来效益等。从客户所得利益出发，不断为客户分析他们能从商品中得到的利益，这样才能激发客户的购买欲望。

在撰写文案的过程中，要重点围绕“读者的需求和利益”这一重点撰写，突出显示在具体的场景中能够获得的好处，这也是很多文案已经做到的。

如图 8-5 所示为某公众号推送的文案，内容基本上是从读者的角度考虑的。因为能看到推送内容的读者，大部分都是潜在消费者，因此它的内容也是带有实际利益的，如“今天是周几，福利就几元”等。而且该篇文案更有意思的地方是，还采用了滑动商品的方式来吸引读者的眼球，使人耳目一新。

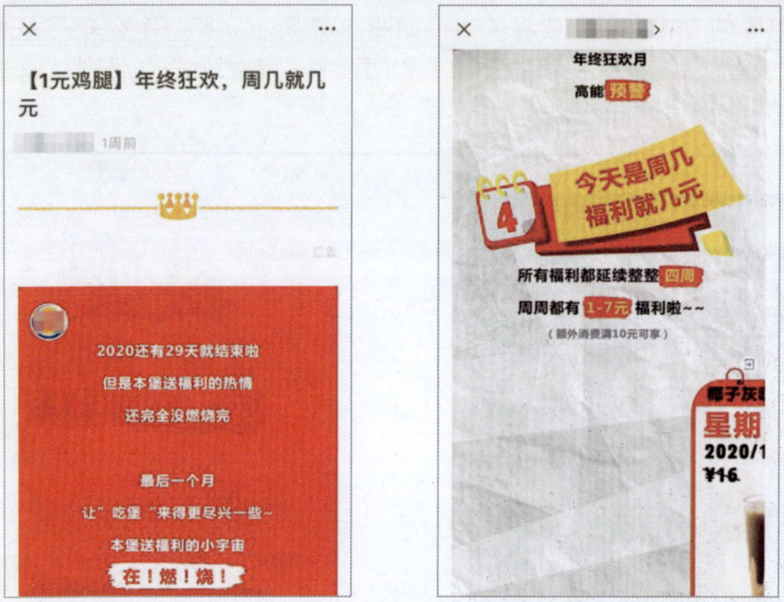


图 8-5　某公众号推送的文案

### 2．有稀有感，觉得紧迫

有句古话叫作“物以稀为贵”，意思就是越紧缺的资源，价值越大。很多时候，某项资源丰富时，对它的需求相对比较弱；相反的，资源稀缺时就会想得到它，积累价值。因为资源紧缺的物品永远不会失去它本身的价值，换句话说，就是越稀缺的物品越值钱。

文案撰写者也可以把这种心理用在写作之中，一是，可以促使读者第一时间阅读文案内容；二是，制造产品供不应求的状态会让购买者对这种产品充满好奇心，并且想尝试购买，一探究竟。在具体的撰写过程中，为了成功引起读者和客户的急迫感，制造稀缺性的方法，如图 8-6 所示。

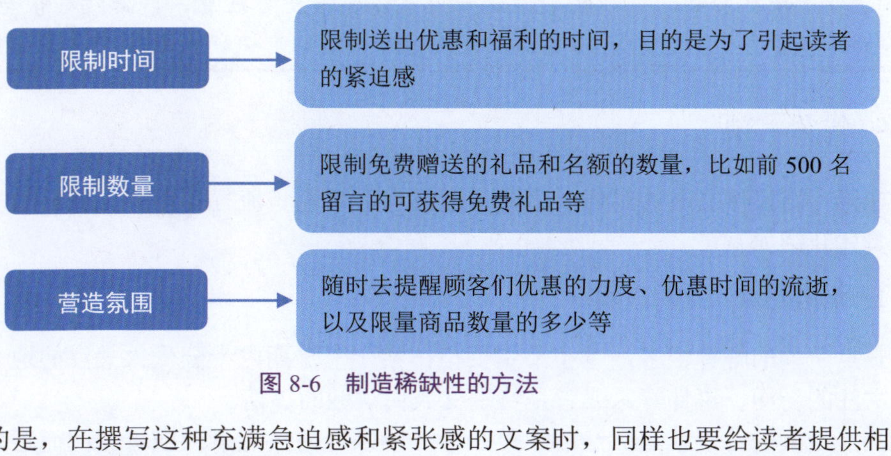


图 8-6　制造稀缺性的方法

需要注意的是，在撰写这种充满急迫感和紧张感的文案时，同样也要给读者提供相应的实际利益，满足一定的需求，比如赠送礼物、名额，以及机会等。而且写出来了就一定要兑现，这也是让读者长期关注文案并购买推荐产品的保证。

以两个不同性质的公众号在微信公众平台推送的文案为例，两者都是通过一边送福利，一边制造紧张氛围的方式来获取读者关注，如图 8-7 所示。第一个公众号是通过限时名额的方式吸引读者扫码，从而提升文案的传播率和阅读率；第二个公众号则是通过在限定人数和兑奖时间限定的方式制造紧张氛围。

图 8-7　两个不同性质的公众号在微信公众平台推送的文案

虽然这两篇文案出自不同的微信公众号，但有不少相似之处，就是为了吸引读者、推荐产品、传达品牌理念而努力打造急迫之感。

▶ 专家指点

企业一般都会通过制造稀缺性这一方式吸引消费者注意。因此，在撰写推销产品文案时，最好也着力于紧张氛围的营造，让读者赶紧行动起来，从而实现文案营销的理想效果。

### 8.2.2　借势营销

在撰写新媒体文案的时候，适当借用热点、名人、流行等素材，能够让文案传播速度增强。具体介绍如下。

**1．借势热点，更易吸睛**

热点一词的解释很多，本小节主要指在某一个时期内十分受人关注的地方，也就是人们非常关注的新闻、事件等，或者是特别受人们欢迎的事情。

热点最大的特点就是关注的人数众多，所以巧借热点事件或者新闻而写出来的新媒体文案也就会因为热点的关系，关注度和浏览量都会迅速提升。热点传播来源于各大网络，如图 8-8 所示。

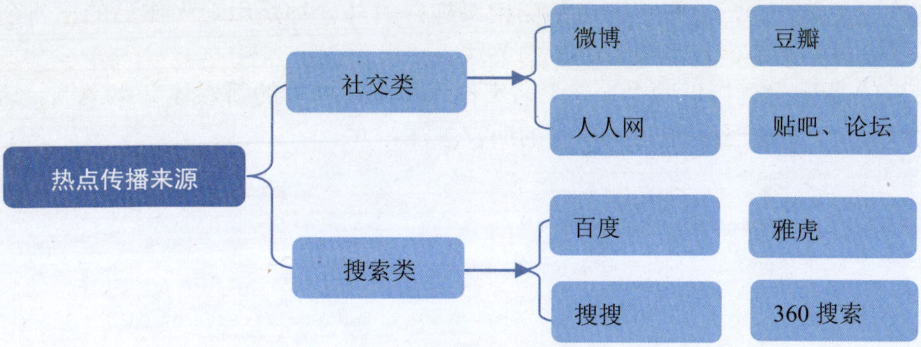


图 8-8　热点传播来源

热点大多来自于国家政策或是社会上发生的具有影响力的事情或者新闻，这些事件或是新闻在民众之中传播比较快，人们耳熟能详，并且时常讨论或研究。如图 8-9 所示为借助热点事件的文案案例。

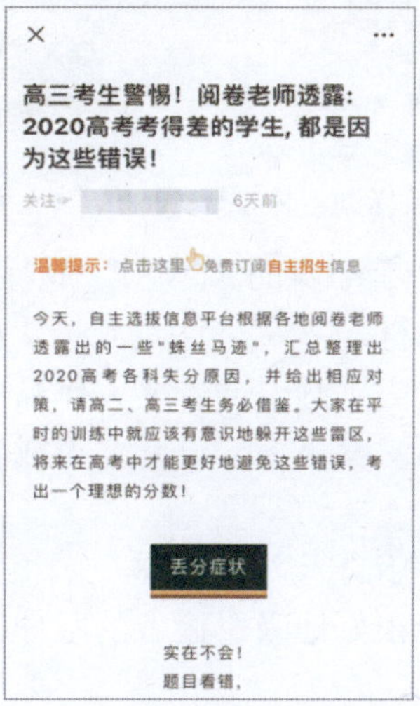


图 8-9　借助热点事件的文案案例

## 2．借势名人

名人开始是指在某一领域内有较高威望的人，如军事家、文学家、政治家、艺术家等，有时候也特指在历史上有过重要贡献的人，如“名人名言”当中的名人就特指在历史上有过重要贡献或突出贡献的人所说的话。

名人在不断的发展过程中，所指的对象也开始发生变化，如今人们口中的名人，也指明星、演员等。比如某一品牌的手机采用某大火的明星代言，那么这款手机就会因为该名人的知名度而销售量剧增。

借助名人知名度在现代社会是很常见的事情。众多品牌在进行宣传的时候都会选择用当时大火的名人代言，从而借助名人的关注度增加品牌或产品的关注度。这一方法在新媒体文案写作上也一样十分实用。在新媒体文案撰写过程中，借助名人的知名度可以提高点击率。

借助名人知名度的新媒体文案，一般分为两类：一类是直接用名人名字的，直接将某名人的姓名放在文案之中，能增强读者的阅读兴趣；另外一种是用名人作品的，将名人作品或经典的句子放在文案中，也能吸引读者的关注。

如图 8-10 所示为直接借助“××”名字作为标题和内容的新媒体文案案例。这样能够吸引到喜欢“××”的粉丝和想写好作文的朋友关注。

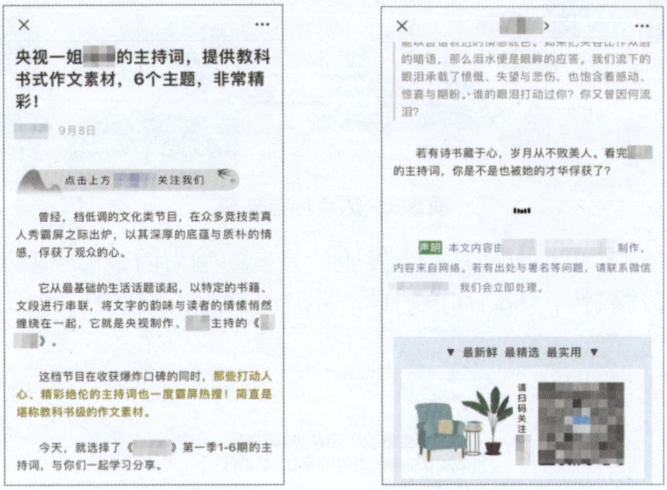


图 8-10　直接借助“央视一姐××”名字的文案案例

图 8-11 中的内容是借助集才华于一身的“××”作为推送文案，从而吸引读者，进而达到激发读者关注公众号获取作文素材。

借助名人的作品，就是借助名人字画，或者名人作品中的经典名句，又或是有名的其他作品，将其加入到所要写的新媒体文案当中。借助名人或有名的作品也可以达到提升阅读量的效果，如图 8-11 所示。

图 8-11 中的《月落荒寺》和《瓦尔登湖》都是反响很好的文学作品，这两篇文案借助这两大文学作品进行宣传推广，既能很好地吸引读者的眼球，也能为公众号引流，还能达到推广书籍的目标。

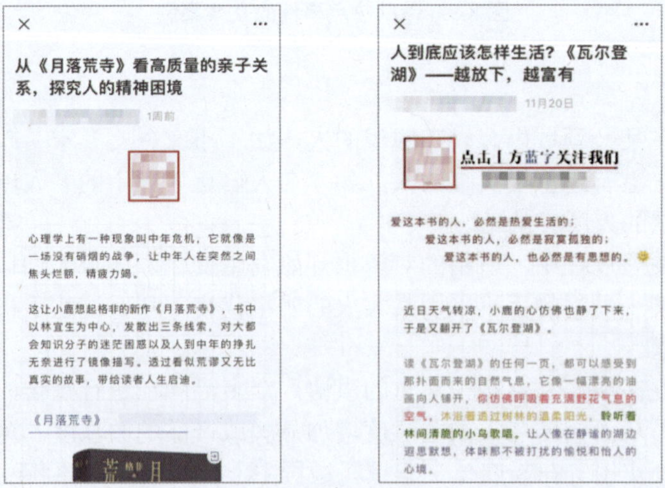


图 8-11　借助有名文学作品的文案案例

### 8.2.3　情感营销

情感是一个神奇的力量，它无形却能撼动一个世界。因为它，家人之间就有了亲情；因为它，相爱的人才有了爱情；也是因为它，朋友与朋友之间才有了友情。靠着一个情字，诗人变成了一代文豪；靠着一个情字，书生弃笔去从戎；靠着一个情字，医生们拯救了无数个生命。这些都是情，有对理想的情，还有对国家的情。情感影响着人们的生活，牵扯着人们并做出行动。

利用人们的这种共情心理所撰写的文案，可以使文案更加具有“人情味儿”，也容易被读者所接受和理解。可见，撰写情感类的文案是实现引流与营销目标的主要途径之一。利用新媒体文案进行营销的两大技巧如下。

**1．亲情诱导，亲情共鸣**

新媒体做文案营销时，可以利用亲情打动读者，传播文案主题。从读者的角度出发，表达读者的心声，引起读者的亲情共鸣，让读者在温馨亲情的驱动下认同并购买产品。这样的文案营销主要是通过引起情感共鸣实现的，而它也有专门针对的人群，具体分析如下。

（1）孝敬长辈的子孙辈。

（2）疼爱丈夫的家庭主妇。

（3）呵护子女的父母长辈。

（4）爱惜妻子的模范丈夫。

如果是女儿买给父亲的产品，最好用女儿的角色去说话，从女儿的角度表达对父亲的敬爱，以激起女儿对父亲的关爱和体贴。如果目标消费群体是丈夫，那么就表达出妻子对产品的期待，爱情和亲情共同作用下，促使目标用户对文案感兴趣，进一步购买产品。

值得注意的是，在利用亲情或者感情的因素吸引读者的眼球时，为了达到理想的营销效果，还要注意如图 8-12 所示的问题。

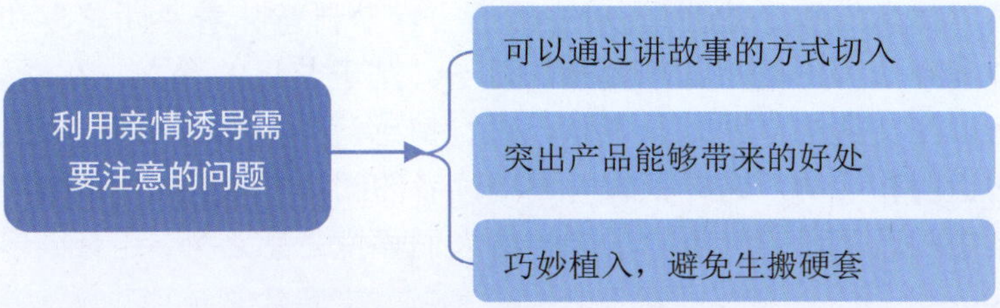


图 8-12　利用亲情诱导需要注意的问题

> ▶ 专家指点
>
> 在文案中添加亲情因素时，注意从不同的角度把握读者的心理，切忌一概而论，套用模板。如果想通过亲情诱导读者购买相关的产品，就需要密切关注目标读者的动态，比如心理状态、外界因素的影响等。当然，最好的方式还是对其进行专门的调查，研究透彻后再撰写相关的文案。

以某微信公众平台推送的《教育好自己的孩子，是你最重要的事业》一文为例，就是家长关心孩子教育问题的新媒体文案内容，如图 8-13 所示。

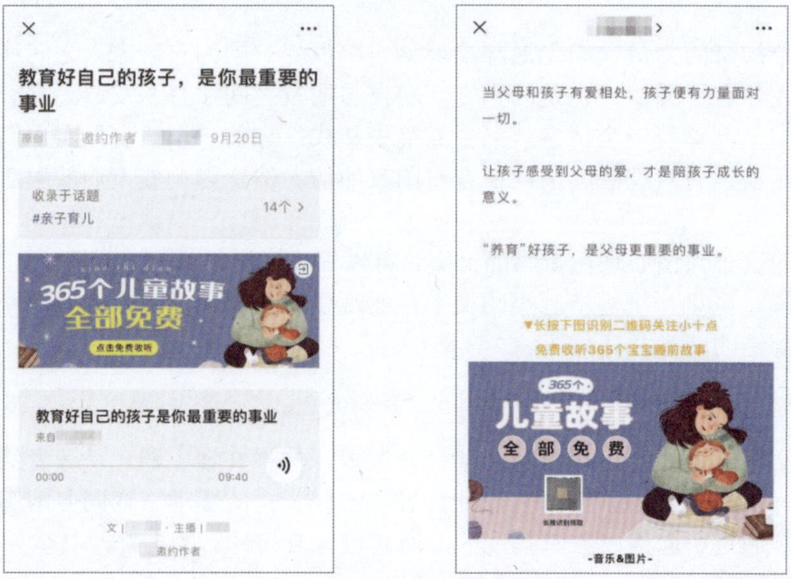


图 8-13　亲情诱导式的文案案列

> ▶ 专家指点
>
> 人人都有情感，而亲情又是种种情感中最为珍贵的一种，是一种血脉相连的感情，难以割舍。如果在撰写新媒体文案时能够很好地运用这一情感，就能轻松打动读者的心，将其成功转换为消费者。

### 2．节日气氛，调动情绪

节假日一直是人们比较期盼的，因为无论从哪方面来说，都有“利”的。对工作而言，节日意味着“休息”和“放假”。对生活而言，节日意味着“团聚”和“优惠”。特别是端午节、中秋节和春节等，更是阖家团圆的日子。基于节日的含义，在新媒体平台上，新媒体文案撰写者可以在文案中借助节日气氛，进行情感营销。对与节日有关的事情描述和提及，并进行相关的说明和活动，这样很容易调动读者的阅读积极性，并成功吸引读者的关注。

在文案中制造节日的气氛除了能带给人们喜悦之感之外，还有很多意义，如图 8-14 所示。

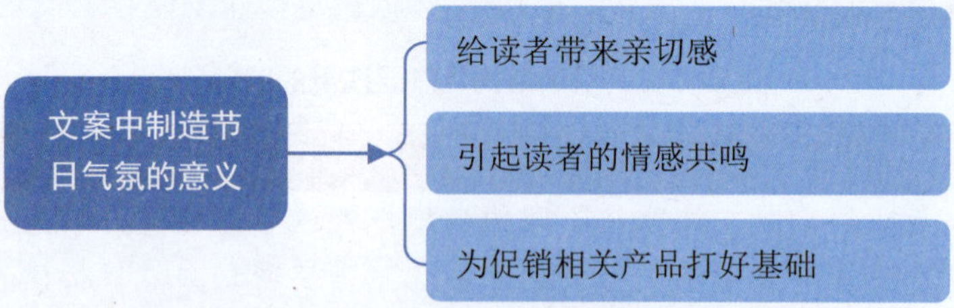


图 8-14　文案中制造节日气氛的意义

在具体的撰写过程中，文案中制造节日气氛的方法如图 8-15 所示。

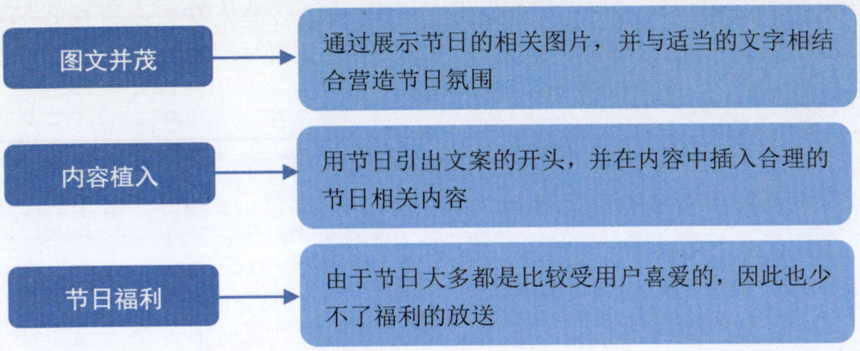


图 8-15　文案中制造节日气氛的方法

**▶ 专家指点**

节假日向来都是企业和商家大肆推销产品和服务的时间。为了尽可能把握住这段时间强劲的消费力，各企业和商家大显身手，各出高招。新媒体文案撰写者也不会放过这一大好机会，竭力打造富有节日气氛的文案。但无论结果如何，文案的目的最终还是为了促销产品。

如图 8-16 所示为图文并茂式的营造节日氛围的文案案例。

图 8-16　图文并茂式的营造节日氛围的文案案例

从图 8-16 中看出，某品牌绝不是生搬硬套宣传产品，而是以饱含感情叙述的方式来吸引读者的注意，借着节日这个契机来推广和宣传，可以称得上内容植入的典型案例了。

### 8.2.4　分享营销

用户在购买某一产品的时候，总是喜欢去浏览评论区域的内容，以便验证商家推广的产品信息的真伪。因为对读者和消费者来说，无论商家介绍的产品再好，还是不如已经购买产品的那些消费者的亲身体验和评价来得真实。因此，以下从分享消费者的反映和评论出发，介绍营造活跃的营销氛围的技巧。

**1．巧妙晒单，让人心动**

互联网营销中少不了晒单和晒好评等分享类营销的方式，其重要意义是用来吸引消费者关注商家，从而产生更多的消费行为。而这种营销方式同样也可以运用到文案营销中，因为巧妙晒单是激发目标客户购买欲的最佳手段之一。

新媒体在文案中进行相关产品营销活动推广的过程中，除了需要呈现产品的图片和基本信息以外，为了取得顾客的信任，也可以晒一些成功的交易单。不过值得注意的是，在晒单的时候，还要遵循两点原则，即适度和真实。做到适度和真实的方法如图 8-17 所示。

适度 → 不要呈现过多的交易单和评论，以免有刷屏之嫌，把握晒单的度

真实 → 在单据上呈现真实的信息，取得用户的完全信任，塑造良好的口碑

图 8-17　做到适度和真实的方法

晒交易单的好处有：一是可以勾起读者的好奇心，很多人看到此类的信息都会忍不住阅读；二是提升读者或者客户对产品和品牌的好感度和信任度，从而保证产品的稳定销量。

以某公众号在微信公众平台巧妙晒单为例，通过展示用户的购买情况吸引更多读者关注，而且是从用户的角度来展示消费感受的，如图 8-18 所示。

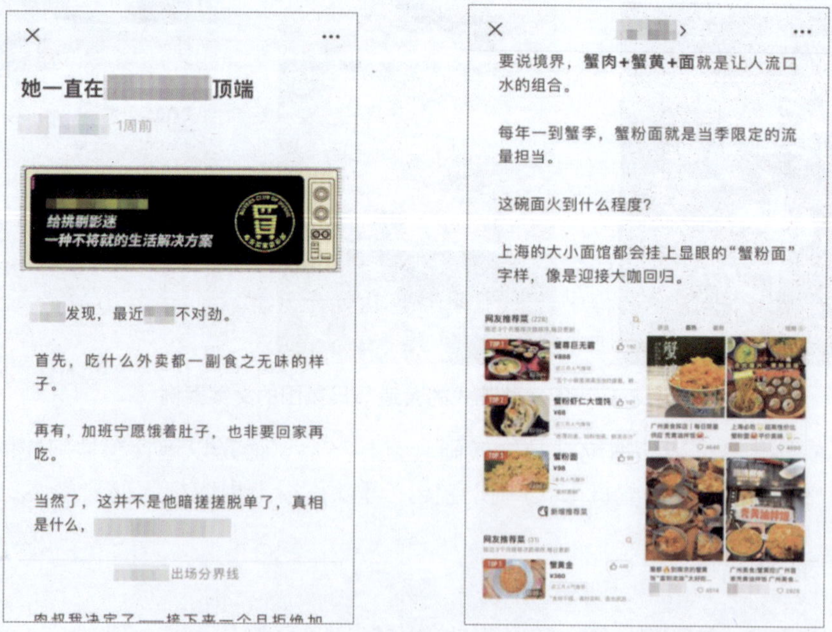


图 8-18　某公众号在微信公众平台巧妙晒单

整篇文案看起来就是从吃外卖怕长胖入题，似乎是在告慰读者吃饱开心最重要，特别是最后还把蟹黄面和网红品牌的名号结合起来。实际上，文案中插入了各种有关蟹黄面的产品信息，但读来并不令人反感，反而促进了品牌及其产品的宣传和推广，如图 8-19 所示，在不知不觉中就达成了营销目的，这才是晒单的正确打开方式。

该篇一出，众多粉丝纷纷留言，表示自己想要购买的意愿，足以见得这个方式是很奏效的，引起了很多致力于吃美食人士的共鸣，如图 8-20 所示。

图 8-19　文案中的产品宣传和推广

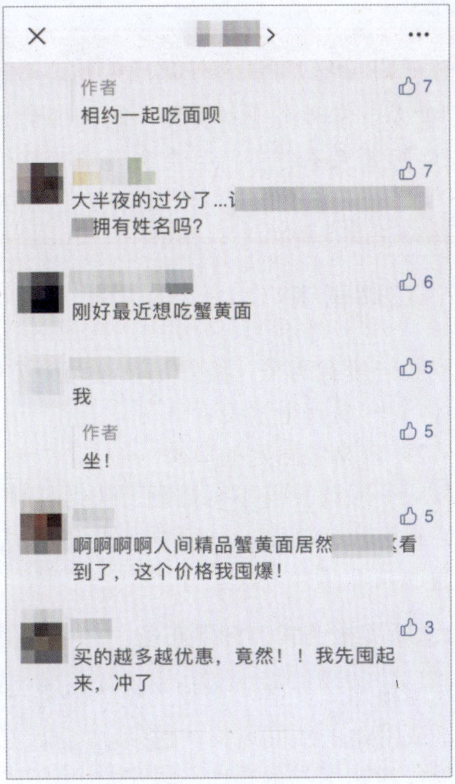


图 8-20　粉丝对于文案中产品的评论

### 2．晒好评，让事实说话

在进行文案营销推广的过程中，为了让消费者更充分地信任产品和品牌，还可以把用户的好评拿出来“晒一晒”。通常，提到好评，立马就会想到淘宝。实际上，无论是淘宝，还是微信公众号，或者是微信小程序，都使用了展示优质评论以吸引更多人群。

好评可以称得上是比较自然的植入营销方式之一，很多场景都需要它来引起消费者的关注和购买欲。特别是在网络营销日益成熟的市场环境下，很多消费者都是通过在网络上获取信息选择产品的。因此，晒好评，说实话，是最富有价值的广告形式。文案中晒好评的技巧如图 8-21 所示。

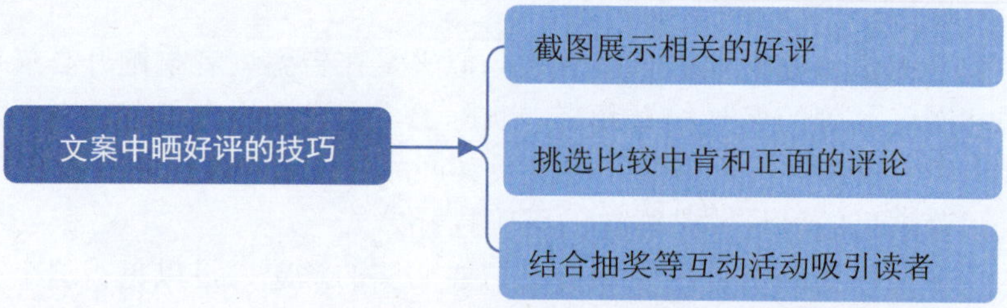


图 8-21　文案中晒好评的技巧

**▶ 专家指点**

很多商家和企业在文案中晒好评的时候没有注意挑选的标准，结果往往会使得预想效果与实际效果不符。而且在文案中晒好评的目的，一方面是为了吸引读者的目光；另一方面是为了让更多的读者参与到评论之中来，为传播品牌奠定更加坚实的基础。

## 8.2.5　口碑营销

权威一般有两个重要作用，这两个方面相互作用，相互支撑。

（1）容易获得消费者认可。

（2）容易做出好的口碑。

权威一般代表着不可推翻、值得信赖，因此比较适合在文案中使用这一因素，来提升读者的好感度和信任度，从而顺利推销相关产品。新媒体在做文案营销时，如果要建立权威，可以通过以下两种方式进行。

### 1．新闻报道式，卸下防备

新闻报道式文案，实际上整体感觉与新闻报道是一致的，在写作之前要先研究发布文案的报纸或网站的新闻风格，包括新闻报道的标题、内文、图片，以及版式等。因为可信度高，能让消费者卸下戒备心理，以平常心阅读文案，对文案的内容深信不疑。

### 2．新闻权威式，加深印象

新闻权威式文案，就是文案营销以权威观点，利用权威专家论证、权威机构推荐的形式，针对社会热点事件，通过新闻的形式进行报道和隐性传播，增加文案内容的吸引力与可读性。打造新闻权威式文案的要点如图 8-22 所示。

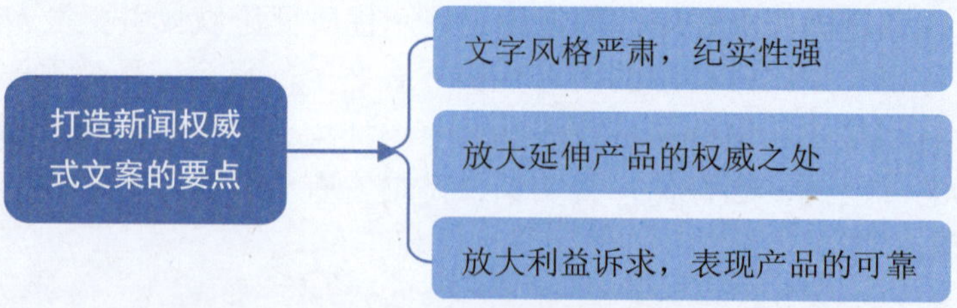


图 8-22　打造新闻权威式文案的要点

如图 8-23 所示为新闻权威式“邮政杯”朗读者主题活动总决赛文案案例。借助“×××

×”权威媒体，通过感染力强的文字介绍了“邮政杯”朗读者总决赛，同时还用举例的形式充实文案内容，又用非常正式的图片和声明提升权威性。

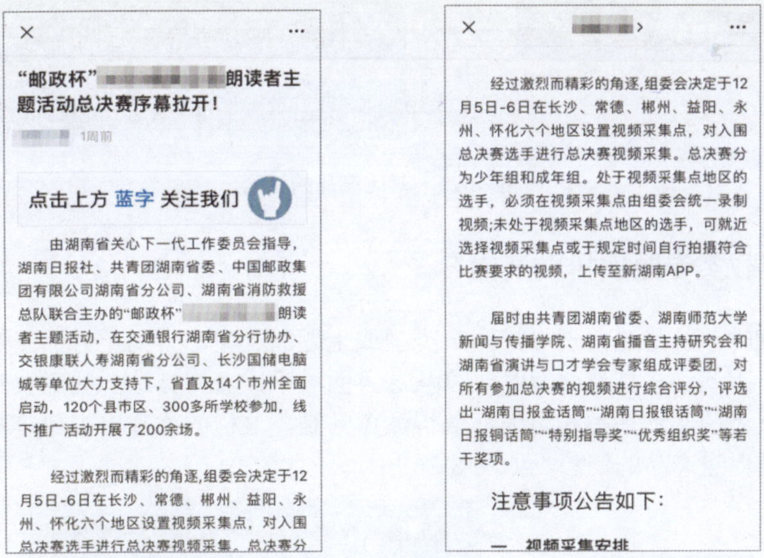


图 8-23　新闻权威式“邮政杯”朗读者主题活动总决赛文案案例

## 8.3　文案营销的技巧

企业从不同的角度，通过文案进行营销运作，可以增加消费者的新鲜感。

### 8.3.1　与竞争对手同类产品进行对比

常说：“竞争对手不仅仅是敌人，还是自己最重要的老师”。所以如果企业引入外界的竞争者，就很容易激活内部的活力。文案的写作也是一样的，从竞争对手那里获得灵感，也是吸引阅读量和人气的招数之一。

当撰写者想通过文案推广相关的企业出产品时，比较适用的方法就是向竞争对手学习，不仅学习文案的写法，而且还要学习产品的特点，具体的学习方法，如图 8-24 所示。

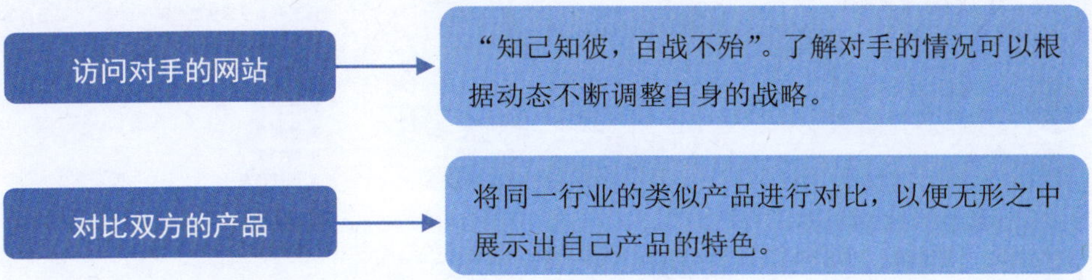


图 8-24　向竞争对手学习的方法

对比产品的诀窍如图 8-25 所示。

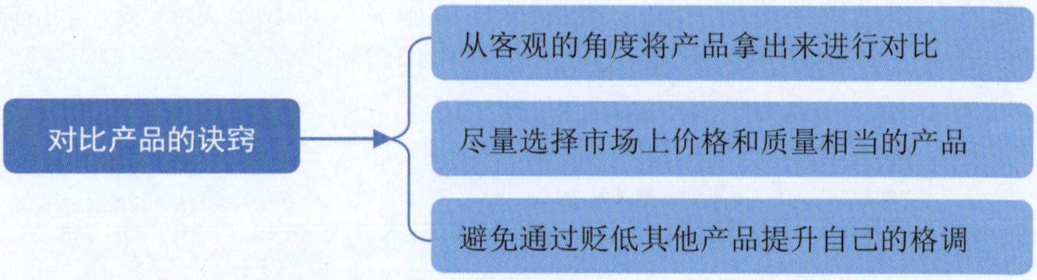


图 8-25　对比产品的诀窍

## 8.3.2　利用连载类专题安排文案内容

人们在阅读时，总是趋向于寻找同一类型或主题的文案，力图全方面了解和熟悉有关于该类型的知识。因此，在打造文案时，可从这方面着手，着力打造一些经典的、具有代表性的专题，迎合读者的阅读兴趣和习惯。值得注意的是，这样的连载内容更容易使得读者沉浸其中，从而有效促进产品的销售，如图 8-26 所示。

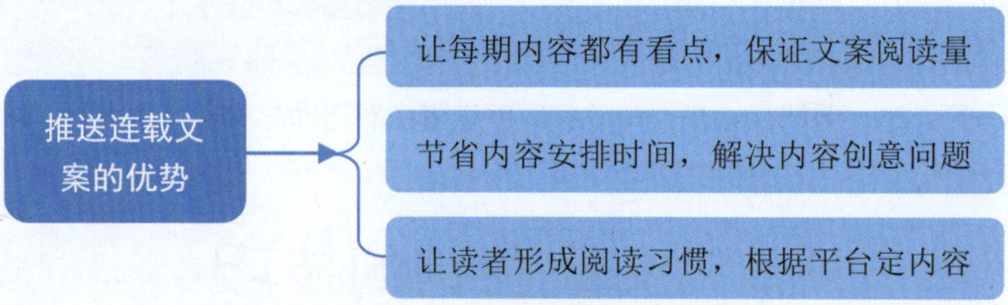


图 8-26　推送连载文案的优势

以“手机摄影构图大全”在微信公众平台推送的文案为例，就是通过连载的方式展示的。如图 8-27 所示，文中详细介绍了手机拍摄的技巧，同时还巧妙推销了图书产品。

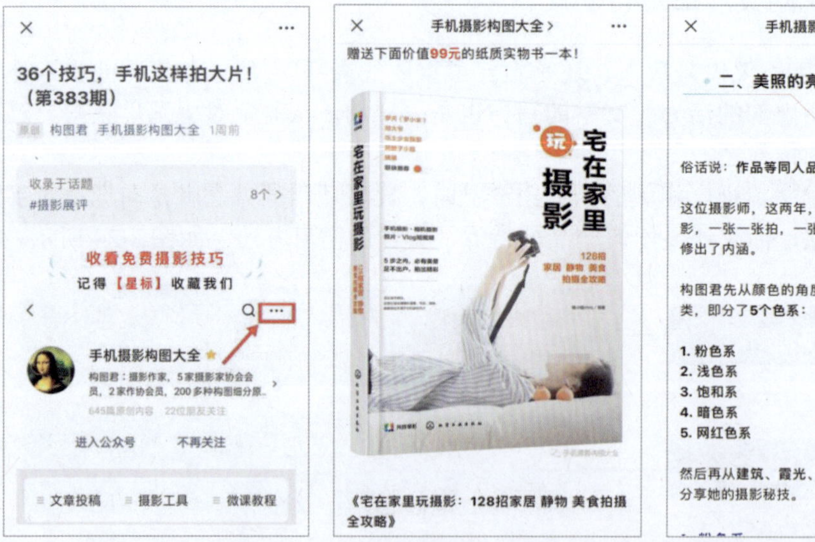


图 8-27　“手机摄影构图大全”的连载内容展示

从图 8-27 中看出，正因为这一知识点包含的内容比较多，且含金量高，所以才采用了连载推送的方式。这一方式不仅详细介绍了相关知识，而且还吸引了读者的持续关注，起到了比较好的作用，也是文案营销的绝佳形式。

### 8.3.3　制造揭开神秘面纱的气氛

企业在做文案营销时，可以运用揭开面纱的方法，抓住读者心理，制造神秘面纱即将要被揭开的气氛，给读者一种不看的话定会后悔的错觉。而揭开面纱式文案的内容，容易产生强大的点击率，获得更多的关注。

揭开面纱其实就是从不同的角度设置悬念，最大程度地引起读者的注意力，从而促进产品的销售。这不仅是撰写文案的技巧，也是提升产品销售率的法宝，对大多数读者都是极其奏效的。制造揭开神秘面纱的气氛的主要技巧有以下三点：第一点，文案的内容要层层递进、环环相扣；第二点，需要提供富有价值的信息，让读者眼前一亮；第三点，时刻掌握读者的心理状态，对症下药。以某微信公众号发布的文案为例，如图 8-28 所示。

图 8-28　某微信公众号发布的文案案例

从标题开始蒙上神秘的面纱，“为什么说某某是衣品最好的女明星？”，读者肯定会疑问：“为什么？”“我也想知道怎么搭配衣服才最好看？”然后继续往下看正文，而文案则会娓娓道来，将标题蒙上的面纱一层一层地揭开，最后引出宣传和推广的产品。

### 8.3.4　借明星之势引起粉丝关注

文案的撰写不能忽视明星效应，这种效应不仅可以吸引强烈的人气，而且还会带动广大人群的积极性，特别容易引起粉丝的追捧和支持。但需要注意的是，明星效应是利弊兼具的，因此，文案的撰写应重点选择正面形象的明星作为主角，这样才不会有谩骂或质疑声。

巧妙利用明星效应是营销中的常用手段，如果要通过文案进行营销的话，这也是一种不可错过的方法。因为这种方法有很多方面的好处，具体如图 8-29 所示。

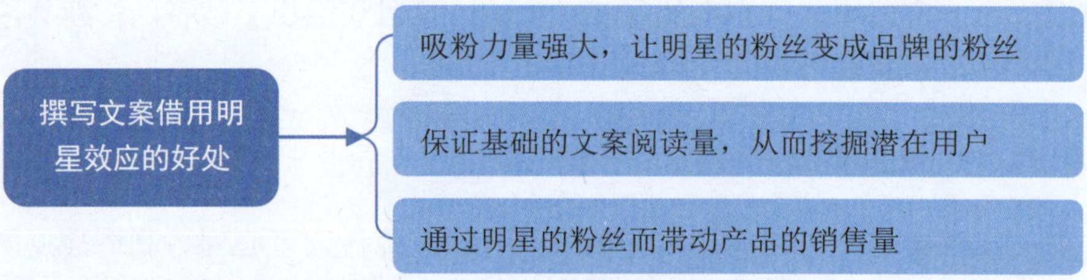


图 8-29　撰写文案借用明星效应的好处

借明星之势引起粉丝关注的主要有三种方法：第一，讲述明星相关故事；第二，用明星的口吻推销产品；第三，友好互动吸引读者的眼球。

首先来看某品牌在微信公众平台推动的关于新产品的文案，借助的是某明星的人气效应，如图 8-30 所示。一方面展示了品牌代言人是某明星，另一方面又突出了某品牌产品的优势，两者的巧妙结合形成了营销之势。

图 8-30　某品牌借用明星效应文案

其次是通过明星出镜的方式撰写文案。如图 8-31 所示为某品牌发布的公众号文案，其中提到的明星是“×××”。

这则文案的特色有两个方面：一是通过明星短视频的方式吸引人气；二是大打感情牌，让产品与亲情结合在一起，并以明星的口吻进行宣传和推广，有效吸引了广大读者的眼球，从而进一步促进了产品的销售。

图 8-31　某品牌发布的公众号文案

如图 8-32 所示为某公众号借明星之口在微信公众平台推送的文案，引得无数粉丝在评论区留言，基本上都是被明星的光环吸引而来。

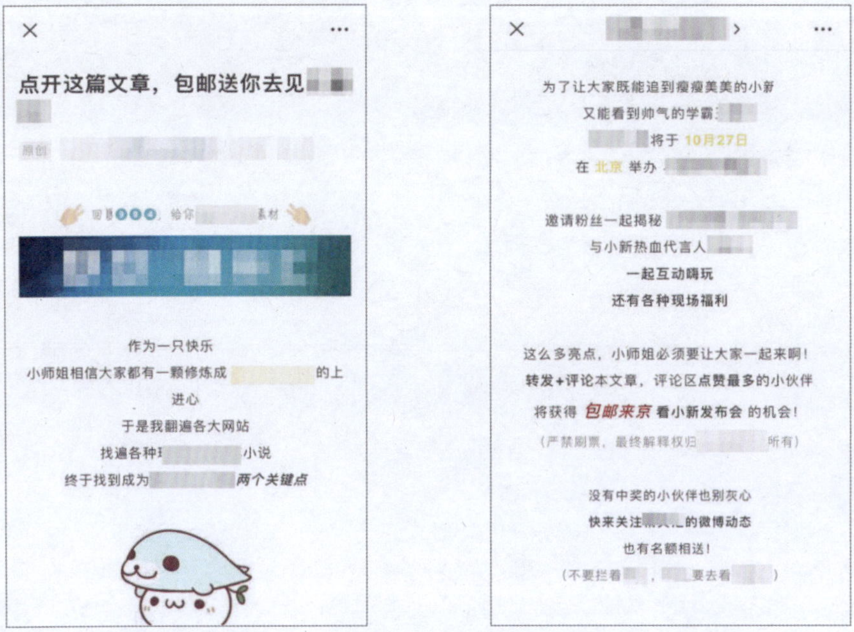


图 8-32　某公众号借用明星效应文案

# 本章小结

本章首先介绍了文案营销的五大要素；其次介绍了文案营销五大类型，例如场景营销、借势营销、情感营销、分享营销和口碑营销等，帮助读者全面地了解营销特点；最后详细介绍了文案营销的四大技巧。

# 本章习题

1．场景营销是怎样提升用户体验从而促进销售量的？
2．文案营销具有哪些技巧？

# 第 9 章　文案优化的多种方式

本章导读

在互联网时代，各企业和商家想尽办法在搜索引擎上进行优化，提高自己的排名和点击量。那么，应该从哪些角度掌握优化搜索的技巧？才能使得文案的排名更加靠前，从而传播得更加广泛。本章将主要介绍关键词的优化技巧、账号的优化技巧，以及其他的优化技巧。

本章重点

- 关键词的优化技巧
- 账号的优化技巧
- 其他的优化技巧

# 9.1 关键词的优化技巧

想要提升点击率，首先得学会关键词优化，这样才会有精准搜索。本节主要介绍关键词优化。

## 9.1.1 在百度指数中研究关键词的技巧

百度指数是一个研究关键词的工具，主要以图表的形式显示关键词的搜索量和变化，包括指数探索、数说专题、品牌表现，以及我的指数栏目。

虽然百度指数是对百度搜索进行的关键词统计，但在移动互联网时代还没有完全统一的情况下，网络用户的网站搜索趋势可以代表移动端搜索的趋势，而百度又是用户已经习惯的搜索网站。因此，要多关注百度指数的关键词动态。百度指数的主要优势如图 9-1 所示。

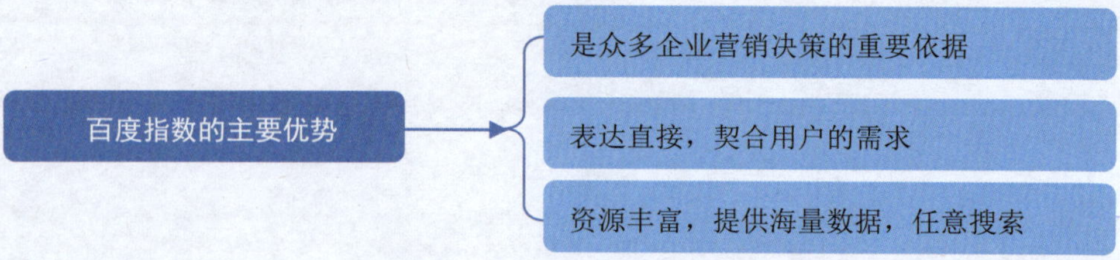


图 9-1　百度指数的主要优势

百度指数的功能包罗万象，为用户提供了诸多的便利，具体的功能如图 9-2 所示。

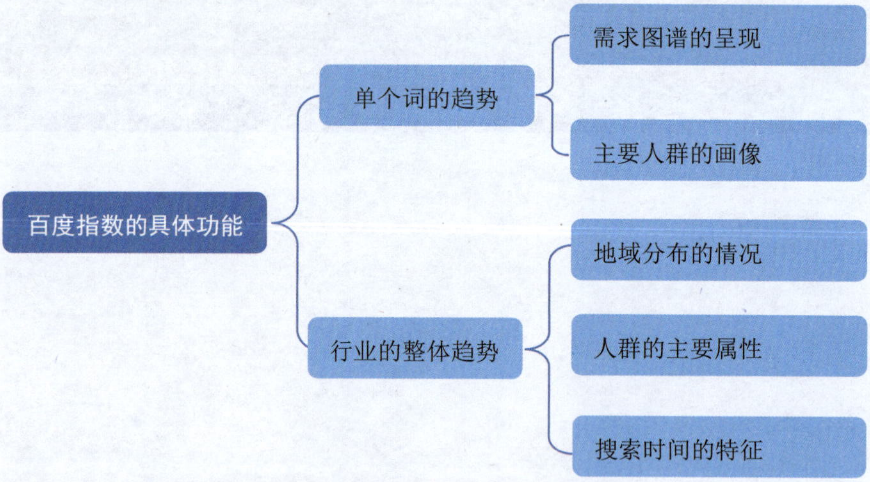


图 9-2　百度指数的具体功能

以“摄影作品”这一关键字为例，在百度指数搜索框输入它，便会出现如图 9-3 所示的页面。可以看到，这里会展示“摄影作品”一词的趋势研究，即“搜索指数概况”和“搜索指数概览”。根据图 9-3 显示，近一周来“摄影作品”一词的搜索有所下降，整体的趋势则是有涨有落的。

图 9-3　“摄影作品”一词的百度指数页面

## 9.1.2　互联网中的关键词设置技巧

基于互联网和移动互联网迅速发展环境中的大数据应用，网络上能搜集到无数个关键词，企业对于在公众号上主要推广的文案，应该把握好网络关键词的推广。

因为网络上的关键词一般都是关于当时网民们所关注的热门事件，如果企业及时地利用热门事件进行微信文案营销，把网络上的关键词融入其中，一定能引起很多网民们的注意，达到文案的宣传效果。

一般可以利用搜狗浏览器的微信搜索进行关键词的认真挑选，会把微信最新的订阅关键词和热点关键词显示出来，企业可以快捷地找到适合自己产品的公众号关键词。此外，还可以通过移动端，直接搜索微信中的热门关键词。如图 9-4 所示为微信热词的搜索界面。

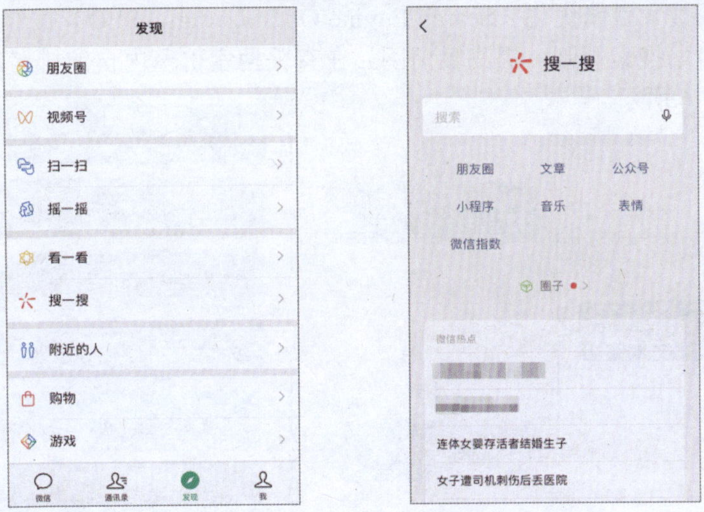


图 9-4　微信热词的搜索界面

如果想通过热点推广产品，可以借助热门关键词撰写文案内容。不过需要注意的是，不可生搬硬套，要软性植入，读起来没有违和感。

以“素描”一词为例，在搜狗浏览器的微信页面进行搜索后，会出现如图 9-5 所示的页面。相关搜索的关键词会展示出来，比如“铅笔画”“素描画”和“动漫画法”等。同时，在搜索页面的右侧，还会显示微信的实时热点消息，也就是热点关键词。

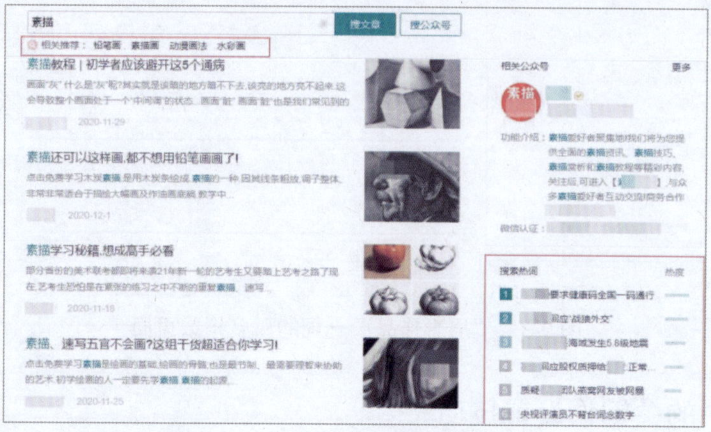


图 9-5 “素描”热词的搜索页面

### 9.1.3 文案中的关键词设置技巧

文案可以恰当完整地把商品信息展现在读者面前，能够起到正面描述与推广产品的作用。这不得不归功于文案中的关键字的设置，如果文案中没有嵌入与产品信息相关的字眼，那么是很难起到推广和宣传的作用的。因此，文案中关键词的设置是至关重要的。

在微信平台上，文案的关键词主要是针对微信上的文案。通过微信搜索，用关键词进行搜索定位，用户会选择打开在搜索排行榜前列的公众号和文案。

企业可以利用搜索引擎优化（Search Engine Optimization，SEO）搜取关键词排名。SEO 是专门利用搜索引擎搜索规则，提高目前网站在有关搜索引擎内自然排名的方式。优化搜索引擎的方法如图 9-6 所示。

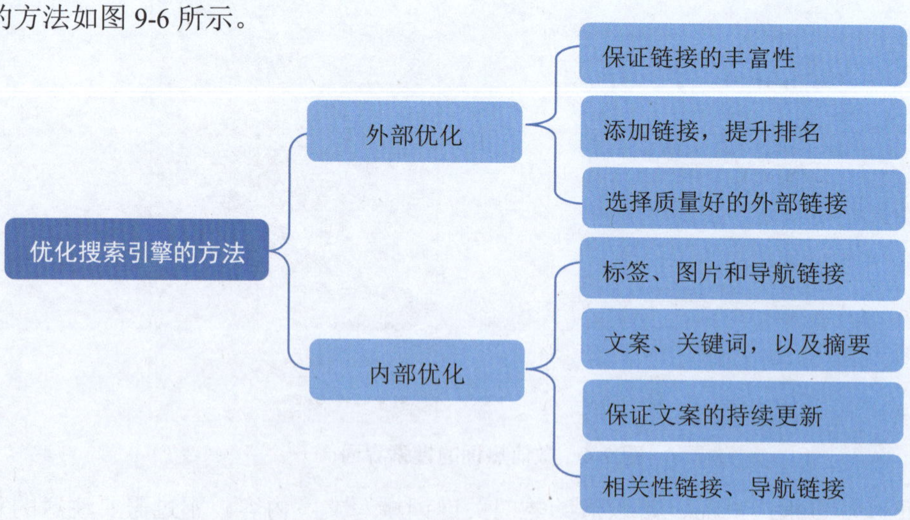


图 9-6 优化搜索引擎的方法

如图 9-7 所示为“手机摄影构图大全”微信公众号推送的优化搜索引擎的案例。

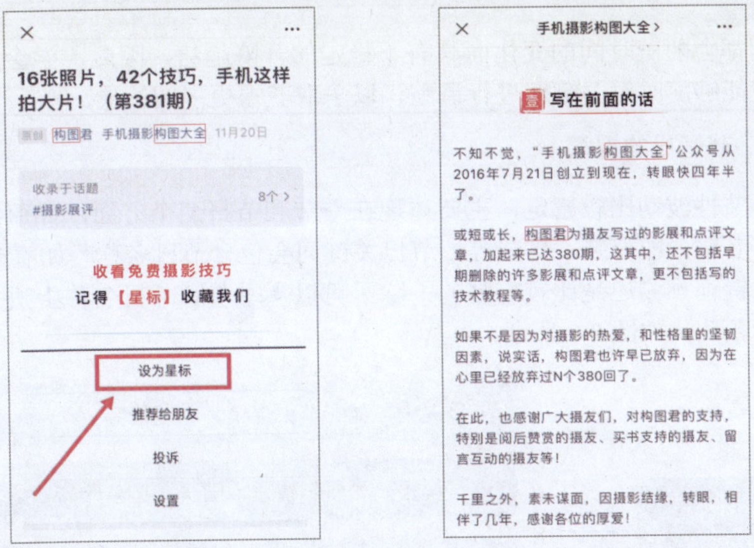


图 9-7　“手机摄影构图大全”微信公众号推送的优化搜索引擎的案例

可以看到名字、内容都设置了“构图”和“构图大全”关键词，这是搜索引擎优化的表现。微信“搜一搜”中搜索“构图大全”一词，就会出现相关的信息，如图 9-8 所示。

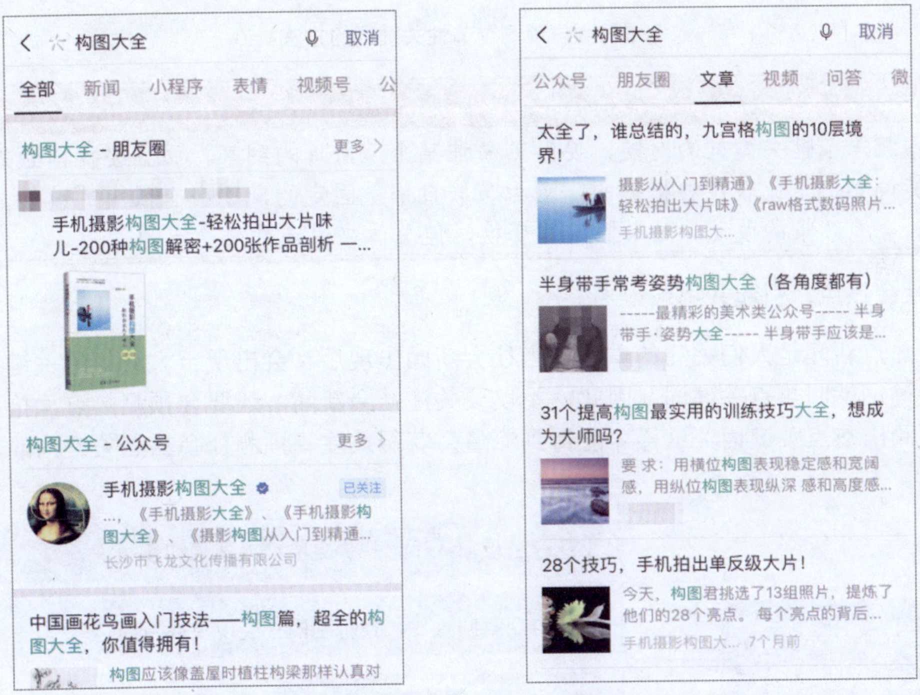


图 9-8　微信搜索“构图大全”一词呈现的内容信息

## 9.1.4 预测关键词

许多关键词都会随着时间的变化而具有不稳定的升降趋势，因此，学会关键词的预测相当重要。这样就能够随时对关键词进行调整，以争取获得更多阅读量。

**1．季节性，节假日的祝福**

关键词的季节性波动比较稳定，主要体现在季节和节日两个方面，如服装产品的季节关键词会包含四季名称，即春装、夏装等；节日关键词会包含节日名称，如春节服装等。

季节性的关键词预测还是比较容易的，除了可以从季节和节日名称上进行预测，还可以从以下方面进行预测，如图 9-9 所示。

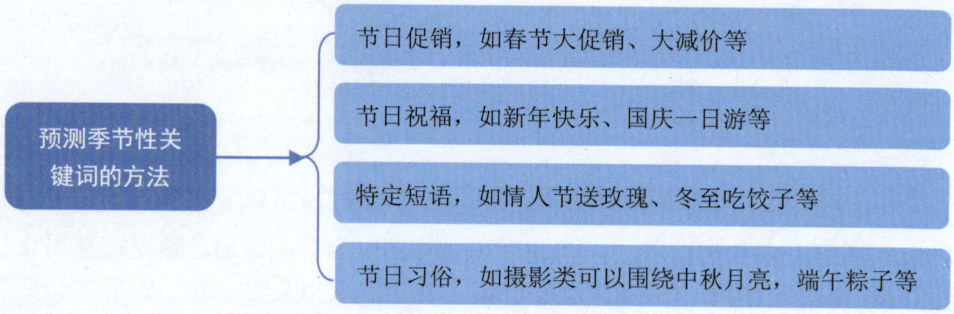


图 9-9 预测季节性关键词的方法

> **▶ 专家指点**
>
> 在预测季节性关键词的时候，要时刻关注某个节假日的到来，而且要提前预知。季节性的关键词预测是比较能够把握的，因为节假日都是固定的，不会有很大的改动。当然，也不排除会有政策的改动导致节假日的变换，但总体来说还是很稳定的。

**2．社会热点，引起共鸣**

社会热点新闻是人们关注的重点，当社会新闻出现后，会出现一大波新的关键词，搜索量高的关键词就叫热点关键词。因此，不仅要关注社会新闻，还要会预测热点，抢占最有力的时间预测出热点关键词。这样才能得到流量，获得关注。预测社会热点关键词的方法如图 9-10 所示。

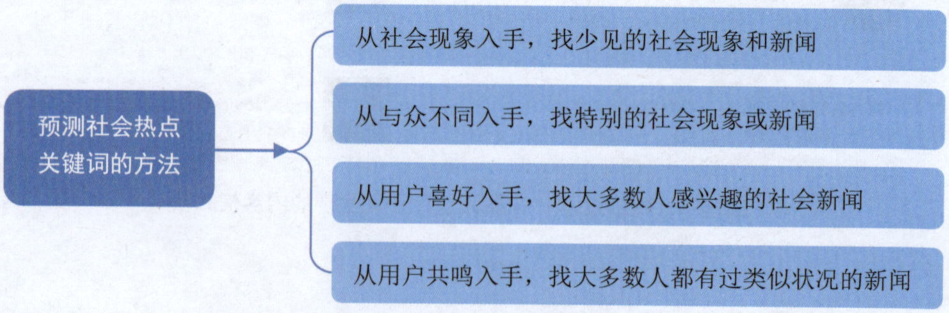


图 9-10 预测社会热点关键词的方法

以某公众号为例，推送的文案就是根据季节性的关键词进行整理的，如图 9-11 所示。“中秋节”，这属于节日习俗，能引起大量读者搜索，文案后面还提到了某月饼品牌，带动了月饼销量。

图 9-11　季节性关键词“节日习俗文案案例

另外一个公众号推送的《我们接受高等教育的目的是…》一文，是以社会热点为关键词。主要是通过重视教育的社会热点事件来引起读者的共鸣，这样的文案也是根据对关键词进行预测之后才撰写出来的，如图 9-12 所示。

从评论也可以看出，广大读者对此事多有关注，并纷纷表达了自己对于该事件的看法。

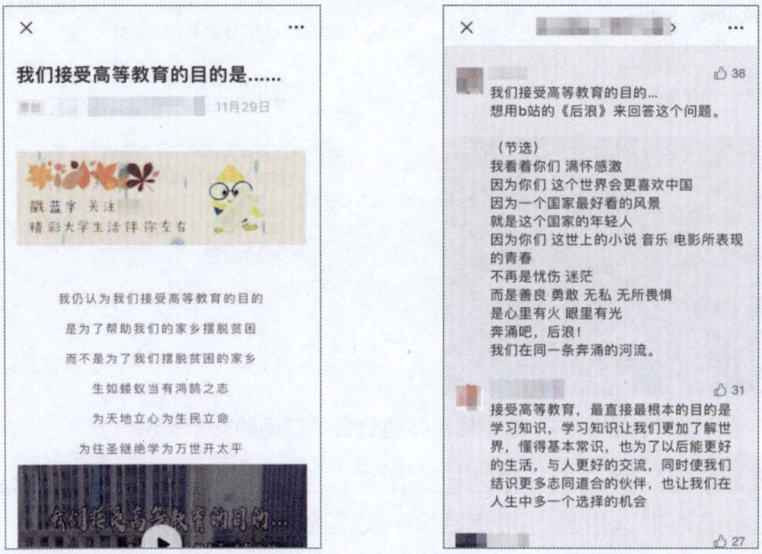


图 9-12　社会热点关键词“用户共鸣”文案案例

### 9.1.5　推送信息标题中含有关键词

在微信、APP，以及新媒体平台上，推送信息是平台运营的主要目的，而要把企业、商家信息精准地传达给目标消费者，就有必要把与信息相关的关键词作重点展示。其中，在文案标题中把关键词嵌入进去是比较有效的一种方法。设置标题关键词的方法如图 9-13 所示。

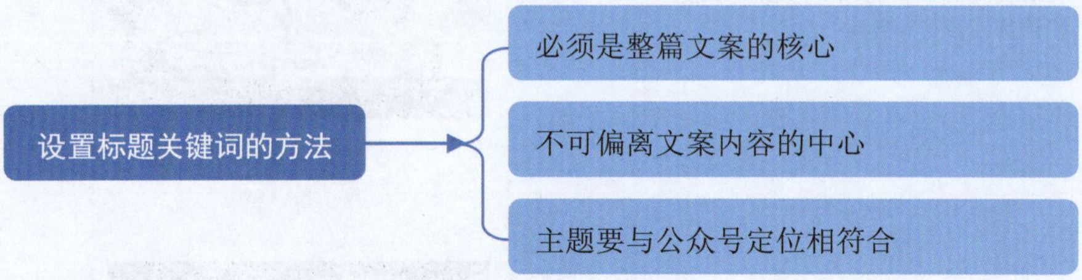


图 9-13　设置标题关键词的方法

以“手机摄影构图大全”推送的文案标题为例。如图 9-14 所示为《求主题，看你的！练练摄影眼力》和《拥有 520 万粉丝的摄影大神，教你 128 个火爆的手机摄影技巧，播放量达 6 亿多次哦！》两篇文案，其中都含有“摄影”这一关键词。

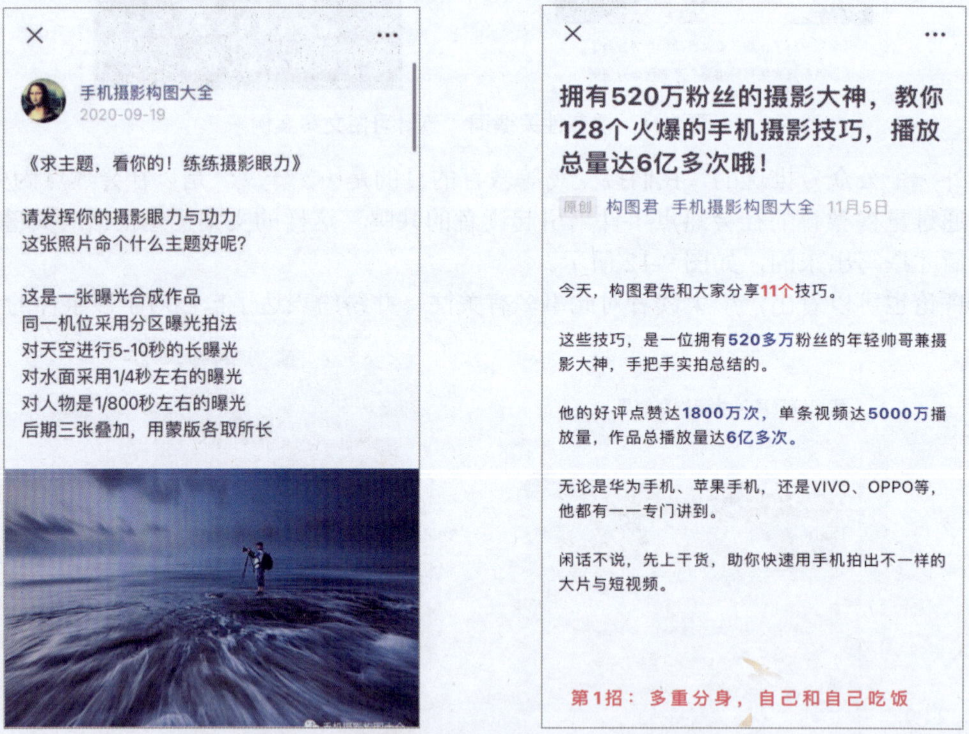


图 9-14　推送信息标题包含关键词的文案案例

在加入辅助关键词的情况下，在其他媒体平台中进行搜索时，可以让读者通过标题了解文案内容，又能精准地推送信息，即使更换了文案名称，也能进行查询。

# 9.2　账号的优化技巧

账号优化之后，会使账号排名明显靠前，也会提供更多的浏览量。本节主要介绍账号认证、互动技巧、服务号应用，以及内容质量的重要性。

## 9.2.1　账号通过认证会优先排在前面

在微信社交平台上，服务运营方为微信公众号平台提供官方认证的服务，无论是企业号还是服务号，抑或是订阅号，只要按照其认证流程对设立的公众号进行认证，就可在后台查看微信认证详情界面，清楚地了解微信认证的基本信息。

通过了认证的微信公众号，可以免费获得其平台对外开放的所有技术接口，且更具有真实性和保障性。最为重要的一点是，通过认证的账号，往往搜索排名靠前。账号通过认证的方法如图 9-15 所示。

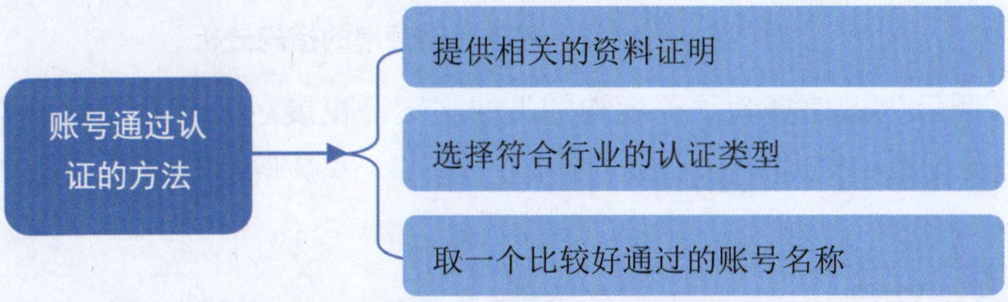


图 9-15　账号通过认证的方法

如图 9-16 所示为不同关键词的微信公众号的搜索界面，排名靠前的公众号基本都是已经通过认证的。因此，如果账号通过认证才能有效推广自己的账号和文案。

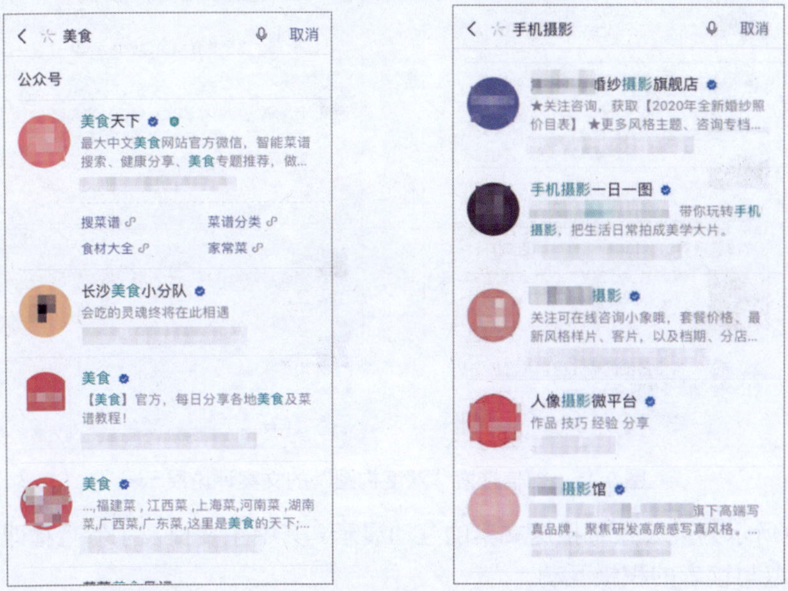


图 9-16　不同关键词的微信公众号的搜索界面

### 9.2.2 粉丝的互动频率越高排名越靠前

在微信、APP，以及新媒体平台上，针对具体某一篇文案，粉丝互动频率主要体现在用户对该篇文案的评论数。评论越多，文案的互动频率也就越高，也间接地表明了公众平台的粉丝黏性越好。提升粉丝互动频率的措施分析如图 9-17 所示。

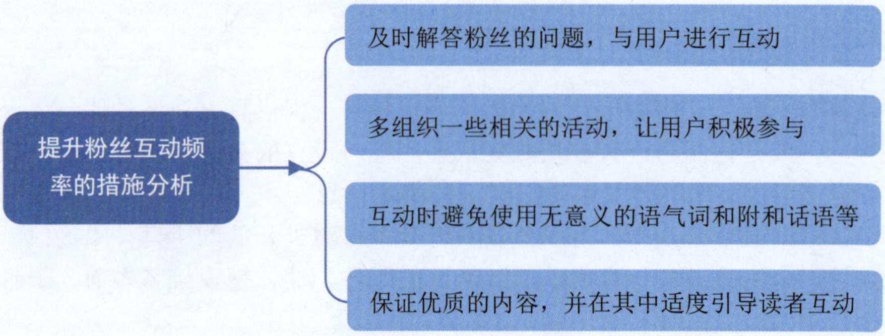


图 9-17　提升粉丝互动频率的措施分析

如图 9-18 所示为微信搜索“深度构图”的文案评论展示。排名靠前的文案有撰写者与读者的互动，而没有互动的那一篇则位列其后。因此，要掌握与粉丝互动的各项技巧，借以提升文案的排名。

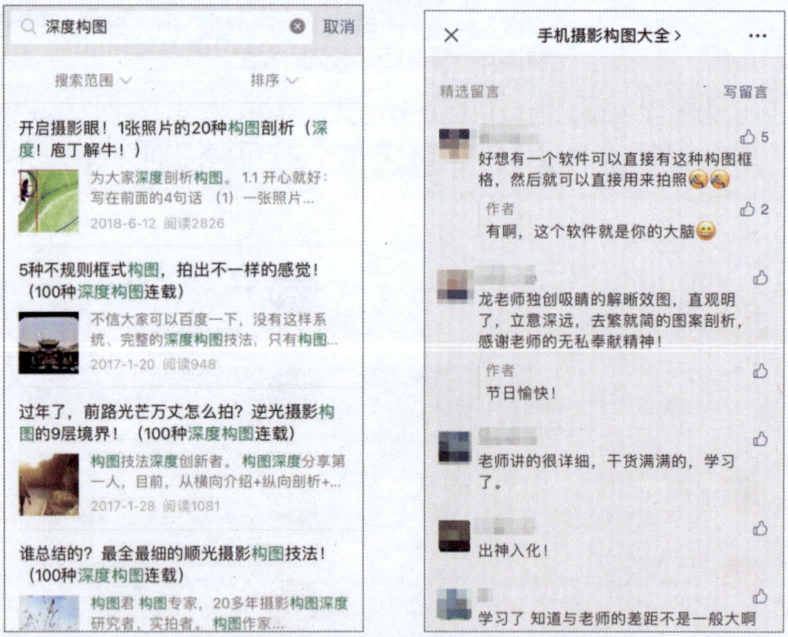


图 9-18　微信搜索“深度构图”的文案评论展示

如图 9-19 所示为某公众号推送文案的互动展示。其中主要提及了看直播即可赢得大奖的消息，以此换取与读者的积极互动。

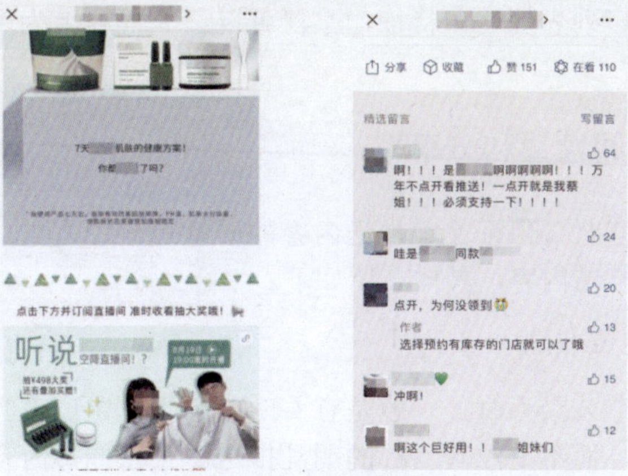


图 9-19　某公众号推送文案的互动展示

## 9.2.3　服务号的信息能直接到用户列表

在微信公众平台上，公众号类型之一的服务号，是以提供服务为目的的微信公众号，这一类型的公众号多用于银行和企业。

服务号在推送消息的时候，具有诸多的优势，最为显著的一点就是信息直达用户列表。在推送消息时，应该把握好关键字的设置技巧，具体介绍如下。

（1）把握推送的时间：比如早上 8 点到 9 点、中午 12 点到 2 点等。

（2）标题带有关键词：比如“送福利啦”“最全构图技巧”等。

因此，企业在选择公众号类型时，最好选择服务号，它是提升平台文案搜索率的重要 SEO 技巧，也是获取用户关注和增强粉丝黏性的重要策略。

如图 9-20 所示为某公众号的消息直接推送。直接显示在订阅对话列表中的，因此只要消息一弹出来，用户就可以第一时间点击进去，对文案进行阅读。

图 9-20　某公众号的消息直接推送

服务号信息直达用户列表的这一特征，不仅可以最大程度上为用户提供服务，同时还能为平台的运营提供助力。

### 9.2.4 内容质量影响阅读量和分享率

在进行平台文案运营时，保证文案推送内容的质量是重中之重。在此，主要从内容选择的角度出发分析文案的推送内容，具体介绍如下。

**1．与平台相关，定位准确**

企业或个人在建一个公众号时，一般是有着明确的用户定位。其平台运营和内容推送也是针对这些用户进行的，而不是没有目标的胡乱推送。且在选择内容时，首先应该选择与运营平台相关的内容，这样才能让用户了解平台，进而予以更多的关注。

**2．专业化，内容富有价值**

这主要是针对一些专业化的微信、APP 和新媒体平台。由于业务和运营范围的专业化，因此，在推送内容时也应该选择能够凸显平台专业技能的内容，这是提升平台公信度和真实性的关键所在。

特别是一些涉及软件的教程、运动，以及业余技能等偏向技术性方面的平台，更是要在推送内容方面表现出极高的专业性。且这些内容为读者所认同，才能对平台的阅读量和分享率的提升产生积极的影响。

**3．坚持原创，不忘初心**

对某些类型的平台，坚持原创也是内容专业化的重要体现。即使是对一般的平台，坚持文案的原创是其推送内容富有价值的体现，是支撑读者读下去的精髓所在。当然，这种原创也是有着其质量要求的，并不是随性、胡乱编写的，它要求能获得读者欣赏。

以“手机摄影构图大全”公众号为例，它推送的内容大多都是原创、专业性强，以及符合平台定位的，如图 9-21 所示。

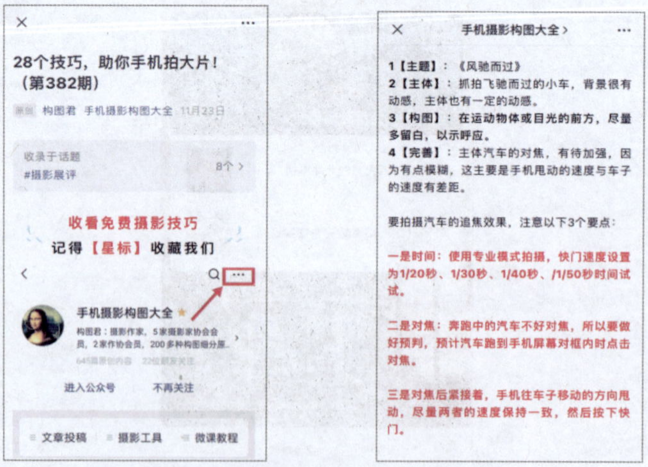


图 9-21 “手机摄影构图大全”的优质内容

优质的内容是保证文案阅读量的前提和基础，在微信和新媒体平台上，是可以通过后台查看平台发布的文案的阅读数和分享数的。

无论是打造文案，还是爆款文案，内容都是第一位的。在微信平台上编辑和发布文案时。不仅要知道如何打造优质的文案，而且还要学会用数据检测文案效果，通过后台工具提升文案排名。由此进一步扩大文案的传播范围，赢得更多的粉丝和阅读量。

如图 9-22 所示为某时间内微信平台推送的文案内容的阅读数和分享数。从图 9-22 中的数据看出，文案的内容决定了文案的阅读数和分享数，正因为“手机摄影构图大全”在每一篇文案的打造上都倾尽全力、尽心尽力，丝毫没有一点马虎和松懈，所以才会取得比较显著的成绩。

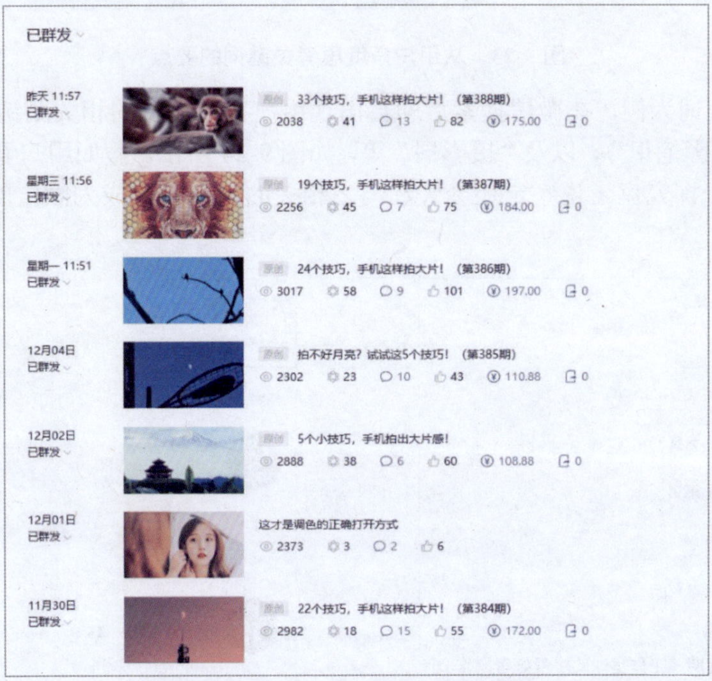


图 9-22　某时间内微信平台推送的文案内容的阅读数和分享数

# 9.3　其他的优化技巧

本节主要介绍其他的一些优化技巧，让文案排名更靠前。主要内容有用户角度、对手角度、排名优化、符号优化和应对技巧等。

## 9.3.1　从用户的角度换位思考

如果在微信平台进行文案营销，就应该借助其社交属性，消除人与人之间的距离感。想知道用户如何进行搜索，就要从用户的角度去思考、选词。从用户角度思考关键词的要点如图 9-23 所示。

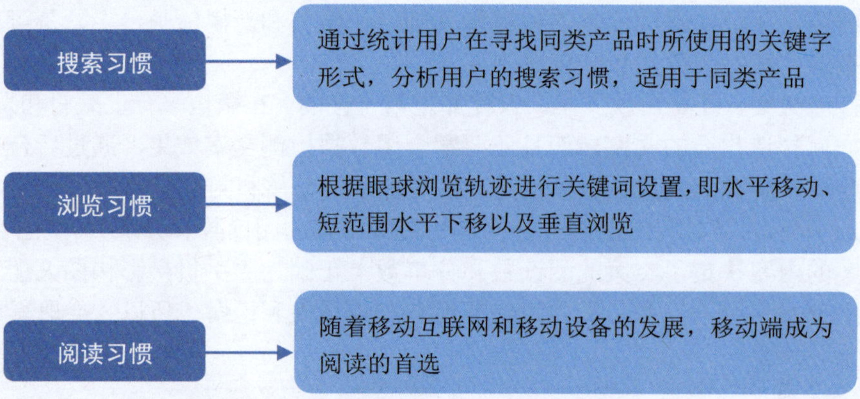


图 9-23　从用户角度思考关键词的要点

以“摄影”一词为例，在微信搜索后即会出现用户搜索较多的相关关键词，如“摄影师”“摄影大赛”“摄影笔记”，以及“摄影展”等，如图 9-24 所示。假如用户看到“摄影笔记”，估计也会点进去一探究竟。说不定还会关注与之相关的公众号，成为固定的粉丝，购买摄影书或者摄影教程。

图 9-24　从用户角度思考关键词的案例

无论是文案营销，还是设置文案中的关键字，都不能缺少从用户的角度思考的这一环节。因为写作的目的是为了让读者看到，而设置关键字的目的则是让更多的读者更容易看到。两者的用户都是读者，如果不从读者和用户的角度出发思考，那么关键词的设置大多也是失败且没有成效的。

### 9.3.2 从对手角度的换位思考

《孙子·谋攻篇》道：“知己知彼，百战不殆。”因此，在设置关键词时，最好多多了解对手的公众号，弄清楚他们的关键词和布局情况。这样不仅能找到优化漏洞，还能掌握目前关键词的竞争热度，以便进行人力优化部署。

从对手的角度出发，思考关键词是为了更好地学习他人的长处，借以弥补自己的不足。在思考关键词的时候，应该向竞争对手借鉴，主要方法如下。

（1）在微信中搜索与产品相关的关键词，重点查看和摘录在搜索中排名靠前的关键词，然后做对比分析。

（2）去网站上查询与搜索结果显示出来的排名靠前的公司信息，或直接在微信搜索中搜索这些公司的公众号。分析的网站目录描述或公众号功能介绍，查看核心关键词或辅助关键词，统计出竞争者名单。

（3）分析自己公众号上的客户信息，将客户购买的产品信息中出现的关键词统计出来，可将关键词的重要程度进行分类汇总，找出客户关注的重点关键词。

值得注意的是，从对手的角度出发设置关键词的时候，需要花费比较多的时间和精力，但也应该多把握细节，不能因为耗时耗力就随便敷衍了事。

以某护肤品牌为例，在微信搜索中以“××面霜”关键词展开搜索，就会发现排在第一位的是“××面霜”。而点击关键词则会看到众多推荐“××面霜”的文案，如图 9-25 所示。

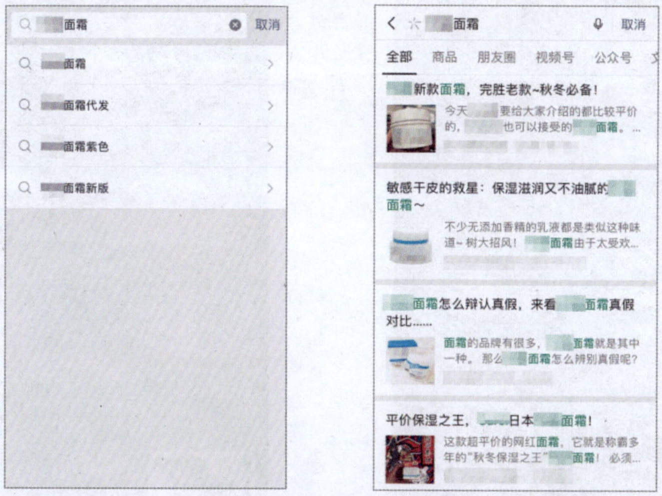


图 9-25 某护肤品牌搜索“××面霜”关键词案例

### 9.3.3 让排名明显靠前的优化技巧

微信搜索的排名优化主要是对微信文案及公众号的排名做优化，优化的方法有很多，但是能够带来显著排名变化的优化方法却很少。让搜索排名明显变化的优化技巧如图 9-26 所示。

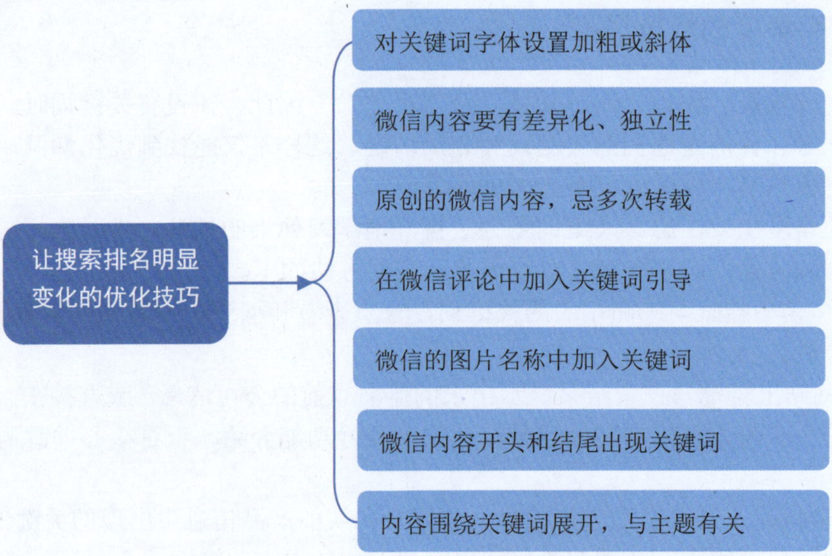


图 9-26　让搜索排名明显变化的优化技巧

以“手机摄影构图大全”推送的摄影技巧文案为例，文案内容里添加了关键字“构图”，文案的末尾链接也对账号本身的产品进行了推广，如图 9-27 所示。

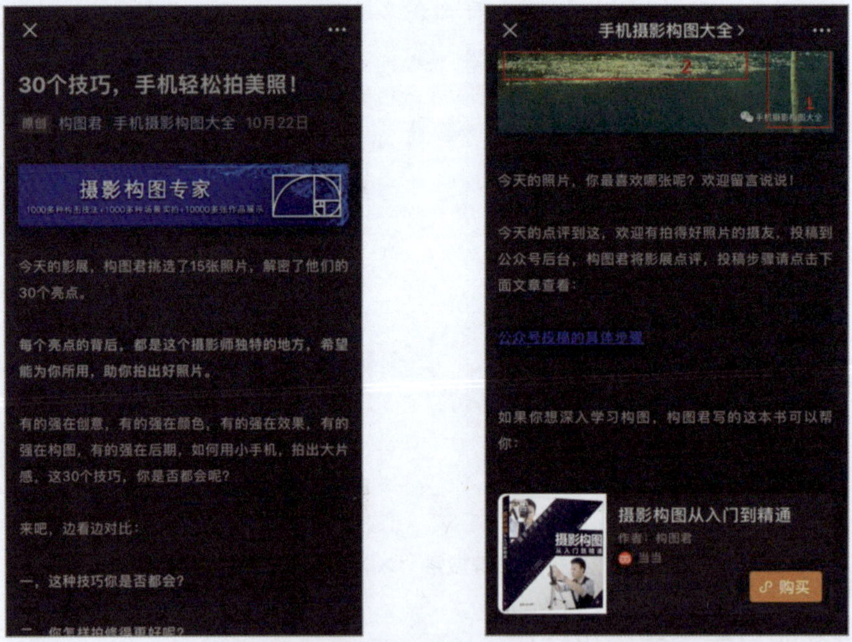


图 9-27　“手机摄影构图大全”推送的摄影技巧文案案例

如图 9-28 所示为“手机摄影构图大全”文案里“构图”关键词多次出现的展示界面。而且正文也是围绕“构图”展开讲解，第一段和最后一段都出现了“构图”一词。由此可见，“手机摄影构图大全”的排名优化确实做得比较好，这也是为什么能排名靠前的原因。

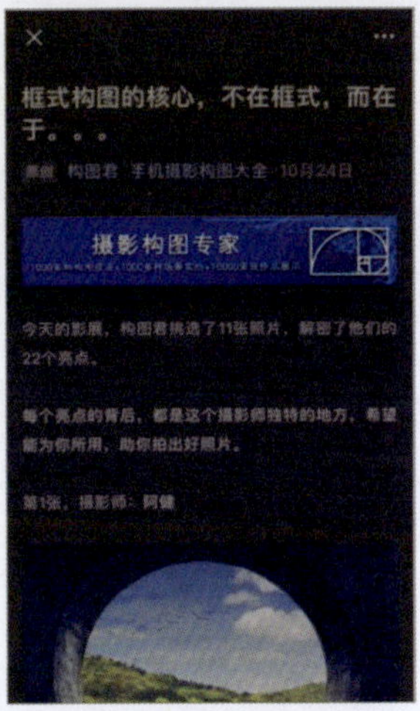


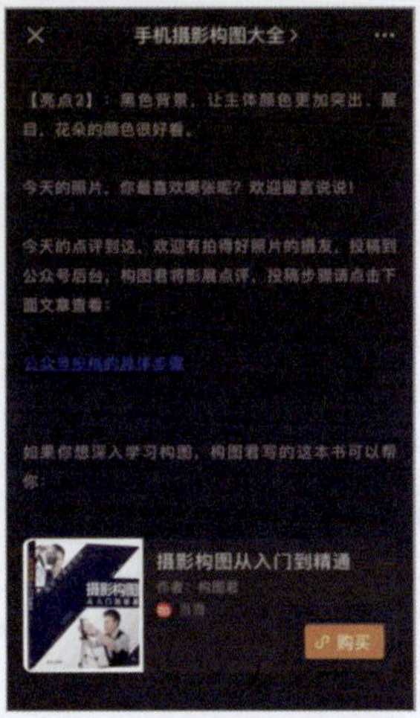


图 9-28　“手机摄影构图大全”文案里“构图”关键词多次出现的展示界面

## 9.3.4　通过符号优化关键词搜索

微信用户在微信文案搜索中使用关键词搜索时，通常，搜索结果中有“（）”“【】”等符号连接了关键词也会显示出来。因此，运营者在发布公众号文案时，可以采用符号连接关键词的方法提高排名。在优化关键词搜索的时候，可能会遇到各种各样不同的符号，这些符号对关键词分隔都有一些影响和意义。标题中常用的特殊符号如图 9-29 所示。

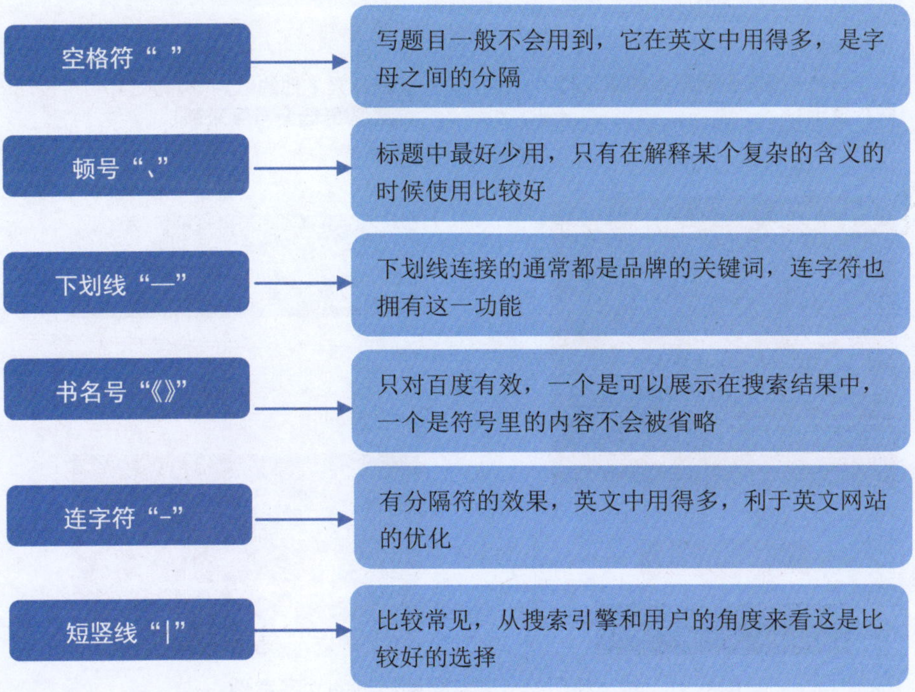


图 9-29　标题中常用的特殊符号

以微信搜索为例，在搜索框中输入固定的关键词，比如“构图连载”“三分线构图”，就会发现虽然输入的关键词不同，但是显示的公众号却是同一个，如图 9-30 所示。

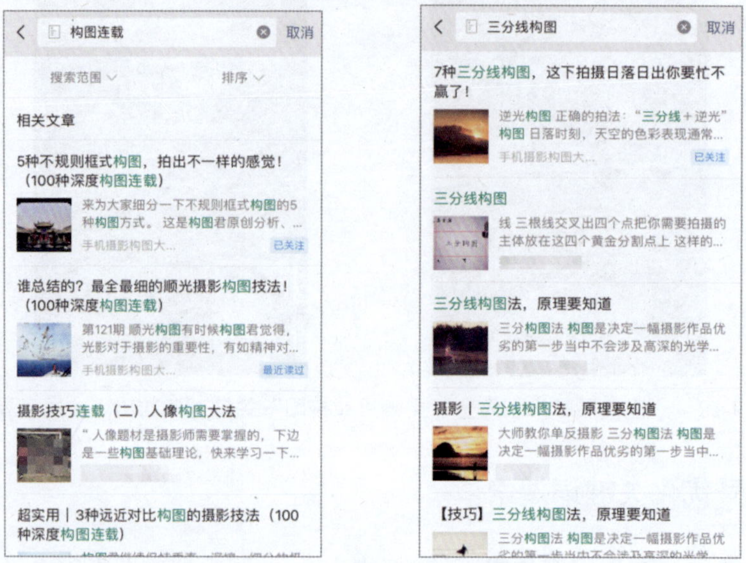


图 9-30　搜索不同的关键词显示相同的的公众号

如图 9-31 所示为两个音乐厅公众号推送的文案。两者的标题都采用了短竖线的符号分隔关键词，关键词一个是“正在售票”，一个是“重磅开票”，都是围绕音乐会售票展开的。

图 9-31　短竖线符号分隔标题关键词的文案案例

除了短竖线和以上提到的几种符号可以分隔关键词之外，还有一种符号也可以做到，即“大括号”。这一种符号特别受某护肤品牌公众号的喜爱和青睐。如图 9-32 所示为推送文案标题中使用“大括号”符号。

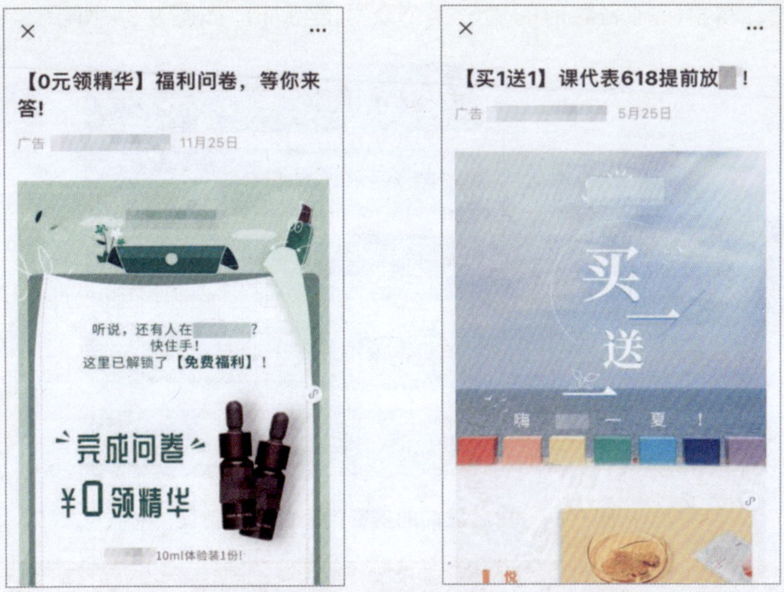


图 9-32　大括号分隔标题关键词的文案案例

从图 9-32 中可以看出，特意用大括号将关键词如“0 元领精华”和“买一送一”分隔开来，目的就是为了搜索优化，提升文案的曝光率，让更多的读者看到这篇文案，从而购买产品。

## 9.3.5　关键词排名下降如何应对

关键词排名下降和上升是很正常的事情，比如，排名下降幅度在个位到十位之间，一般从连续记录的关键词排名数据汇总可以看出哪些关键词下降了。

当关键词排名出现了明显的下降时，肯定不能坐视不理，而是要想出相关的对策来解决。通常，关键词排名的下降的相关分析，如图 9-33 所示。

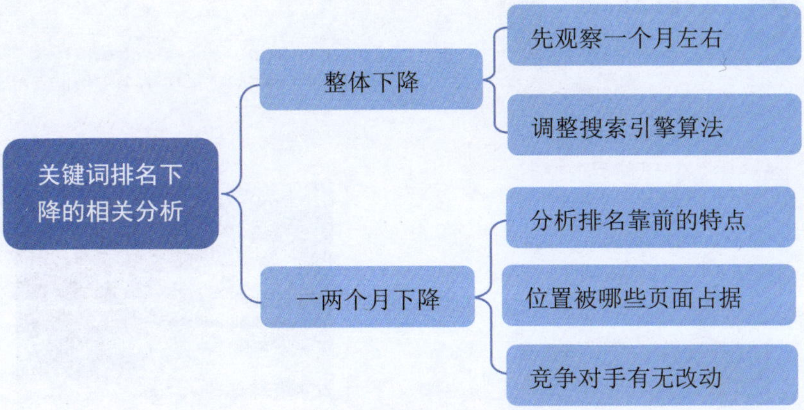


图 9-33　关键词排名下降的相关分析

以“手机摄影构图大全”为例，为了应对一段时间内排名下降的问题，对相关的公众号进行了调查研究，得出了排名靠前的摄影类公众号的特征，如图 9-34 所示。

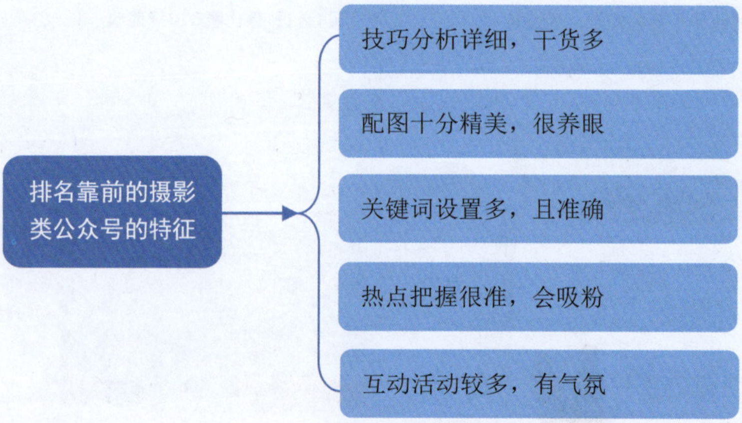


图 9-34　排名靠前的摄影类公众号的特征

> **▶ 专家指点**
>
> 得出这些结论后，“手机摄影构图大全”没有停止探究，它不仅总结了竞争对手的优点，而且还对自己的不足做出了反思。比如，推送内容不够多元化、推送时间没有把握好等，只有不断吸取经验的人才能取得成功。

为了弥补自身的不足，并对各大人气摄影公众号进行了考察，重点的考察对象是“××手机摄影”。如图 9-35 所示为××手机摄影”推送的内容。

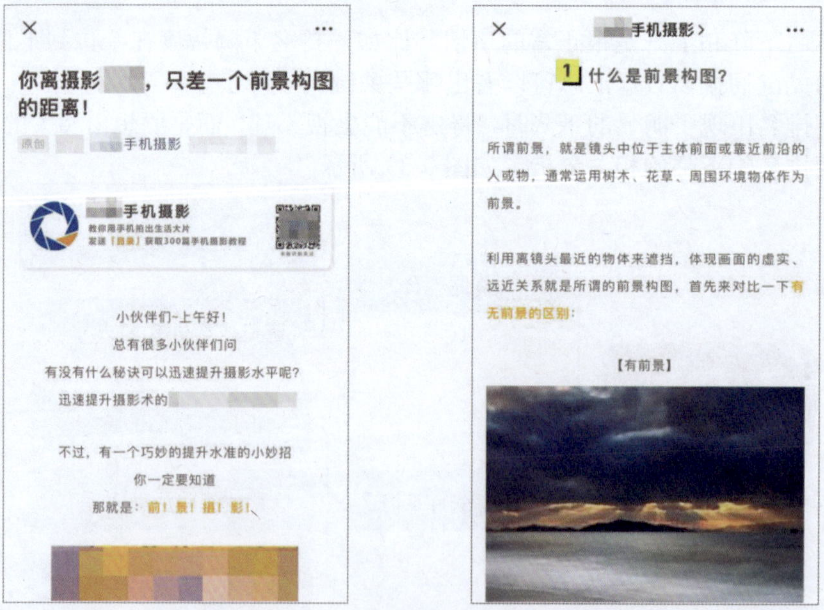


图 9-35　“××手机摄影”推送的内容

这个手机摄影的公众号是具有自己的特色的，主要内容如图 9-36 所示。

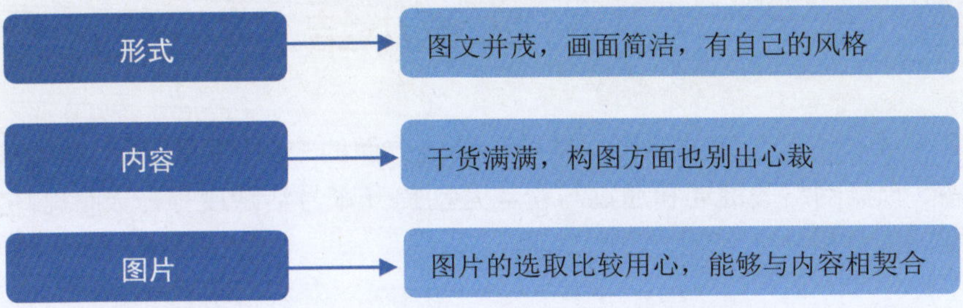


图 9-36　“××手机摄影”推送具有特色的内容

在看到竞争对手的特色之后，“手机摄影构图大全”找到了自己能够脱颖而出的技巧，即“构图”。从“构图”出发，紧扣热点、采用更加精美的图片作为陪衬，利用“构图拍法”“深度构图”等充实文案内容。如此一来，就可以有效解决排名下降的问题了。

如图 9-37 所示为“手机摄影构图大全”调整关键词后的搜索页面，在微信搜索界面中，排名明显上升了。用绿色标示的字眼是关键词，同时也是读者找到文案的重要依据。

图 9-37　“手机摄影构图大全”调整关键词后的搜索页面

**▶ 专家指点**

关键词排名的下降意味着文案被读者阅读的可能性大大地降低，因此转化的几率也会随之下降。如果碰到这种情况时置之不理，甚至都没有察觉，那么就会失去打造爆款文案、轻松盈利的机会。

因为爆款文案的产生并不仅仅是靠写作，它还要靠细心的经营，唯有写作与经营相辅相成，才能打造出盈利的新媒体文案。

# 本章小结

本章主要介绍了文案关键词、账号和其他方面的一些优化技巧，例如关注百度指数的关键词动态、预测网络关键词和通过与粉丝互动提升账号活跃度等，从而提高文案的传播范围，提升文案的阅读量。

# 本章习题

1．预测社会热点关键词具有哪些方法？

2．提升粉丝互动性主要可以采取哪些措施？

# 第10章　短视频文案的编写技巧

**本章导读**

随着现在短视频平台的崛起，在互联网上掀起了一股拍摄短视频的热潮。而短视频的拍摄中不仅仅要考验运营者的拍摄水准，还要考验运营者的运营能力。其中，文案的写作在短视频中较为重要。本章从短视频文案的表达、策划、内容设计、脚本撰写和评论区文案设计出发，全面介绍短视频文案的编写技巧。

**本章重点**

- 短视频文案的表达
- 短视频文案的策划
- 短视频文案的内容设计
- 短视频文案的脚本撰写
- 短视频评论区的文案设计

# 10.1 短视频文案的表达

文案撰写者是专业的文字工撰写者，需要一定的文字水平。要想更高效率、更高质量地完成文案任务，除了掌握写作技巧之外，还需要学会运用文字，让表达更符合短视频用户的需求。

## 10.1.1 语义要通俗易懂

文字不仅要简单易懂，还要做到雅俗共赏。这是文案文字的基本要求，也是在文案创作的逻辑处理过程中，撰写者必须了解的思维技巧之一。从本质上，通俗易懂并不是要将文案中的内容省略掉，而是通过文字组合展示内容，让用户在看到文案之后，便心领神会。如图10-1 所示为标题通俗易懂的短视频封面文案。

图 10-1 标题通俗易懂的短视频封面文案

从通俗易懂的角度出发，追求的主要是文字所带来的实际效果，而非文学上的知名度。那么，如何让文字起到更好的实际效果呢？运营者可以从是否适合要用的新媒体、是否适合产品的市场和是否适合产品的卖点这三个方面进行考虑。

## 10.1.2 删除多余内容

成功的文案往往表现统一，失败的文案则是原因众多。在可避免的问题中，文字的多余是失败的主因，其导致的结果主要包括内容毫无意义、文字说服力弱和问题模棱两可等。解决多余文字最简单的方法就是将它删除掉，这也是强调与突出关键字句最为直接的方法。

删除多余的内容对于广告文案是一种非常聪明的做法。一方面，多余的内容删除之后，重点内容更加突出，用户能够快速把握用户要传达的意图；另一方面，多余的内容删除之后，内容将变得更加简练，同样的内容能够用更短的时间进行传达，用户不容易产生反感情绪。

### 10.1.3　内容重点突出主题

文案主题是文案的写作重点，作为一名文案从业人员，主要的职责就是设计和突出文案主题。如图 10-2 所示为重点突出的文案类型。

图 10-2　重点突出的文案类型

该短视频直接将内容用较大的字号写了出来，放在了视频画面的上方，让短视频用户一看就能明白。不过短视频要以内容为中心，要花时间确保主题的绝妙性，才会让其有一定的真实价值。在任何一个文案中，中心内容是最为醒目的地方，整个文案的成功主要取决于文案中心主题的效果。优秀的文案应该是简洁突出重点，适合产品、适合媒介、适合目标用户，形式上不花哨更不啰嗦。

### 10.1.4　控制文案长度在合理范围内

控制字数，主要是将文案内容的字数控制在一个可以接受的范围内，这是也是首要任务。除此之外就是创造一定的韵律感，这种方式在广告类文案中比较常见。控制段落字数同样有突出文字内容的作用，在长篇的文案中采用较多，主要是起到强调的作用。能让一篇文案的字数显得长短有致，也是考验文案撰写者能力的一种标准。

用一句话作为单独的文案，突出展现内容是文案写作的常用技巧。一句话的模式能够突出内容，也能使呆板的文案形式变得生动。如果突然出现一句话成为单个段落，读者注意力就会被集中过来。在文案中，更为常见的就是一句话式的广告文案，文字精炼，效果突出，甚至不需要前期大段文字铺垫，就能够吸引到读者的兴趣。

## 10.2 短视频文案的策划

平时生活中看见的短视频文案，看起来很普通，实则是通过短视频运营者精心设计和策划过的。而文案对于短视频能否成为爆款有很重要的影响力，所以对于制作的短视频，发布前必须要对文案进行策划。

### 10.2.1 抓住文案内容主题

如何让短视频文案更加精美、内容更加吸引眼球呢？如何把握文案创作的核心，快速打造吸睛的短视频文案呢？首先就是要学会抓住主题。下面将从七个方面进行介绍。

#### 1．挖掘用户需求点

企业想要让自己的短视频文案成功吸引用户的注意力，就需要将短视频文案变得有魔力，这种魔力可以从需求点中获取。需求点是指用户在社会中所碰到的问题和抱怨等。如果这个问题不能得到及时解决，那么用户体验度就会降低。如果文案撰写者能够将用户存在的需求点体现在短视频文案中，并且给予解决方法，那么这样短视频文案，就会快速引起用户的注意力。

总之，以需求点为核心，找到解决需求点的方法，并且将方法和企业产品联系在一起，最后巧妙地融入文案的主题中，明确地传递给用户一种思想，并且帮助用户找到解决问题的方案。

#### 2．拉近用户距离

撰写一个优秀短视频文案的第一步，就是寻找用户感兴趣的话题。短视频运营者可以搜索相关的资料并进行整理，撰写出用户感兴趣的内容，消除与用户之间的陌生感，从而取得用户的信任。

短视频文案的用户是广大的用户，这是文案创作的基本前提和要素。不同类型的用户对文案的需求也是不一样的。在创作文案时主要有三点技巧，即根据对象设定文案风格、根据职业使用相关的专业语言，以及根据需求打造不同走向的短视频内容。掌握这些技巧，就能够拉近与用户之间的距离。

#### 3．体现文案价值

一个优秀的短视频文案，必定会具备一定的价值。优秀的文案除了要提及需要宣传的内容外，还要充分体现新闻价值、学习价值、娱乐价值，以及实用价值，具体内容如图 10-3 所示。

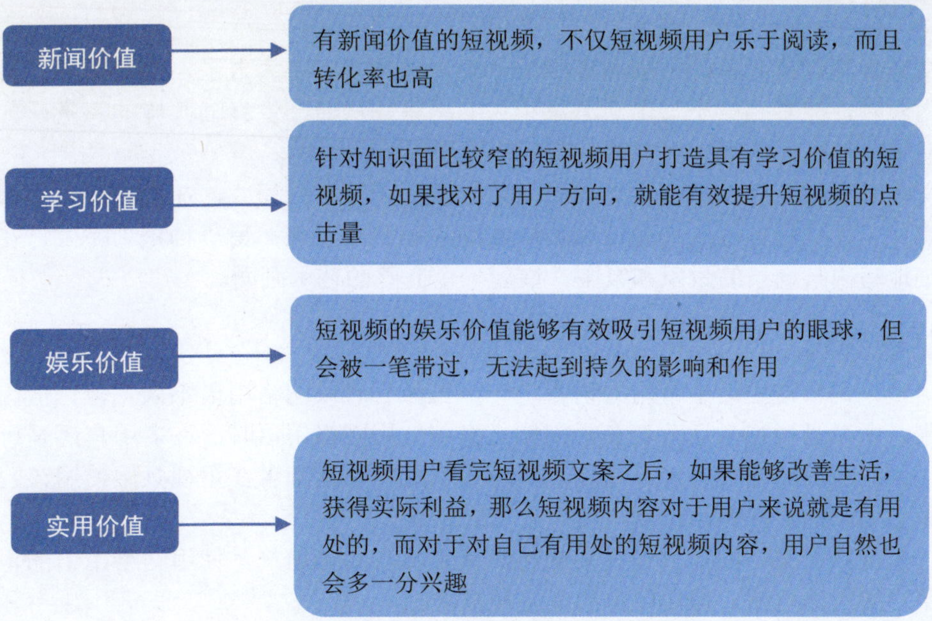


图 10-3 优秀短视频文案的价值

提供实用知识和技巧的短视频文案能够得到短视频用户的青睐，虽然文案的价值不局限于实用技巧的展示，但从最为直接和实际的角度来看，能够提供行之有效、解决问题的方法和窍门是广大短视频用户都乐意接受的。

### 4. 紧跟时事热点

时事热点是指可以引起人们重点关注的中心事件或信息等，由于短视频平台具有即时性的特点，因而使得时事热点的传播有了可能。特别是抖音和快手等短视频平台，作为重要的社交平台，这些短视频平台上都拥有数量庞大的用户。因此在这些短视频平台上，打造紧抓时事热点的短视频文案，利用短视频平台进行传播，有利于实现短视频文案内容的快速传播。短视频文案抓住时事热点的技巧如图 10-4 所示。

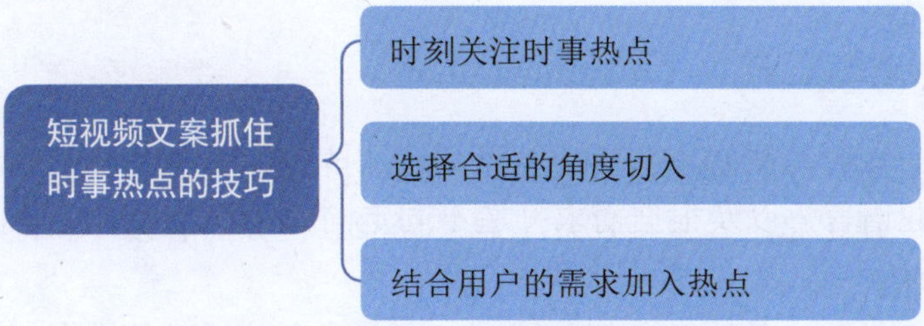


图 10-4 短视频文案抓住时事热点的技巧

在短视频平台上，各种各样的短视频账号每天都会推送内容，为了尽可能吸引用户的眼球，文案撰写者们都会苦思冥想，仔细斟酌，而紧跟热点就是常用的方法之一，这种方法也能有效提高短视频的点击量。

5．展示使用场景

短视频文案并不只是简单的用画面堆砌成一个短视频就万事大吉了，而是需要让用户在查看短视频内容时，能看到一个与生活息息相关的场景，从而产生身临其境的感觉。如此一来，短视频文案才能更好地吸引用户继续查看短视频内容的兴趣。

在创作文案时有两种打造短视频文案场景的方法：一种是特写式，在短视频文案中将特定场景中具有代表性、特征性的典型情境集中、细致地突显出来；另一种是鸟瞰式，在短视频文案中详细地写出某场景的景象和氛围，展现一个完整的艺术画面。

6．使用网络用语

网络用语是人们日常生活中常用的语言之一，虽然有时候网络用语不太规范，但因为被用户广泛使用，所以当短视频运营者在短视频文案中使用网络用语时，许多用户还是可以理解的。网络用语在一段时间内可能会成为热门用语，此时，运营者在短视频中使用该网络用语可以快速吸引用户的注意力，拉近与用户之间的距离。

事实上，短视频文案中的语言最主要的特点就是真实和接地气，使用网络用语的也是为了贴近目标用户的用语习惯，抓住用户的爱好和需求。

7．内容短小精悍

随着互联网的快速发展，碎片化的阅读方式已经逐渐成为了主流。大部分用户看到时长较长的短视频时可能会产生抵触心理，即使有的用户愿意查看时长较长的短视频内容，但也很难坚持看完。

从制作成本的角度来看，时长较长的短视频拍摄的时间可能会要长一些。进行后期处理的时间也更长一些，如果短视频文案的反响效果不好，那就是“赔了夫人又折兵”了。短视频文案的制作，“小而精美”是关键所在，也就是说，一个成功的短视频文案应该具备短小精悍的特点。

用户就能很快了解短视频文案的内容，从而获取短视频撰写者想要传达的重点信息。小而精美，并不是说短视频文案只能短不能长，而是要尽可能地做到言简意赅、重点突出，让用户看完你的短视频文案之后，能够快速了解短视频需要传达的重要信息。

### 10.2.2 运营热点追踪工具

短视频账号的打造需要短视频运营者具有持续生产优质内容的能力，否则可能会导致粉丝总量、点赞总量、评论总量乃至转发分享总量停滞。视频内容创作和推送的不稳定，容易造成粉丝增量的起伏。

可以通过对新媒体热点的追踪和相关视频，尤其是爆款视频的数据分析获取选题和构思来源，指导内容创作工作。必备九款热点工具的特点如图 10-5 所示。

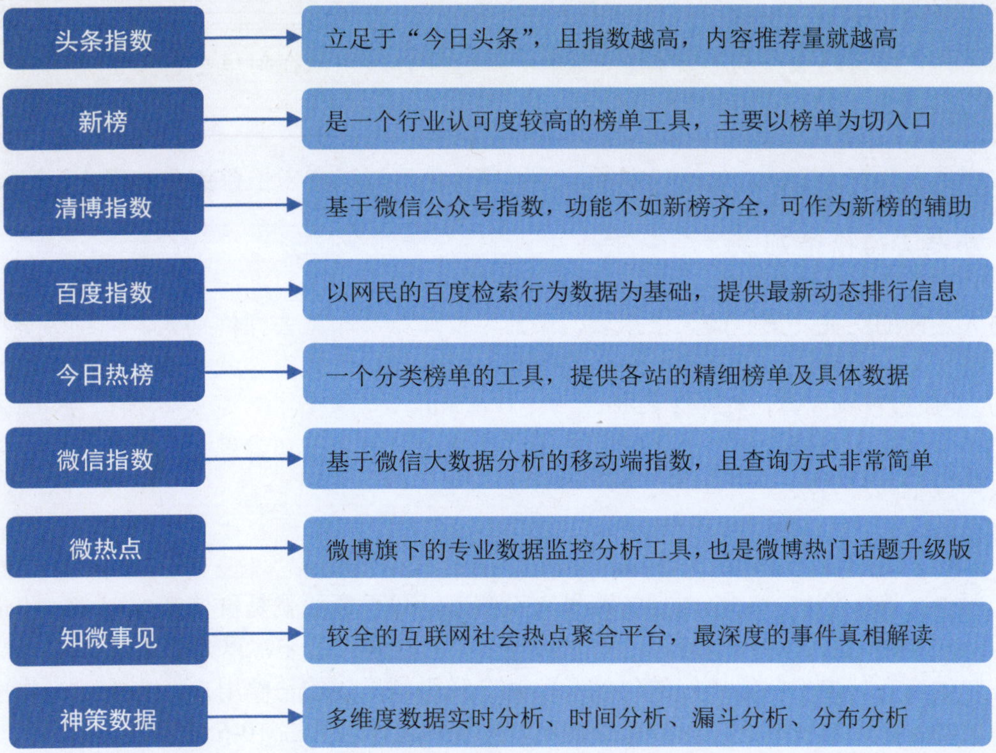


图 10-5　必备九款热点工具的特点

### 10.2.3　收藏免费好看字体

在短视频的制作过程中，短视频运营者为了使短视频的内容展现形式更直观生动，会加入字幕解说等。

在使用文字的过程中，短视频运营者一般都会选用一些比较好看的字体，但是用户常常会忽略所使用的字体是否会涉及侵权。免费商用的字体库主要有以下几个。

**1．王汉宗字体**

王汉宗的免费字体主要有十七种商用字体：王汉宗颜楷体、王汉宗仿宋、王汉宗综艺体、王汉宗行书、王汉宗钢笔行楷、王汉宗勘流亭等。

**2．思源字体**

思源黑体和思源宋体是 Adobe 与 Google 之间的大量合作，以及合作伙伴公司参与的成果，这些字体以开源许可证形式在 GitHub 上发布。

**3．站酷字库**

站酷字库的免费字体主要有七种字体：站酷庆科黄油体、站酷文字体、站酷小薇 LOGO 体、站酷酷黑体、站酷意大利体、站酷快乐体、站酷高端黑体。

4．华康字体

华康字体主要有四十五款，如华康布丁体，不过字体仅可以在阿里平台免费使用。

5．汉仪字体

汉仪字体主要有十八款，如汉仪中黑，不过字体仅可以在京东平台免费使用。

### 10.2.4 塑造人设价值观念

人与人之间的交往，第一印象很重要，虽然不要凭第一印象去评价别人，但别人会用第一印象来评价你。所以，对于短视频平台的视频投稿而言，视频内容就是给别人的“第一印象”，别人会通过视频内容，初步了解你是一个什么样的人，然后再决定是否深层次了解你。

需要注意的是，在给自己塑造人设时，最好围绕自己的身份和背景去塑造。通常，塑造人设可以用以下两种方法。

1．价值塑造

始于颜值，终于价值。一个成功的账号人设塑造，最重要的就是价值观的形成。价值观是基于人一定观感之上的认知和理解，对人们的行为和定向有着非常重要的调节作用。

短视频运营者如果能够输出好的价值观，就会吸引到更多的粉丝用户，也能使制作出的视频变得更加优质。短视频中加入个人价值观时需要注意事项如图 10-6 所示。

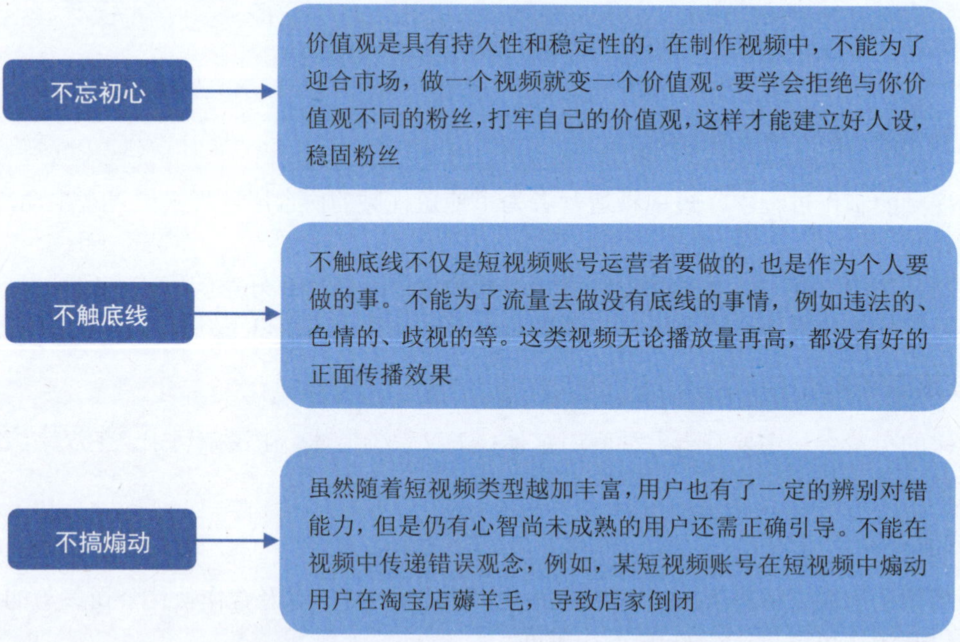


图 10-6 短视频中加入个人价值观时需要注意事项

价值观是一个人随着出生开始，在家庭、学校和社会的共同影响下而逐步形成的。尊重每一个人的价值观，它是人们对于客观世界独有的看法，是人独立性的重要标志。

短视频账号作为一种信息传播媒介，能够对用户产生一定的影响，但切忌在视频中传达不正确的价值观，影响社会的稳定和谐。

### 2. 特定标语

特定标语指的是短视频中比较标志性的语句，俗称“口头禅”。优秀短视频账号的特定语，几乎都是一句话或不超过三句话的人设文案。

特定标语有可能是随意说出的一句口头禅，也有可能是一句符合视频主题的开头语，这些文案都是以符合短视频账号人设进行创作。通过视频的重复出现，给用户留下记忆。

短视频运营者可以通过特定标语，结合短视频账号的风格特色、人设形象等因素，进行视频的创作，进而获得用户群体的认可，实现人设打造的目的。

打造成功的特定标语，可以从文字和素材本身出发，通过全面认识更好地进行把握，如图 10-7 所示。

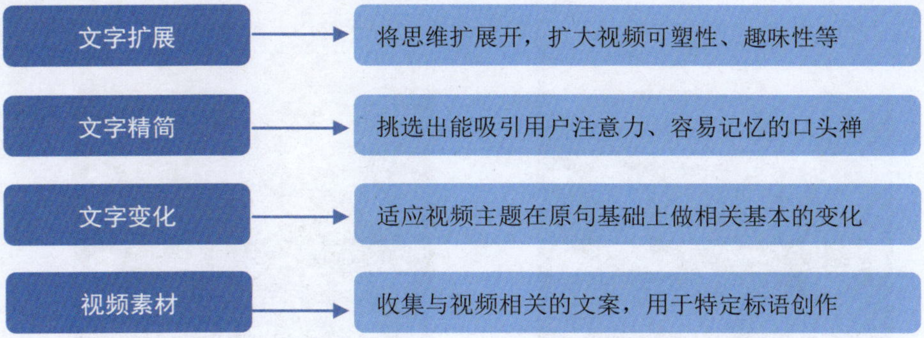


图 10-7　打造成功特定标语的相关分析

在特定标语的构思方面，短视频运营者可以把平日的灵感记录下来，从而运用到短视频中，但运用时不能脱离短视频的主题。

# 10.3　短视频文案的内容设计

文案是商业宣传中较为重要的一个环节，从作用上看，优秀的文案具备强烈的感染力，能够给商家带来数倍的收益和价值。在信息繁杂的网络时代，并不是所有的文案都能获得成功，尤其是对于缺乏技巧的文案，获得成功并不是简单的事。从文案写作角度出发，文案的感染力来源主要分为以下三个方面。

## 10.3.1　围绕热点打造

热点之所以成为热点，就是因为有很多人关注，而一旦某个内容成为热点后，许多用户便会多一分兴趣。所以在短视频制作过程中，如果能够围绕热点打造内容，才能起到更好地吸引用户的关注。

### 10.3.2 文案个性表达

形象生动的文案表达，容易营造出画面感，从而加深用户的第一印象，让用户看一眼就能记住文案内容。如图 10-8 所示为某账号的网易云热评文案案例，便是通过漂亮的背景图片加上动态文案赢得短视频用户的关注的。

图 10-8 某账号的网易云热评文案案例

对于文案撰写者而言，每一个优秀的文案在最初都只是一张白纸，需要撰写者不断地添加内容，才能够最终成型。要想更有效地完成任务，就需要对相关的工作内容有一个完整认识。而一则生动形象的文案则可以通过清晰的别样表达，吸引用户关注，快速让用户接收文案内容的同时，激发用户对文案中产品产生兴趣，从而促进产品信息的传播和销售。

### 10.3.3 运用创意方式

创意对于任何行业的新媒体文案都十分重要，尤其是在网络信息极其发达的社会中，自主创新的内容往往能够让人眼前一亮，进而获得更多的关注。

创意是为文案主题进行服务的，所以文案中的创意必须与主题有着直接关系，创意不能生搬硬套，牵强附会。在常见的优秀案例中，文字和图片的双重创意往往比单一的创意更能够打动用户。对于正在创作中的文案而言，要想突出文案特点，那么在保持创新的前提下需要通过多种方式更好地打造文案本身。文案创意表达主要有八个方面的要求，具体为：词语优美、方便传播、易于识别、内容流畅、契合主题、易于记忆、符合音韵和突出重点。

# 10.4 短视频文案的脚本撰写

脚本是短视频剧情拍摄的前期工作，脚本编写得好，短视频通常都会得到不错的播放量。那么如何编写脚本，让粉丝为依照脚本打造出的短视频点赞呢？具体介绍如下。

## 10.4.1 短视频脚本的创作流程

短视频脚本的编写是有技巧的，如果短视频运营者掌握了脚本编写的技巧，那么根据编写的脚本制作的短视频就能够获得较为可观的播放量，其中优质短视频的播放量甚至可以达到十万以上。短视频脚本的编写是一个系统工程，一个脚本从空白到完成整体构建，需要经过四个步骤，具体如下。

### 1. 前期准备

在编写脚本之前，短视频运营者还需要做好一些必要的准备，并且确定好视频完整的内容与思路。编写脚本需要做好的准备如下。

（1）拍摄的内容。每个短视频都应该要有明确的主题，以及为主题服务的内容。而要明确短视频的内容，就需要在编写脚本时先将拍摄的内容确定下来，列入脚本中。

（2）拍摄的时间。有时候拍摄一条短视频涉及到的人员可能比较多，此时就需要通过确定拍摄时间来确保短视频拍摄工作的正常进行。另外，有的短视频内容可能对拍摄的时间有一定的要求，这一类短视频的制作也需要在脚本编写时将拍摄的时间确定下来。

（3）拍摄的地点。许多短视频对于拍摄地点有一定的要求，是在室内拍摄，还是在室外拍摄呢？是在繁华的街道拍摄，还是在静谧的山林拍摄呢？这些因素都应该在编写短视频的脚本时确定下来。

（4）使用的背景音乐。背景音乐是短视频内容的重要组成部分，如果背景音乐用得好，甚至可以成为短视频内容的点睛之笔。因此，运营者在编写脚本时，将脚本确定下来，选用适合短视频的背景音乐。

### 2. 确定主题

确定主题是短视频脚本创作的第一步，也是关键性的一步。因为只有主题确定了，短视频运营者才能围绕主题策划脚本内容，并在此基础上将符合主题的重点内容有针对性地展示给核心用户。

### 3. 构建框架

主题确定之后，接下来需要做的是构建起一个相对完整的脚本框架。例如，可以从什么人、在什么时间和地点做了什么事？造成了什么影响？据此勾勒出短视频的大体内容框架。

### 4. 完善细节

内容框架构建完成后，短视频运营者还需要在脚本中对一些重点的内容细节进行完善，让整个脚本内容更加的具体化。例如，从什么人的角度来说，短视频运营者在脚本编写的过程中，可以对短视频中将要出镜人员的穿着、性格特征和特色语言进行策划，让人物形象更加饱满和立体化。

### 10.4.2 人物和场景的详细设定

剧情策划是脚本编写过程中需要重点把握的内容。在策划剧情的过程中，短视频运营者需要从两个方面做好详细的设定，即人物设定和场景设定，具体内容如下。

#### 1．人物设定

人物设定的关键就在于通过人物的台词、情绪的变化和性格的塑造等来构建一个立体化的形象，让用户看完短视频之后，就对短视频中的相关人物留下深刻的印象。除此之外，成功的人物设定，还能让短视频用户通过人物的表现、对人物面临的相关情况更加地感同身受。

#### 2．场景设定

场景的设定不仅能够对短视频内容起到渲染作用，还能让短视频的画面更有美感，更能吸引用户的关注。短视频运营者在编写脚本时，可以根据短视频主题的需求，对场景进行具体的设定。例如，运营者要制作宣传厨具的短视频，便可以在编写脚本时，把场景设定在一个厨房中。

### 10.4.3 撰写短视频旁白和台词

在短视频中，人物对话主要包括短视频的旁白和人物的台词。短视频中人物的对话，不仅能够对剧情起到推动作用，还能显示出人物的性格特征。

短视频运营者在编写脚本时需要对人物对话多一分重视，一定要结合人物的形象设计对话。有时候为了让短视频用户对视频中的人物留下深刻的印象，短视频运营者可以为人物设计特色的口头禅。旁白和台词是脚本内容的重要组成部分。提高旁白和台词写作能力的技巧主要有以下几个。

#### 1．台词念出来

写完剧本之后，第一件事就是要大声的念出来，也可以让旁人帮助朗读剧本。这样做的目的，是基于耳朵的灵敏度比眼睛的高，能更容易发现问题所在。听的时候发现有难理解的地方也可以及时修改。

#### 2．拒绝演讲稿

演讲稿式的对白台词，会让短视频的故事节奏彻底被打乱，即使成片放映时也会让看到的用户感到极其不自然，很容易出戏，没有人愿意看大篇幅的演讲报告。

#### 3．注意角色姓名

在谈话中，没有人会无缘无故的提到对方名字，尤其是只有两个人对话的时候。除非是有特别的目的，比如警告的情况下。否则一般情况，姓名要被省略。

4．注意台词词性

短视频运营者在创作脚本时最好不用副词，减少语气的提示用语（如愤怒地、高兴地、伤心地）。因为如果对话写的好，副词就是多余的，还占用用户宝贵地空间。

5．别过分“接地气”

写作时千万不要太过的追求“接地气”，要尽量使用书面语撰写方言。很多新人认为，写家乡话是非常潮流的，可结果往往不尽人意。

6．注意角色特点

将同一角色带有口音的对话都标出来，对每一个角色都应采用这个方法。长时间写作一个脚本的时候，撰写者很容易忘记角色之前的口音，最后的结果就是在短视频开头中都是同一种口音。

7．果断删减

对于推动不了剧情发展和解决剧中人物矛盾的谈话，可以果断的删除掉。写剧本的人要注意，这种对话在剧本中没有任何意义，不用出现在剧本之中。要保证剧本的内容简洁、主题突出，减少一些没必要的对话。

### 10.4.4　短视频分镜头脚本策划

脚本分镜就是在编写脚本时将短视频内容分割为一个个具体的镜头，并针对具体的镜头策划内容。通常，脚本分镜主要包括分镜头的拍法（景别和运镜方式）、镜头的时长、镜头的画面内容、旁白和背景音乐等。

脚本分镜实际上就是将短视频分为一个个具体可实行的小项目（即一个个分镜头）。因此，运营者在策划分镜头内容时，不仅要将镜头内容具体化，还要考虑到分镜头拍摄的可操作性。

### 10.4.5　短视频脚本内容可以这么写

短视频运营者要想让短视频吸引用户的目光，就要知道用户想的是什么，只有抓住用户的心理，才能增加短视频的浏览量。以下主要介绍短视频用户的四种心理，帮助读者通过满足用户的特定需求提高短视频的吸引力。

1．抓用户的爱美之心

短视频运营前，一定要对爆款产品时刻保持敏锐的嗅觉，及时地去研究、分析、总结成功背后的原因。不要一味地认为成功的人都是运气好，而要思考和总结是如何成功的。多积累成功的经验，站在“巨人的肩膀”上运营，才能看得更高、更远，才能更容易超越他们。短视频展示美可以从萌娃、萌宠、美食美景和优秀才艺展示方面分析，具体内容如下。

（1）萌娃展示。萌娃是深受快手和抖音用户喜爱的。萌娃本身看着就很可爱了，而且他们的一些行为举动也让人觉得非常有趣。所以与萌娃相关的短视频，就很容易的就能吸引用户的关注。

（2）萌宠展示。许多人之所以养宠物，就是觉得宠物很萌。如果把宠物日常生活中惹人怜爱、憨态可掬的一面通过视频展现出来，就能吸引许多喜欢萌宠的用户前来观看。也正是因为如此，短视频平台上兴起了一大批萌宠内容。例如，某萌宠短视频账号内容就是以记录宠物生活中的趣事为主，因萌宠的可爱有趣，让其粉丝数增长迅猛。如图 10-9 所示为某萌宠短视频账号发布的短视频。

图 10-9　某萌宠短视频账号发布的短视频

短视频平台中萌宠类运营者很多，如果要想从中脱颖而出，得重点掌握一些短视频策划的技巧，具体分析如图 10-10 所示。

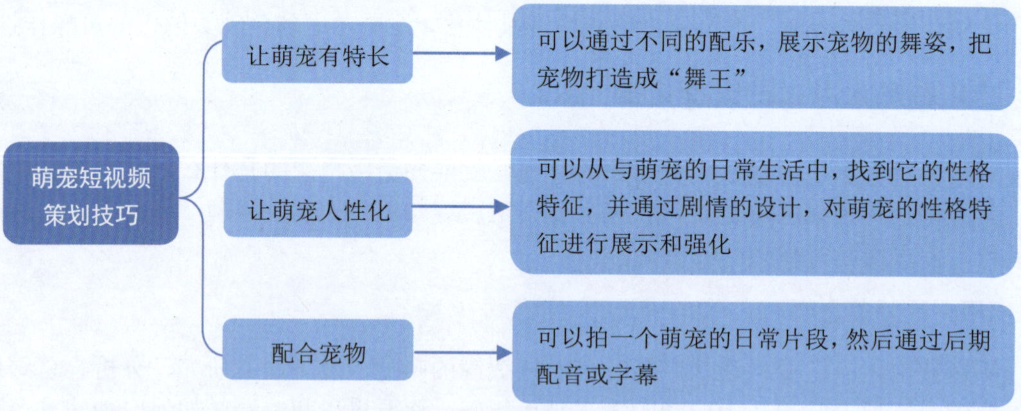


图 10-10　萌宠短视频策划技巧

（3）美食美景分享。关于“美”的话题，从古至今，有众多与之相关的成语，如沉鱼落雁、闭月羞花、倾国倾城等，除了表示其漂亮外，还附加了一些漂亮所引发的效果在内。

这里的“美”并不仅仅是指人，它还包括美食、美景等。运营者可以通过在短视频中将美食和美景进行展示，让短视频用户共同欣赏。

“吃、穿、住、用、行”是人的五大需求，而吃是五大需求的首位，显而易见吃对人的重要性，所以美食对短视频用户也会有很大的吸引力。

短视频运营者可以通过美食自身的美，再加上高深的摄影技术，如精妙的画面布局、构图和特效等，打造一个高质量的短视频，如图 10-11 所示。

图 10-11　某美食的短视频

美景本身就有其美的优势，独特的自然景观或者是风土人情，很多摄影爱好者也都喜欢去抓拍美景，如图 10-12 所示。

图 10-12　某美景的短视频

短视频运营者可以把城市中每个具有代表性的风景、建筑和工艺品高度地提炼出来，配以特定的音乐、滤镜、特效和地址设置，打造出专属于这座城市的短视频，为城市宣传找到新的突破口。

短视频用户通过宣传城市的视频，能更加了解到该城市的美景和文化。这让很多看过短视频的用户对这座城市产生兴趣，并愿意亲自前往进行感受。短视频的发展为许多城市带来了发展机遇，已经有城市开始借助短视频打造属于自己的 IP。

（4）优秀才艺展现。才艺包含的范围很广，除了常见的唱歌、跳舞之外，还包括摄影、绘画、书法、演奏、相声、脱口秀等。只要视频中展示的才艺足够独特，并且能够让用户觉得赏心悦目，那么，短视频很容易就能上热门，如图 10-13 所示。

图 10-13　短视频中优秀才艺的展现

才艺展示是塑造个人 IP 的一种重要方式。而 IP 的塑造，又可以吸引大量精准的粉丝，为 IP 的变现提供良好的前景。因此，许多拥有个人才艺的短视频运营者都会注重通过才艺的展示来打造个人 IP。

## 2．感受用户同理心

在当今社会里，人们都为了自己的生活在而努力奋斗着，漂流在异乡。生活中、工作上遇见的糟心事也无处诉说。渐渐地，很多人养成了从短视频中寻求关注和安慰。

短视频是一个能包含很多内容的载体，有其自身特点。因为短视频里面所包含的情绪是普遍情况，所以用户在遇到有心灵情感上的问题时，也更愿意去刷短视频来舒缓压力或情绪。

在短视频策划的时候，可多用一些能够温暖人心、给人关注与关怀的内容。短视频运营者可以通过感动用户，也就是对用户进行心灵情感上的疏导或排解，从而达到短视频与用户产生共鸣的效果。可以通过以下两个方面引导用户的同理心。

（1）好人好事。好人好事包含的范围很广，它既可以是见义勇为，为他人伸张正义；也可以是拾金不昧，主动将财物交还给失主；还可以是看望孤寡老人，慰问环卫工人。如图 10-14 所示为通过短视频展示好人好事。

图 10-14　通过短视频展示好人好事

用户对某个事件很感动，往往是在这个事件身上看到了世界上美好的一面，或者是看到了自己的影子。人的情绪很复杂，喜、怒、哀、乐是人最基本的情绪，也是最容易被调动的情绪。

生活中处处充满美好，缺少的只是发现美的眼睛，用心记录生活，生活也会时时回馈惊喜。有时候短视频运营者可以仔细去观察这个世界，会发现一些平时不曾发现的美好。

当用户看见传递温暖、含有关怀意蕴的短视频时，自身也会产生一种被温暖、被照顾、被关心的感觉。会从那些做好人好事的人身上看到善意，感觉到这个社会的温度，所以短视频很容易触及到用户柔软的内心。

（2）优良品质。优良品质的类型有很多，例如，拼搏精神，当用户看到短视频中那些努力拼搏的身影时，会感受到满满的正能量。这会让用户在深受感染之余，从内心产生一种认同感。

一个成功的短视频策划，需要做到能满足用户的同理心理需求，打动用户，引起用户的共鸣。只要短视频的策划是从人的内心情感或是从内心情绪上出发，那么制作出的短视频就很容易调动用户的同理心，从而激发用户查看短视频内容的兴趣。

### 3．排解用户消遣心

现如今，大部分人有事没事都会掏出手机看看，刷刷短视频，逛逛淘宝，浏览微信朋友圈，以满足自己的消遣心理。以传播搞笑、幽默内容为目的的短视频会比较容易满足短视频用户的消遣心理需求，所以笑点十足的短视频内容，很容易就能得到大量用户的点赞。

### 4．念用户怀旧心

人们对于以往的岁月都会去追忆一下。童年的一个玩具娃娃、吃过的食品，看见了都会忍不住感叹一下。

人们喜欢怀旧是有原因的，小时候无忧无虑、天真快乐。而长大之后就会面临各种各样的问题，也要面对许许多多复杂的人，每当人们遇到一些糟心的事情的时候，就会想起小时候的简单纯粹。

喜欢怀旧还有另外一个原因，那就是怀念那段逝去的美好时光。“时光一去不复返”，对于已经过去了的时光，人们都显得格外的想念，所以也就开始怀旧了。几乎所有的人怀旧的对象都是自己小的时候，小时候的朋友、亲人等都很想念，这也导致了“怀旧风”的袭来。

而很多短视频运营者也看到了这一方面，制作了许多“怀旧”的短视频。不管是对短视频运营者，还是对于广大的用户来说，这些怀旧的短视频都是一个很好的追寻过去的媒介。而且能满足用户怀旧心理需求的短视频内容，通常都会展示一些有关于童年的回忆，比如展示童年看过的动画片。

如图 10-15 所示为满足用户追忆心理的短视频案例，其内容使用过去的事或物来引发用户内心“过去的回忆”。越是在怀旧的时候，人们越是想要看看过去的事物，短视频运营者也是抓住了用户的这一心理，进而吸引用户查看短视频内容。

图 10-15　满足用户追忆心理的短视频案例

人们对于那些追忆过往的短视频会禁不住想要点开看一眼，看看能不能找到自己童年的影子。所以短视频运营者可以制作能引起用户追忆往昔情怀的短视频内容，满足用户的怀旧心理需求。

5．教用户学习心

用户平时在刷短视频内容时，一部分人并不是没有目的性，他们在刷短视频的时候往往会通过浏览这些内容学到一些有价值的东西，扩充自己的知识面，增加自己的技能。所以，短视频运营者在制作短视频的时候，就可以将这一因素考虑进去，让自己的短视频内容给用户一种能够满足学习心理需求的感觉。

# 10.5　短视频评论区的文案设计

回复评论是短视频运营者日常工作中的一项重点内容。如果短视频运营者积极的做好回复，便可以与用户进行良好的沟通交流，营造短视频评论区的热议氛围。此外，评论不只是一种互动形式，还是被动吸粉，获得精准粉丝的一种有效手段。

## 10.5.1　善于使用评论引流

在各大短视频平台中，评论引流都是一种比较直接有效的引流方式。只要短视频运营者评论引流做得好，那么就能借助流量为短视频和短视频账号添彩。

1．选择同领域大号

在评论短视频时，选择的评论对象很关键。其中一种比较有效的方式就是选择同领域的大号的短视频进行评论。以美妆类短视频运营者为例，在选择评论对象时，可以通过搜索“摄影”，查看相关的短视频账号，如图 10-16 所示。

图 10-16　搜索“摄影”查看相关的短视频账号

通常，搜索结果中排在前面的都是一些粉丝量比较多的短视频账号，这一点从图 10-20 可以看出。也正是因为这些账号的粉丝比较多，所以发布的短视频的流量通常也比较大。这样一来，短视频的评论自然就会被更多用户看到了，而引流的效果也会更好一些。

### 2．选择点赞多的视频

通常，在评论内容相同的情况下，接收到评论内容的用户越多，评论内容能吸引到的流量就会越多。因此，在选择评论对象的时候，短视频运营者要尽可能的选择流量多的短视频。

选择有流量的短视频的方法有两种：一种是选择同领域大号中点赞量比较高的短视频；另一种是通过搜索视频，选择点赞多的视频进行评论。

通过搜索视频选择点赞多的短视频，就是通过关键词搜索视频，然后从搜索结果中选择点赞数量较多的短视频。例如，在抖音短视频平台中，搜索与“美食”相关的短视频，便可以看到搜索结果界面，且界面中会显示每个短视频的点赞数，如图 10-17 所示。

在从搜索结果中选择评论的短视频时，可以优先选择排在搜索结果前面的短视频。这主要是因为排在搜索结果前面的短视频，点赞量通常都比较多，而且其发布时间也相对较短，所以这种短视频会比一般的短视频更容易获得用户的关注。

如图 10-18 所示为在短视频平台中搜索“美食”显示的第一个短视频，可以看到这个短视频是在 10 月份左右发布的，其点赞量已超过了 120 万。毫无疑问，这条短视频吸引的流量是十分巨大的，在这条短视频中进行评论，能够吸引到的流量可能也是比较可观的。

图 10-17　搜索“美食”的相关短视频

图 10-18　搜索“美食”显示的第一个短视频

### 3．第一时间去评论

许多事情都是有时效性的，其实评论也是如此。如果当他人的短视频内容发布出来之后，第一时间就进行评论，那么就会有更多查看该短视频评论的用户看到评论。通常，越早评论短视频，评论的引流效果就越好。

对于大多数短视频运营者来说，要在某一条短视频刚发布出来就进行评论可能是不太现实的。但是短视频运营者还是可以通过一定的方式，选择最近发布的短视频进行评论。

短视频运营者可以根据短视频已发布的时间来选择评论的短视频。可以优先选择发布时间比较短的短视频，比如发布时间还不到一天，但点赞已过万的短视频；也可以选择发布了几天，但点赞过万的短视频。

### 4．评论内容观点独到

越热门的短视频内容，评论的数量就会越多，而评论要想从中脱颖而出也会更难。在进行评论时需要在内容上下一些功夫，如果评论内容观点独到，那么自然就会快速吸引许多用户的关注，而评论获得的引流效果也会更好。比如，某短视频中展示了将物体从造型奇特的回形针中取出来的过程，并配文字说："这个怎么取出来的，你看懂了吗？"看完这个短视频之后，一个用户从自己小孩的破坏力的角度进行了评论，并表示孩子要把这个物体取出来很容易。看到这个评论之后，许多用户在会心一笑的同时，也因其独到的观点而进行了点赞。在这种情况下，这条评论自然能为短视频账号起到不错的引流作用。

### 5．多账号评论广撒网

如果短视频运营者拥有多个短视频账号，那么可以充分利用这些账号进行评论，通过广撒网的方式，提高评论内容的整体传播面，从而让更多用户看到短视频内容的同时，增加评论的整体引流效果。通过多个账号进行广撒网的形式来增强引流效果的，这种做法不仅会增强整体的引流效果，而且因为是在给同一个短视频进行评论，还可以起到优化短视频数据、提高短视频热度的作用。

### 6．与粉丝的评论互动

短视频运营者与粉丝进行评论互动是提高短视频热度、增强粉丝黏性的一种有效手段。虽然粉丝评论短视频时不会要求短视频运营者回复评论，但如果一个短视频的评论量有很多，但是在评论区却看不到短视频运营者的身影，粉丝可能就会觉得短视频运营者对粉丝的反馈不够重视。这种情况下，很可能会出现粉丝快速流失的现象。

如果短视频账号的粉丝量比较多，或者短视频的评论量比较多，可以选择其中比较具有代表性的评论进行回复。如果短视频运营者连回复的时间也没有，还可以对精彩的评论进行点赞，要让粉丝明白你看了他们的评论。另外，如果短视频运营者给短视频进行点赞，那么，评论的下方会显示"作者赞过"。其他用户看到评论区出现"作者赞过"的字样之后，就会明白短视频运营者看了评论区。

如图 10-19 所示为某视频没有回复粉丝的评论界面。该短视频的评论已经超过了四万条，但是短视频运营者却连一条回复也没有。可以说，这位短视频运营者在与粉丝互动方面就做得不够好。如图 10-20 所示为某短视频通过点赞评论互动界面，可以看到该短视频的撰写者直接在前排粉丝前，用文字回复和点赞评论，与粉丝进行了互动。

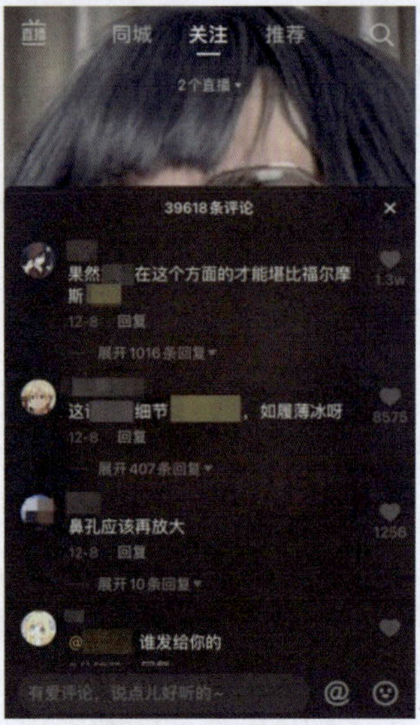


图 10-19　某短视频没有回复粉丝的评论界面

图 10-20　某短视频通过点赞评论互动界面

## 10.5.2　编写有趣的“神评论”

大多数经常刷短视频的用户都会习惯性的去查看短视频的评论，这主要是因为有时候评论比短视频内容还要有趣。在这种情况下，如果短视频运营者写出了有意思的“神评论”，就能快速吸引大量用户的目光，为自己的短视频账号及短视频带来可观的流量。

### 1．利用热点吸引用户眼球

热点之所以能成为热点，主要就是因为它本身就带有一定的热度。因此，短视频运营者如果围绕热点进行评论，就能快速吸引大量短视频用户的眼球。

### 2．解决“痛点”满足用户需求

短视频运营者在对短视频进行评论时，可以先找到用户的“痛点”，通过满足用户某方面的需求，来吸引用户的关注。这一点对于自我评论和引导用户购买商品时，尤其重要。

### 3．利用痒点提高评论意愿

可能部分短视频运营者看到标题之后，对于“痒点”会有一些疑惑。“痒点”简单的理解就是让人看后觉得心里痒痒的，忍不住想要在视频下方进行评论。

有“痒点”的评论不仅可以快速吸引用户的关注，让评论的内容被更多用户看到，还可以通过用户回复评论，提高用户的参与度和短视频的热度。

### 4．搞笑展示语言风趣幽默

纵观短视频上的评论，许多被称为“神评论”的评论都带有搞笑的成分，或者说它能够戳中大部分用户的笑点，又或者它能够真实地反映出用户常遇到的问题（这种“神评论”下都会有用户回复“真实”二字）。这主要是因为幽默风趣的语言可以给人带来快乐，而快乐又是没有人会拒绝的。所以，当看到非常搞笑的评论时，大多数短视频用户都会主动点赞。而随着点赞数量的快速增加，一条看似普通的评论也就成为了“神评论”。

#### 5．利用能力展示自身才气

一条短视频评论要想快速吸引用户的目光，就必须带有一定的亮点。这个亮点包含的范围很广，既可以是迎合了热点，击中了痛点，提供痒点，也可以是表达幽默风趣，还可以是充满了才气。

才气就是让用户看完后，觉得短视频评论是有一定文化底蕴在里面的。在短视频评论中显示才气的方法有很多，可以引出经典语录进行论述，也可以直接通过诗文展示自身的才华。

### 10.5.3　评论量决定短视频价值

短视频的评论量能够从一定程度上体现出短视频的价值。通常，评论量越多的短视频，获得的流量就越多，其流量价值也就越高。

如图 10-21 所示分别为评论数多的短视频评论（左）与评论数少的短视频评论（右）评论界面。因为评论量的差距很明显，用户看到了评论数多的短视频也会忍不住点进去进行评论。

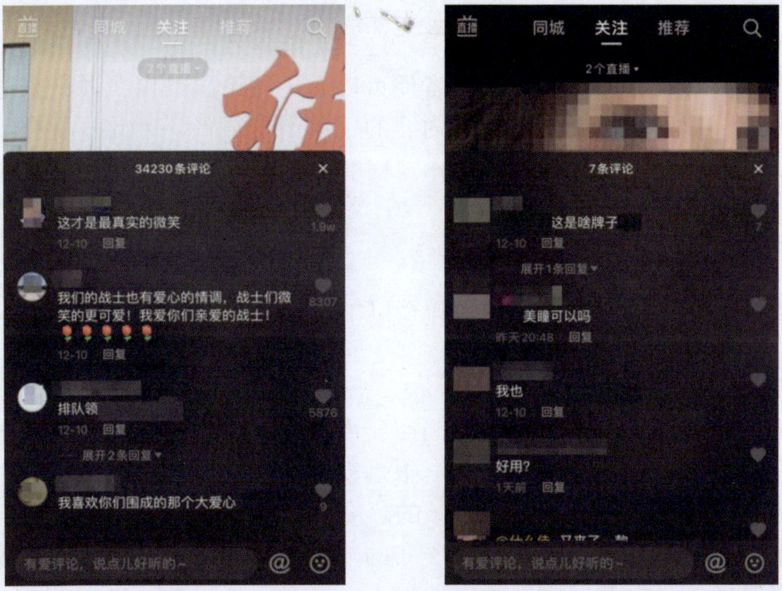


图 10-21　评论数多的短视频评论（左）与评论数少的短视频评论（右）评论界面

也正是因为短视频评论量能够体现出短视频的流量价值，所以许多用户在看到短视频的评论量比较少时，可能会觉得短视频的质量一般，并因此直接选择略过。而品牌方在找短视频运营者合作时，如果看到短视频运营者的短视频评论量太少，则会因为短视频运营者的影响力有限而选择放弃合作。

因此，短视频运营者一定要积极运营好短视频评论区，通过各种手段提高短视频的评论量，让用户和品牌方更好地看到账号价值。

### 10.5.4 完善短视频的相关内容

一个短视频长则几分钟、十几分钟，短则几秒钟、十几秒钟。在这有限的时间内，能够呈现的内容也是比较有限的，而且有的内容（如网页的链接）也不方便直接用短视频进行呈现。在这种情况下，短视频运营者便可以借助短视频评论区来辅助完善短视频的相关内容。

短视频评论区的运营就是对短视频内容进行二次处理的一种有效手段。通过在短视频评论区的辅助说明，可以完善内容，让短视频运营者的营销意图得到更好地体现；也可以对短视频中表达有误的地方进行补充说明，及时纠正自身的错误。

### 10.5.5 挖掘全新短视频选题

短视频的选题非常重要，如果短视频选题用户不太感兴趣，那么根据选题打造的短视频就无法吸引用户观看，各项数据就上不去。挖掘短视频的新选题的方法有很多，短视频运营者可以自主进行挖掘；也可以通过用户的反馈进行挖掘。而查看用户对短视频内容的评论，就是通过用户的反馈，挖掘新选题的一种有效方式。

### 10.5.6 在评论区进行自我评论

短视频文案中能够呈现的内容相对有限，这就可能导致一种情况的出现，那就是有的内容需要进行一些补充。此时，短视频运营者便可以通过评论区的自我评论来进一步表达。另外，在短视频刚发布时，可能看到短视频内容的用户不是很多，因此短视频下方也不会有太多评论。此时如果进行自我评论，也能从一定程度上起到吸引用户参与评论的作用。

### 10.5.7 评论的文案禁区

短视频运营者在进行短视频评论时应注意以下事项。

#### 1．第一时间回复评论

短视频运营者应该尽可能的在第一时间回复用户的评论，这主要有两个方面的好处：一是，快速回复能够让用户感觉到对他（她）很重视，这样自然能增加用户对账号的好感；二是，回复评论能够从一定程度上增加短视频的热度，让更多用户看到短视频。

做到第一时间回复评论就是在短视频发布的一段时间内，及时查看短视频用户的评论。一旦发现有新的评论，便在第一时间做出回复。

#### 2．不要重复回复评论

对于相似的问题，或者同一个问题，短视频运营者最好不要重复进行回复。主要原因有：一是，很多短视频运营者的回复或多或少会有一些营销的痕迹，如果重复回复，那么整个评价界面便会看到很多有广告痕迹的内容，而这些内容往往会让用户产生反感情绪；二是，点赞相对较高的问题会排到评论区靠前的位置，短视频运营者只需在点赞较高的问题进行回复，其他有相似问题的用户自然就能看到。此外，还能减少评论的回复工作量，节省大量的时间。

3．注意规避敏感词汇

对于敏感的问题和敏感的词汇，短视频运营者在回复评论时一定要尽可能地进行规避。

### 10.5.8　维护好评论区

维护好活跃的短视频评论区主要可以起到两个方面的作用，一是增加与用户的沟通，做好用户的维护，从而更好的吸引用户关注账号；二是随着评论数量的增加，短视频的热度也将随之增加。这样短视频将获得更多的流量，而短视频的营销效果也会更好。

1．短视频的内容能够引起用户讨论

许多用户之所以会对短视频进行评论，主要就是因为他（她）对于短视频中的相关内容有话要说。针对这一点，短视频运营者可以在打造短视频时，尽可能地选择一些能够引起用户讨论的内容。这样做出来的短视频自然会有用户感兴趣的点，从而他们参与评论的积极性也会更高一些。

2．设置互动话题引导用户主动评论

在短视频平台中，有一部分人在刷短视频时会觉得打字有些麻烦。除非是看到了自己感兴趣的话题，否则他们可能没有心情，也没有时间对短视频进行评论。为了更好地吸引这部分用户积极主动地进行评论，可以在短视频中设置一些用户都比较感兴趣的互动话题。

3．通过提问方式吸引用户回答问题

相比于陈述句，疑问句通常更容易获得回应。这主要是因为陈述句只是一种陈述，其中并没有参与环节。而疑问句则是把问题抛给了用户，这实际上是提醒用户参与互动。因此，在短视频文案中通过提问的方式进行表达，可以吸引更多用户回答问题，从而直接提高评论的量和评论区的活跃度。

4．采用场景化的回复吸引用户的目光

场景化的回复，简单的理解就是结合具体场景做出的回复，或者能够通过回复内容想到具体场景的回复。例如，在通过回复向用户介绍某种电饭煲时，如果把该厨具在什么环境下使用、使用的具体步骤和使用后的效果等内容进行说明，那么回复内容便变得场景化了。

相比于一般的回复，场景化的评论在用户心中建起了一个具体的场景。当用户看到回复时，更能清楚地把握产品的具体使用效果。而大多数用户对于产品在具体场景中的使用又是比较在意的，因此场景化的回复往往更能吸引用户的目光，并能迅速获得关注。

5．短视频内容引发共鸣

做内容的运营者必须懂得一个道理，那就是每种内容能够吸引到的用户是不同的。如果短视频运营者做的是专业的、市场关注度不高的内容，那么做出来的短视频，看的用户会很少，而对短视频进行评论的人就更少了。相反地，如果短视频运营者做的是用户普遍关注的，并且是参与度高的内容，那么那些有共鸣的用户，自然而然地就会对短视频进行评论。

如图 10-22 所示为某短视频的播放界面和评论区。在该短视频中，短视频运营者对自己的减肥经历进行了分享和展示。因为减肥是普遍关注的一个话题，而且许多用户也有减肥的计划，或者正在减肥。因此，该短视频发布之后，很快就引发了许多用户的共鸣，评论量也在短期内实现了快速增长。

图 10-22 某减肥短视频播放界面和评论区

## 10.5.9 回复的评论禁区

在短视频评论区运营过程中，回复用户的评论很重要。

**1．积极回复，获取好感**

当用户对短视频进行评论时，短视频运营者一定要积极回复。这不仅是态度问题，还是获取用户好感的一种有效手段。

**2．认真回应，用户观点**

在对短视频评论进行回复时，既要注意“量（回复的数量）”，也要注意“质（回复的质量）”。高质量的回复应该是建立在认真回复用户观点的基础上。如果短视频运营者的回复与用户的评论风马牛不相及，用户就会觉得运营者的评论回复只是在敷衍他（她）。因此，对于这种没有质量的回复，大部分用户通常是反感的。

要保证回复内容的质量也很简单。其中一种比较有效的方法就是针对用户评论中的重点内容进行评论。

### 3．寻找话题，继续讨论

用户对于自己感兴趣的话题，会更有表达观点的意愿。但是，有时候短视频传达的话题用户可能并不是感兴趣。此时，短视频运营者便可以通过评论区寻找话题，让更多用户参与到话题中，从而让用户的评论能够继续下去。

在评论区寻找话题的方法有两种：一种是短视频运营者主动创造话题。如图 10-23 所示，这两个短视频运营者都是自己主动为用户创造新话题。

图 10-23　主动创造新话题

另一种是通过用户的评论挖掘新话题。当用户对某个话题普遍比较感兴趣时，短视频运营者便可以将该话题拿出来，或者将包含该话题的评论置顶，让所有用户对该话题进行讨论。

### 4．语言风趣，吸引点赞

语言的表达是有技巧的，同样的意思因为表达方式的不同，最终产生的效果也不同。通常，风趣的语言表达会比毫无趣味的表达更能吸引用户的目光，也更能获得用户的点赞。

因此，在回复用户的评论时，短视频运营者可以尽量让自己的表达更加风趣一些，通过风趣的表达来获得用户的点赞。

### 5．提出问题，活跃气氛

在短视频文案中可以通过提问的方式来吸引用户回答问题，从而增加用户的评论意愿。提问增加用户的评论意愿这一点不只可以用于短视频文案，在评论区文案的编写中同样也是适用的。相比于在短视频文案中提问，在评论区提问有时候获得的效果还要更好一些。这主要是因为用户如果需要查看评论，或对短视频进行评论，就需要进入短视频的评论区。短视频运营者的评论和回复内容又带有“撰写者”的标志，所以用户一眼就能看到短视频运营者的重要评论和回复内容。

因此，短视频运营者如果在短视频评论区提问，那么提问内容会被大部分，甚至是所有看评论的用户看到。在这种情况下，如果有用户对提问的内容感兴趣，就会积极回答。这样一来，短视频评论区的活跃度便得到了提高，而评论区的气氛也会变得更加活跃了。

**6．重视细节，转化粉丝**

“细节决定成败！”如果在短视频账号的运营过程中对细节不够重视，那么用户就会觉得短视频运营者在账号运营的过程中，显得有些敷衍。在这种情况下，短视频账号的粉丝很可能会出现快速的流失。相反的，如果短视频运营者对细节足够重视，用户就会觉得你是在用心运营。而用户在感受到你的用心之后，也会更愿意成为你的粉丝。

**7．做好检查，减少错误**

短视频运营者在回复用户的评论时，要做好回复内容的检查工作，避免回复内容的错误。这一点很重要，因为如果短视频运营者的回复中出现了错误，短视频用户就会觉得短视频运营者在回复评论时敷衍。

短视频运营者在检查回复内容时，重点做好两项检查：一是文字检查；二是排版检查。

## 本章小结

本章首先介绍了短视频文案的编写技巧、短视频的基本知识及要求、短视频文案的表达和策划；然后介绍了短视频文案的内容设计和脚本撰写；最后介绍了短视频评论区文案设计的众多技巧。

## 本章习题

1．短视频文案的表达要注意哪些问题？

2．应该如何对短视频文案进行策划？

# 第 11 章 直播带货的文案策划

本章导读

对于主播，不仅仅只有文案内容很重要，直播的营销与推广、活动的策划与执行也是非常重要的。如果只是敷衍了事，那么就很难获得用户的持续关注。本章主要介绍直播带货的文案策划、直播文案的封面策划，以及宣传文案的两种类型等，主要帮助读者熟悉直播流程，掌握直播文案运营技巧。

本章重点

- 直播带货的文案流程
- 直播文案的封面策划
- 宣传文案的两种类型
- 直播文案的编写技巧

直播流程文案策划：120分钟直播流程设计（循环型）

| 时间安排 | 直播内容 | 主播安排 |
|---|---|---|
| 15:00-15:10 | 热场互动 | 张三三 |
| 15:10-15:40 | 主打3款 | 张三三（主）+李四四（助） |
| 15:40-15:50 | 宠粉1款 | 张三三（主）+李四四（助） |
| 15:50-16:20 | 主打3款（第一次循环） | 张三三（主）+李四四（助） |
| 16:20-16:30 | 宠粉1款（第一次循环） | 李四四（主）+张三三（助） |
| 16:30-17:00 | 主打3款（第一次循环） | 李四四（主）+张三三（助） |
| 17:00-17:10 | 宠粉1款（第一次循环） | 李四四（主）+张三三（助） |

# 11.1　直播带货的文案流程

在进行直播推广之前，主播要做好文案的策划，这样才能按部就班、循序渐进地执行直播的宣传推广工作。本节主要讲述直播的前期准备工作、直播过程流程策划等来提升主播的带货水准。

## 11.1.1　做好直播前期的准备工作

准备直播时，先做好直播前的准备工作，这样直播时才能稳步进行，不会显得毫无头绪。

**1．直播的目的定位**

直播前期文案策划首先要具备的第一个要素，就是确定好直播的目的。例如，策划文案的目的可以是通过直播完成产品销售的业绩或者宣传产品的品牌口碑等。只有明确营销目的是什么，直播工作人员才能更好地开展后续工作。

确定好了目的，就要选好直播的主题，一个引人瞩目的主题是“高流量直播间”不可或缺的。因此，确立直播主题，找准直播定位是直播运营中最关键的一个步骤。

例如，如果主播想要提高产品的销售量，就将直播主题指向卖货的方向，吸引用户立即购买；如果主播的目的是通过直播提升主播知名度和品牌影响力，那么直播的主题就要策划得宽泛一些，最重要的是要具有深远的意义。如图 11-1 所示为某服装品牌直播流程概述。该主题就是利用天猫“双十一”活动，提高产品销量。

**直播流程概述**

| 时间安排 | 直播内容 |
|---|---|
| 时间 | 15:00-18:10 |
| 地点 | 白马大厦 |
| 商品数量 | 40 |
| 主题 | 双十一狂欢 抢新品礼盒 |
| 大纲 | 主打3款（第一次循环） |

图 11-1　某服装品牌直播流程概述

对于持久性直播运营文案策划而言，其目的在于获得比较稳定的用户。所以这类型主播在策划直播主题时，应该从自身产品的特点出发，结合其他店的特点，在文案中突出自己的优势，或者直接在直播中给用户介绍一些实用的知识和技巧。这样一来，用户就会对店家产生好感，并成功成为店家的“铁杆粉丝”。

### 2. 选择直播的工具

俗话说："工欲善其事，必先利其器。"主播除了自身的才艺和特长基本要求外，还需要有各种硬件设备的支持，包括镜头的选择、灯光效果的调试、背景的设置等。

在直播文案策划中，常见的直播工具有两种：一种是用台式电脑或者笔记本直接进行直播；另一种就是利用手机进行直播。这两者直播的方式各有利弊。

（1）电脑。在直播刚刚兴起的时候，4G 刚刚普及，所采用的直播设备通常是台式电脑或笔记本。电脑配件的各部分参数如下。

①CPU 处理器。CPU 的性能对电脑的程序处理速度来说至关重要，CPU 的性能越高，电脑的运行速度也就越快，所以在 CPU 的选择上千万不能马虎。一般选择酷睿 I5 或 I7 的处理器比较好。

②运行内存条。在内存条的选择上和 CPU 一样，尽量选择容量大的内存条，因为运行内存的容量越大，电脑文件的运行速度也就相应的越快。电脑内存容量的选择不能低于 8 GB，如果预算充足，选择 8 GB 以上的内存条更佳。

③硬盘类型。常用的硬盘有两种类型，一种是机械硬盘；另一种是固态硬盘。下面是这两种硬盘各自的优缺点，如图 11-2 所示。

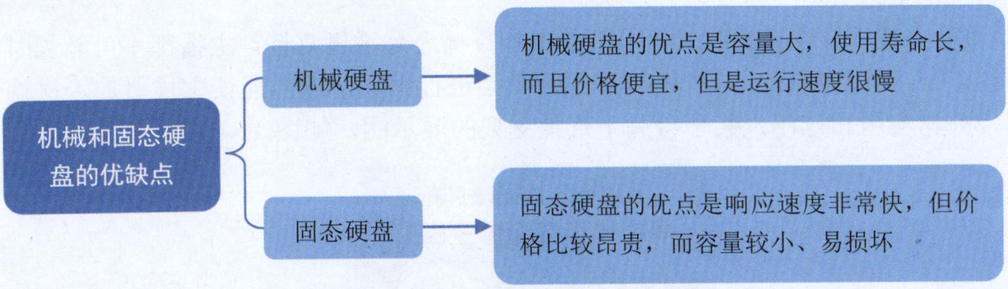


图 11-2　机械和固态硬盘的优缺点

随着科学技术的不断进步，固态硬盘的生产技术也越来越先进成熟，所以这也导致了固态硬盘的销售价格不断降低，容量单位也在不断扩大，也就不用担心购买固态硬盘的成本预算问题了。

④显卡。体现电脑性能的又一个关键配件就是显卡，显卡配置参数的高低会影响电脑的图形处理能力，特别是在运行大型游戏，以及专业的视频处理软件的时候，显卡的性能就显得尤为重要。

（2）手机。随着 5G 时代的到来，手机的网速也越来越快，这为手机直播的发展提供了必要的前提条件。如图 11-3 所示为移动通信技术的发展和变更。

| 2G | 3G | 4G | 5G |
| --- | --- | --- | --- |
| 短信 | 短信+互联网 | 短信+互联网+视频 | 短信+互联网+视频+智能家居 |

图 11-3　移动通信技术的发展和变更

手机直播适用于把直播当做一种生活娱乐方式的人或者刚入直播的新人。因为手机的功能毕竟没有电脑强大，有些专业的直播操作和功能在手机上是无法实现的，所以直播对手机配置的要求没有电脑那么高。

在做直播时，主播一般选择两台手机，一台用来进行摄像头直播；另一台用来观看用户评论和弹幕。

（3）摄像头。想要进行一场高质量的直播，单靠手机或者电脑的摄像头是远远不够的，而摄像头则是必不可少的设备。摄像头的功能参数直接决定了直播画面的清晰度，影响直播效果和用户的观看体验。摄像头选购因素主要有以下两个。

①摄像头的功能参数。摄像头的基本参数一般选择最大帧数、色彩位数和视场。每秒钟的帧率越高，画面越多，直播更流畅。高帧率可以获得更清晰更逼真的效果。色彩位数是指摄像头能记录的色调的数量。市场上的摄像头一般都能记录 2～24 种颜色，即 24 bit。位数越高，画面越细腻，色彩的动态范围更大。总之，参数越高，其所输出的视频分辨率也就越高，呈现的视频画质也就越清晰。

②摄像头的价格。购买任何东西都是要有预算的，这时产品的性价比显得尤为重要，因为谁都想花最少的钱体验更好的产品。用户可以根据自身的需求，参考摄像头的功能参数，选择适合自己的摄像头。

（4）直播支架。在直播的时候，不管是电脑直播还是手机直播，主播都不可能长时间用手拿着电容麦或手机。所以，这时候就需要用支架进行固定，这样能使主播更加轻松愉快地进行直播，非常实用和方便。某平台关于直播支架的展示图，如图 11-4 所示。

图 11-4　某平台关于直播支架的展示图

### 3．选择直播的平台

运营者准备好直播工具后，就可以入驻新媒体平台，成为一名主播。每个平台都有其各自的优势。下面主要介绍几个平台的历史、定位，以及直播运营策划。

（1）快手平台。快手是直播分享 APP，比较贴近现实生活。主要以社交为中心，整合快接单、快享计划、快手小店等内容和功能。

快手平台的直播与抖音平台不同，快手的流量划分会尽可能平均，采取“去中心化”的运作模式，这使得更多的普通用户得到了较好的曝光机会。同时，快手的流量部分掌握在主播的手中，这对主播来说具有很好的优势。

（2）抖音平台。抖音运营者发布的每一条内容，抖音审核员都可以看得到。抖音会根据直播的推荐基数，如累计观看人数、人均播放时长、点赞量、评论量、转发量、账号的资料完整度和认证情况等进行权重的计算。然后按照得分排序，决定审核的顺序。直播审核之后，会根据审核结果决定直播的推荐量。

成为一名主播，就必须掌握直播平台的文案策划。直播平台文案策划内容如图 11-5 所示。

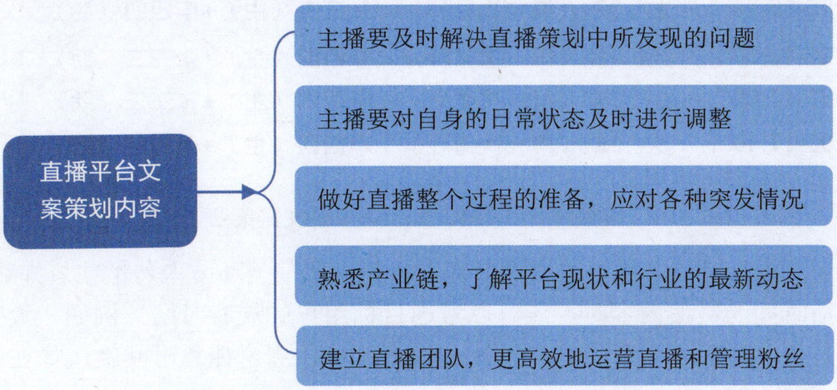


图 11-5　直播平台文案策划内容

#### 4．安排直播的人员

对于大型的直播活动来说，个人要想完成直播的整个过程是非常困难的。所以这时候就需要组建直播运营团队，安排人员来协助主播完成直播的各项工作，这样能集众人的力量把直播做的更好，同时也减轻主播的负担。

通常，直播人员的文案策划中最少需要三个角色参与，即直播运营的负责人、主播，以及主播助理。直播的运营负责人主要负责直播时的脚本、直播的目标、产品的选择和折扣的力度，还有直播数据的监控及分析。

在条件允许的情况下，一场直播策划可以搭配两个主播。这样两个人可以相互“出梗接梗”，相对一个人来说，两个人更自然。

直播间还可以配备一个助理，负责回答用户的提问，引导用户下单。提前对直播间做好灯光调试，直播时还会协助主播，做好营销配合，会不停地教导用户如何关注主播以及优惠券的领取等。

#### 5．确定直播的时间

在直播文案策划的过程中，要规划好营销的时间节点。时间节点包括两个部分：一个是，直播整体的时间节点，包括直播的开始时间和结束时间等；另一个是，直播营销每个步骤环节的时间节点。直播时间的策划有利于保证营销工作的按时进行，减少主观因素导致的工作延期。如图 11-6 所示为直播时间、内容，以及人员的文案策划。

直播流程文案策划：120分钟直播流程设计（循环型）

| 时间安排 | 直播内容 | 主播安排 |
| --- | --- | --- |
| 15:00-15:10 | 热场互动 | 张三三 |
| 15:10-15:40 | 主打3款 | 张三三（主）+李四四（助） |
| 15:40-15:50 | 宠粉1款 | 张三三（主）+李四四（助） |
| 15:50-16:20 | 主打3款（第一次循环） | 张三三（主）+李四四（助） |
| 16:20-16:30 | 宠粉1款（第一次循环） | 李四四（主）+张三三（助） |
| 16:30-17:00 | 主打3款（第一次循环） | 李四四（主）+张三三（助） |
| 17:00-17:10 | 宠粉1款（第一次循环） | 李四四（主）+张三三（助） |

图 11-6　直播时间、内容，以及人员的文案策划

明确时间规划，还有助于主播把控直播节奏，避免导致某一环节太匆忙或者拖沓。另外，运营者在策划直播时间的文案内容时，还可以考虑目标用户的观看时间。例如，大部分用户周一至周五白天是上班时间，运营者可以选择在晚上直播，周末休息时间就选择在下午进行直播。

## 11.1.2　直播过程的流程策划

做好前期的准备工作之后，接着就是如何在直播过程中策划。直播的过程可以说非常重要，所以要在每一个流程前都要进行精心设计，这样才能让主播直播时达到事半功倍的效果。

### 1．直播的开场介绍

直播开场设计主要包括以下五大要素。

（1）开场设计的要素。“好的开始是成功的一半”。直播的开场设计非常重要，直播开场给观众的第一印象，是决定观众是否继续留在直播间观看的关键。开场设计可以从以下几点着手，具体内容如下。

①激发兴趣。直播开场设计的第一要点就是要激发观众的兴趣，只有让观众对直播的内容感兴趣了，直播才有进行下去的意义。因此，主播可以利用幽默的语言和新奇的道具引起观众的兴趣。

②引导推荐。由于直播前期宣传和平台自身所带来的流量有限，所以在直播开始时，主播需要利用现有的观众数量为自己拉新，以增加观看的人数，提高直播间的人气。

③植入广告。营销是举办直播活动的目的之一，所以在直播开场时，主播可以从以下几个方面植入广告，渗透营销目的，如图 11-7 所示。

④场景带入。因为每个观众观看直播时所处的环境都不一样，所以主播要利用直播的开场让所有观众快速地融入直播的场景之中。

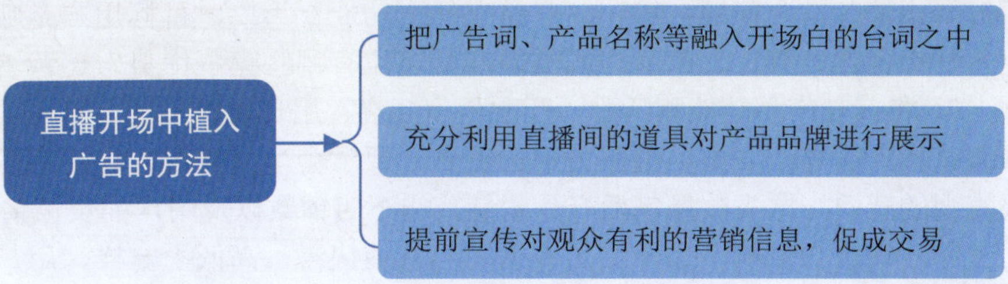


图 11-7　直播开场中植入广告的方法

⑤平台支持。各大直播平台都会对直播的资源位置进行设置和分配。利用直播的开场快速提升人气，积极引导互动，会有几率获得平台的推荐位置，从而获得更多的流量和曝光度。

（2）活动开场的形式。在直播活动策划中，一个好的开场能达到事半功倍的互动效果。常见的开场形式有五种：第一种，直接告诉观众直播的相关信息；第二种，在开场时提出问题，提供互动；第三种，用数据说服观众显得更专业；第四种，通过故事使观众进入直播场景；第五种，主播可以借助道具辅助开场。

### 2. 直播的福利介绍

福利是吸引观众观看直播的关键因素之一。主播可以通过赠送福利的方式，吸引观众的购买欲望，促使观众下单，提高直播间产品的销量。直播间赠送福利的方式有很多种，例如，发放新人红包、关注店铺领优惠券、满减优惠、整点抽奖等，如图 11-8 所示。

图 11-8　直播间的赠送红包活动

### 3. 直播的产品介绍

现今直播行业不仅仅是依靠流量变现，更多的还是观众购买产品带来的效益。那么，运营者如何进行产品介绍成了直播变现的重中之重。

产品介绍时要想清楚三个问题：第一，产品有什么功能？第二，目标用户是哪类人群？产品能解决用户什么问题？第三，产品与同类型产品相比有哪些竞争优势？运营者要善于挖掘用户的“痛点”，将其与产品功能相匹配，匹配程度越高，用户对产品的好感越强，购买率越高。为了增强直播产品介绍文案的说服力，运营者还要学会运用数据，简洁明了的数据可以带给用户最直观的感受。这类数据包括产品销量、线下店铺数以及用户的反馈情况等。

主播的语速和语调也会影响产品介绍的效果。声音的快慢、高低不一样，用户所能接收的信息量也不一样。通常，介绍产品重要信息时，语速要慢一点，语调要高一点。介绍次要信息时语速可以适当加快，语调轻一点，让用户有个大概的印象。

除此之外，主播在介绍产品时的肢体语言也是不可忽视的。试想一下，如果主播只是干巴巴地进行解说，毫无表情，用户会不会产生厌倦心理呢？主播不仅可以通过仪表、神态、动作等，将产品信息传达给用户，还能通过自身感染用户，让用户产生真诚可信的印象。从而进行产品的购买，因此主播可以将这些肢体语言也写到直播实施文案中去。

#### 4. 引导直播的用户

主播要懂得在适当的时候引导用户，根据自身的目的让用户为自己助力。所以主播可以根据不同的话术对用户进行引导。

#### 5. 与粉丝互动成交

如果粉丝喜欢某个账号发布的内容，就可能会关注该账号，方便以后查看该账号发布的内容。虽然关注只是粉丝表达对主播喜爱的一种方式，但是如果粉丝也得到了主播的关注，就会觉得自己得到了重视。在这种情况下，那些“互关”的粉丝就会持续关注直播，粉丝的黏性自然也就大大增强了。因此，互动方式也是直播实施文案中不可缺少的内容。

直播是一场关于人与人之间的互动交流，所以关键还是在于人。如果经常看直播就不难发现，那些人气火爆，粉丝众多的主播不一定拥有很高的颜值，但是她们普遍拥有较高的情商。非常善于与人沟通交流，不管认识的还是不认识的都能说上话，而且不管粉丝从什么时间段进入直播间，都能被主播精彩的内容所吸引。

对新人主播，直播最重要的就是学会和粉丝互动，让粉丝时刻感受到主播的热情和走心的服务。当粉丝需要有人倾诉时，就认真听他诉说并安慰他，尽量聊粉丝感兴趣的话题，和粉丝建立共同语言。

只有把粉丝当成真正的朋友来对待，然后主动去关心他们感兴趣的事物。这样才能让粉丝感受到主播的真诚，从而增进彼此之间的感情，增强粉丝对主播的信任、黏性以及忠实。

在虚拟的网络世界，主播要想维护和粉丝之间的感情，就得靠自己的真心和诚意。

### 11.1.3 直播收尾的文案策划

在直播竞争环境激烈的情况下，一个好的收尾不仅能让直播内容更富逻辑性，还能让观众回味无穷，进而持续关注主播。

直播收尾是对整场直播的升华，主播可对直播所有产品进行复盘，由点及面，由表及里，对直播进行总结，同时起提醒用户下单的作用，不放过任何一个促进销量的机会。收尾策划需要注意事项如下。

### 1．预告下期的计划

网络直播已经成为一种新的消费形式，各类型直播层出不穷，如何留住用户，增加直播观看人数，是值得每个运营者思考的问题。在直播过程中，已经在直播间的用户都是“潜在客户”，这些用户很有可能成为自己的“铁杆粉丝”。为了让他们持续关注直播间，主播在收尾时，可以表明下期直播时间、地点，以及爆款内容。如图 11-9 所示为某直播间预告直播流程概述。

××直播流程概述

| 时间安排 | 直播内容 |
| --- | --- |
| 时间 | 18:00-20:00 |
| 地点 | |
| 商品数量 | 40 |
| 主题 | 春日大上新 新品大抢购 |
| 预告文案 | 男神女神的春日时尚，相约3月14日等你来抢购 |

图 11-9　某直播间预告直播流程概述

主播在收尾时，一定要提前告知用户。例如：“主播还有半小时就要下播啦，还没有来得及购买的抓紧时间啦！明天同一时间不见不散，喜欢主播的可以点下关注哦！”

### 2．售后服务的介绍

任何一个行业的成长都会经历这样一个过程即出现问题、解决问题的过程。直播销售不同于线上线下店铺可以退换货，直播是销售的第三方媒介，搭起用户与商家之间的桥梁。运营者选择商品，帮助商家卖货，提高成交率。

主播在介绍售后服务时，可以向用户表示，当用户不满意直播产品时，可以直接向商家退换货，也可以由主播中间协调。这样可以加深用户对主播的好感，增加用户对主播的信任。

### 3．感谢粉丝的观看

运营者表达对粉丝的感谢，也是牢牢地抓住粉丝将其留在直播间的一种行为方式。所有的付出都是需要被看见的，主播能够看到粉丝对直播间的贡献，感谢粉丝的陪伴，对粉丝来说也是非常重要的。在直播快要结束时，如果主播能用适当的话语来感谢关心粉丝，那么对下次直播的流量也是很有帮助的。例如：“本场直播马上就要结束啦，感谢你们的暖心陪伴，今天和用户一起度过了非常愉快的时光，希望下次还能遇见你们，你们也要每天开心哦！”

# 11.2 直播文案的封面策划

在许多直播平台中，观众看一场直播时，首先看到的就是该直播的封面。因此，对于直播运营者来说，设计一个抓人眼球的直播封面就尤为重要了。只有将封面图设计完美，才能吸引更多用户点击查看自己的直播内容。

## 11.2.1 选最佳的直播封面图文内容

封面对于一个直播来说是至关重要，因为许多直播用户都会根据封面呈现的内容，决定要不要点击查看直播的内容。直播选择最佳的封面图片需要考虑到以下几点。

### 1. 内容的关联性选择

如果将一个直播比作一篇文案，那么，直播的封面相当于就是文案的标题。所以，在选择直播封面时，一定要考虑封面图片与直播的关联性。如果直播封面与直播内容的关联性太牵强附会，那么，就有“标题党”的嫌疑了，或者是让人觉得文不对题。在这种情况下，用户看完直播之后，自然就会生出不满情绪。根据与内容的关联性选择直播封面的方法很简单，运营者只需要根据直播的主要内容选择能够代表主题的文字和画面即可。

如图 11-10 所示为四个花坊店铺的直播封面。这四个封面在根据与内容的关联性选择封面方面就做得很好。直播用户看到封面之后就对这个直播间要展示的内容有了清晰准确的了解，然后根据自己的需求进行选择。这种一目了然的直播封面是深受用户喜爱的。

图 11-10 四个花坊店铺的直播封面

直播封面的五大类型，如图 11-11 所示。

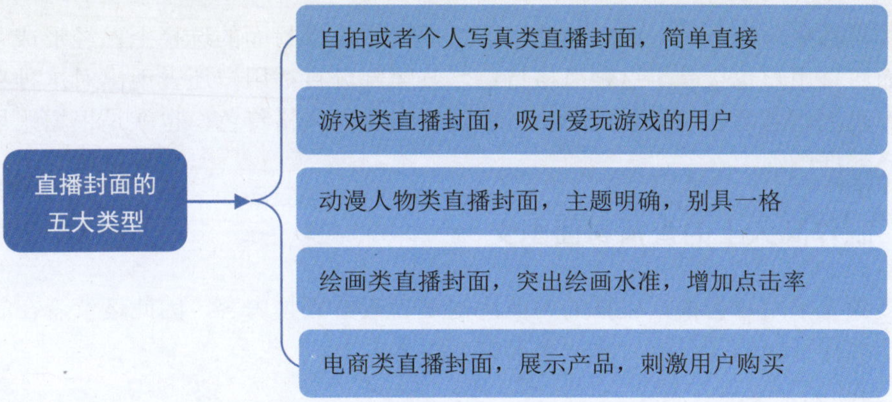


图 11-11　直播封面的五大类型

**2．直播平台规则选择**

许多直播平台都有自己的规则，有的直播平台甚至将这些规则整理成文档进行了展示。任何运营都要遵守规则。对于直播运营者来说，要想更好的运营直播账号，就应该遵循平台的规则。

通常，各直播平台中会通过规则的制定，对直播运营者在平台上的各种行为进行规范。直播运营者可以从规则中找出与直播封面相关的内容，并在选择直播封面时将相关规则作为重要的参考依据。

以抖音直播平台为例，制定了《“抖音”用户服务协议》，该协议包含的内容比较丰富。抖音的用户服务协议部分图，如图 11-12 所示。

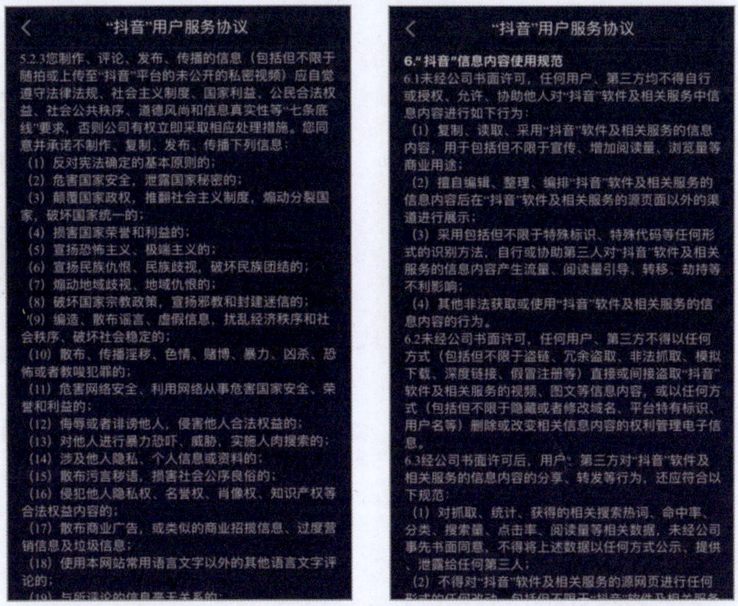

"抖音"用户服务协议

5.2.3您制作、评论、发布、传播的信息（包括但不限于随拍或上传至"抖音"平台的未公开的私密视频）应自觉遵守法律法规、社会主义制度、国家利益、公民合法权益、社会公共秩序、道德风尚和信息真实性等"七条底线"要求，否则公司有权立即采取相应处理措施。您同意并承诺不制作、复制、发布、传播下列信息：

（1）反对宪法确定的基本原则的；
（2）危害国家安全，泄露国家秘密的；
（3）颠覆国家政权，推翻社会主义制度，煽动分裂国家，破坏国家统一的；
（4）损害国家荣誉和利益的；
（5）宣扬恐怖主义、极端主义的；
（6）宣扬民族仇恨、民族歧视，破坏民族团结的；
（7）煽动地域歧视、地域仇恨的；
（8）破坏国家宗教政策，宣扬邪教和封建迷信的；
（9）编造、散布谣言、虚假信息，扰乱经济秩序和社会秩序、破坏社会稳定的；
（10）散布、传播淫秽、色情、赌博、暴力、凶杀、恐怖或者教唆犯罪的；
（11）危害网络安全、利用网络从事危害国家安全、荣誉和利益的；
（12）侮辱或者诽谤他人，侵害他人合法权益的；
（13）对他人进行暴力恐吓、威胁，实施人肉搜索的；
（14）涉及他人隐私、个人信息或资料的；
（15）散布污言秽语，损害社会公序良俗的；
（16）侵犯他人隐私权、名誉权、肖像权、知识产权等合法权益内容的；
（17）散布商业广告，或类似的商业招揽信息、过度营销信息及垃圾信息；
（18）使用本网站常用语言文字以外的其他语言文字评论的；

"抖音"用户服务协议

**6."抖音"信息内容使用规范**

6.1未经公司书面许可，任何用户、第三方均不得自行或授权、允许、协助他人对"抖音"软件及相关服务中信息内容进行如下行为：

（1）复制、读取、采用"抖音"软件及相关服务的信息内容，用于包括但不限于宣传、增加阅读量、浏览量等商业用途；
（2）擅自编辑、整理、编排"抖音"软件及相关服务的信息内容后在"抖音"软件及相关服务的源页面以外的渠道进行展示；
（3）采用包括但不限于特殊标识、特殊代码等任何形式的识别方法，自行或协助第三人对"抖音"软件及相关服务的信息内容产生流量、阅读量引导、转移、劫持等不利影响；
（4）其他非法获取或使用"抖音"软件及相关服务的信息内容的行为。

6.2未经公司书面许可，任何用户、第三方不得以任何方式（包括但不限于盗链、冗余盗取、非法抓取、模拟下载、深度链接、假冒注册等）直接或间接盗取"抖音"软件及相关服务的视频、图文等信息内容，或以任何方式（包括但不限于隐藏或者修改域名、平台持有标识、用户名等）删除或改变相关信息内容的权利管理电子信息。

6.3经公司书面许可后，用户、第三方对"抖音"软件及相关服务的信息内容的分享、转发等行为，还应符合以下规范：

（1）对抓取、统计、获得的相关搜索热词、命中率、分类、搜索量、点击率、阅读量等相关数据，未经公司事先书面同意，不得将上述数据以任何方式公示、提供、泄露给任何第三人；
（2）不得对"抖音"软件及相关服务的源网页进行任何

图 11-12　抖音的用户服务协议部分图

3．账号风格特点选择

一些直播账号在经过一段时间的运营之后，在直播封面的选择上已经形成了自身的风格特色，而直播用户也接受了这种风格特色，甚至部分直播用户还表现出对这种直播封面风格的喜爱。直播运营者在选择封面时就可以延续自身的风格特色，也就是根据账号以往的风格特色选择封面图片。

## 11.2.2　制作高大上的直播封面图文

大多数直播用户会根据直播的封面决定是否查看直播内容，因此运营者在制作直播封面时，一定要尽可能的让直播封面看起来更加的高大上。

1．封面图基本调整方法

直播运营者在制作直播封面时，掌握封面的基本调整方法就显得非常关键了。许多 APP 都可以帮助直播运营者更好地调整直播间的封面图。直播也有多种滤镜特效，使用滤镜能够全方位衬托主播的靓丽容颜，而一张好的封面图能吸引更多的用户前来观看。

以“美图秀秀”APP 为例，其包含的抠图和虚化功能就能很好地帮助直播运营者制作直播封面。

（1）抠图。当直播运营者需要将某个画面中的一部分，如画面中的人物，单独拿出来制作直播封面时，就可以借助“美图秀秀”APP 的“抠图”功能，把需要的部分“抠取”出来。在“美图秀秀”APP 中使用“抠图”功能的具体操作步骤如下。

Step 01　下载并打开“美图秀秀”APP，点击默认界面中的“图片美化”按钮，如图 11-13 所示。

Step 02　进入“最近项目”界面之后，选择提前准备好的抠图照片，且准备的人物照片背景必须干净，如图 11-14 所示。

图 11-13　点击“图片美化”按钮

图 11-14　选择需要抠图的照片

Step03　进入照片处理界面，点击下方的“抠图”按钮，如图 11-15 所示。

Step04　进入抠图界面，选择“一键抠图”选项，然后根据提示选择并拖动照片中需要的部分，便可以直接进行抠图，如图 11-16 所示。

图 11-15　点击“抠图”按钮

图 11-16　“一键抠图”界面

Step05　抠图完成之后，只需点击界面右下角的✓按钮，即可将完成抠图的照片直接导出。

如图 11-17 所示为原片和进行了抠图合成之后的照片效果。对比之下不难发现，将人物重点取出，重新导入所需要的背景模板，更能体现出人物自身的风格特色。这一操作常常用于直播封面的制作中。

（原片）　　（抠图合成后的照片）

图 11-17　抠图处理的前后对比

（2）背景虚化。有时候在制作直播封面时，需要重点突出画面中的部分内容。比如，需要重点展现人物的颜值。此时，便可以借助“背景虚化”功能，通过虚化不重要的部分，来突出显示画面中的重要部分。在“美图秀秀”APP 中，使用“背景虚化”功能的具体操作步骤如下。

**Step 01** 打开“美图秀秀”APP，点击默认界面中的“图片美化”，进入“最近项目”界面，选择需要进行背景虚化的照片。

**Step 02** 进入照片处理界面，点击下方的“背景虚化”按钮，如图 11-18 所示。

**Step 03** 进入背景虚化处理界面，直播运营者可以在该界面中选择不同的背景虚化模式。“美图秀秀”APP 提供了三种背景虚化模式，即智能、图形和直线，如图 11-19 所示。直播运营者只需根据自身需求进行选择和设置即可。

图 11-18　点击“背景虚化”按钮

图 11-19　背景虚化处理界面

**Step 04** 背景虚化处理完成之后，只需点击界面右下角的 ✓ 按钮，即可将完成背景虚化的照片直接导出。如图 11-20 所示为原片和进行了背景虚化之后的照片，经过背景虚化之后，画面中的重点部分，即人物的身体更容易成为视觉的焦点。

（原片）

（背景虚化后的照片）

图 11-20　照片背景虚化处理的前后对比

### 2．制作固定封面模板

如果直播运营者想要快速制作出高大上的直播封面，那么，制作一个固定的封面图模板不失为一种有效的手段。因为固定的封面图模板制作完成之后，直播运营者只需对具体内容进行替换，便能快速制作出新的直播封面。

要想利用固定模板快速制作高大上的直播封面还有一个前提，那就是制作固定封面图模板必须也是高大上的。因此，在制作直播的固定封面图模板时，直播运营者一定要多花一些心思。因为一个固定的封面图模板会直接影响，利用该模板制作的直播封面的显示效果。

通常，固定封面图模板比较适合直播发布频率比较高，或者运营时间比较有限的直播运营者使用。因为固定模板制作完成后，就能快速制作出具体的直播封面，为直播运营者节省大量的时间。

### 3．带货封面制作技巧

对于电商平台，直播封面也很重要，是影响用户进入直播间的关键因素。以某直播为例，封面通常使用主播人像图或商品图，图片比例为 1:1，尺寸不低于 800 像素×800 像素，同时必须是清晰干净且没有诱导信息的大图，相关设置技巧如图 11-21 所示。

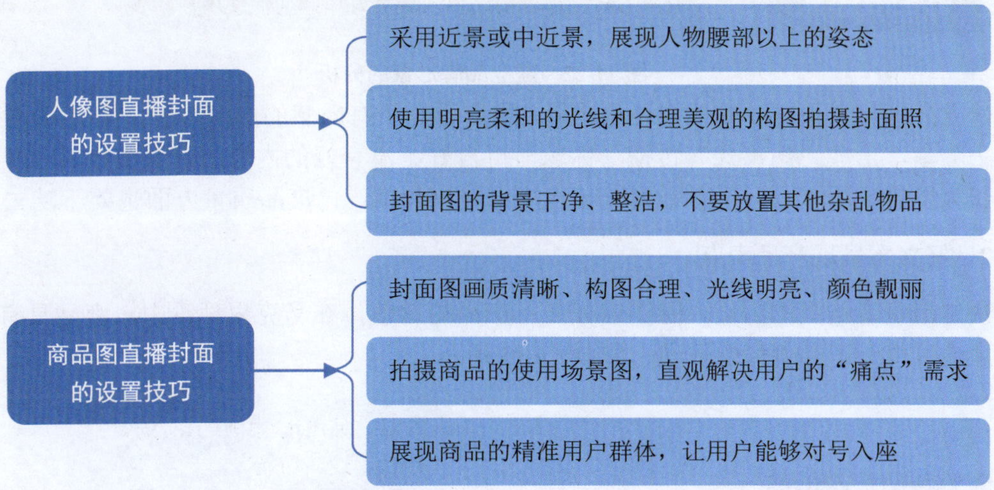


图 11-21　直播封面的设置技巧

## 11.3　宣传文案的两种类型

直播产品的文案效果直接关系到产品的销量，所以运营者在做直播产品宣传文案时，要注意加深用户对产品的印象，赋予产品不同的意义。只有足够地尊重产品，才能寄希望于产品带来的效益。

### 11.3.1 产品宣传文案

直播产品的文案效果直接关系到产品的销量，所以运营者在做直播产品宣传文案时，要注意加深用户对产品的印象，赋予产品不同的意义。只有足够地尊重产品，才能寄希望于产品带来的效益。

1．好文案突出品牌形象

用户通常愿意主动去搜索那些优秀的品牌或口碑好的品牌旗下的产品，因此，品牌形象也可以作为运营者的流量入口。建立自己的品牌形象有利于增加用户数量和增强用户黏性，建立品牌形象的分析如图 11-22 所示。

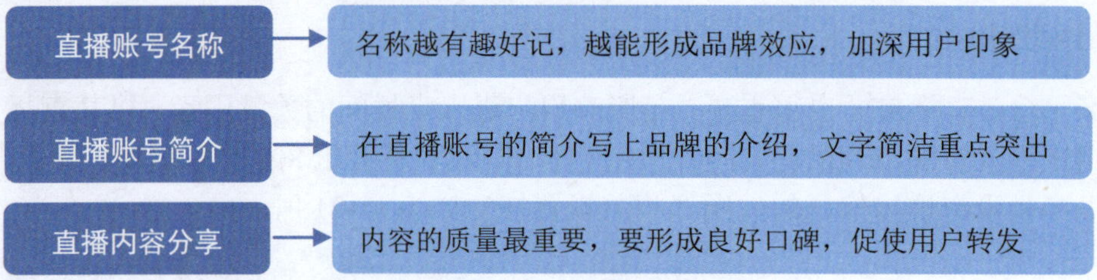


图 11-22　建立品牌形象的分析

建立品牌形象最重要的地方还是质量，用户看到了有质感的内容，才会接受内容的传播，主动去分享，形成“病毒式”传播。标题写得再好，没有好的内容质量做支撑，也不利于品牌的长久发展。所以，运营者不要一味地注重分享和推广，产品质量方面也要下功夫。

2．好文案呈现产品卖点

决定消费者购买的因素，除了信任还有产品的价值，在马克思理论中，商品具有使用价值和属性价值。产品价值的体现，如图 11-23 所示。

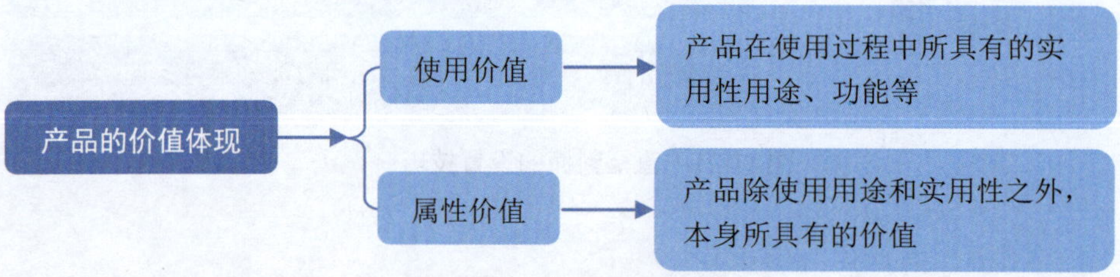


图 11-23　产品的价值体现

产品的宣传文案策划中，创作重点主要是以产品为中心，对产品的相关内容进行全面地展示。而很多新品推出之时，都是以产品的卖点为主，以卖点塑造价值，以吸引消费者的注意力。

产品价值的塑造分为两个阶段：一是，基础价值，即产品的选材、外形、功能、配件、构造、工艺；二是，价值塑造，在直播中主要进行的是产品价值塑造，即产品的独特性和优势性。产品价值的塑造主要建立在产品基础价值之上，明确产品的价值卖点是直播成功的关键。

产品的优势性可以是产品的先进技术优势，主要体现在研发创新的基础上。例如，手机或其他电子产品的直播，可以借助产品的技术创新进行卖点呈现，比如拍照像素、续航能力、显示分辨率等。甚至可以是刷新用户认知的产品特点，给用户制造惊喜，并超出期望值。

除此之外，还可以从使用产品的造型优势上出发。例如，做小型手提包直播文案时，可以强调包包轻巧便捷，大小正好适合放置手机，以及钱包、口红，并具有外形独特、百搭，以及适合拍照等特点；较大型包包强调容量大，可放置化妆品、雨伞，并且适合短期旅行携带，这些都是从不同产品的特点出发，用宣传文案表达不同优势，呈现出不同的卖点，提供了用户选择的多样性。

### 3. 价格优惠提高购买欲

价格是用户普遍关注的一大问题，也是决定消费者购买因素之一。有对比才能体现出价格上的差异，价格的对比文案又分为产品前后价格的对比和同类型产品价格的对比。价格对比文案类型，如图 11-24 所示。

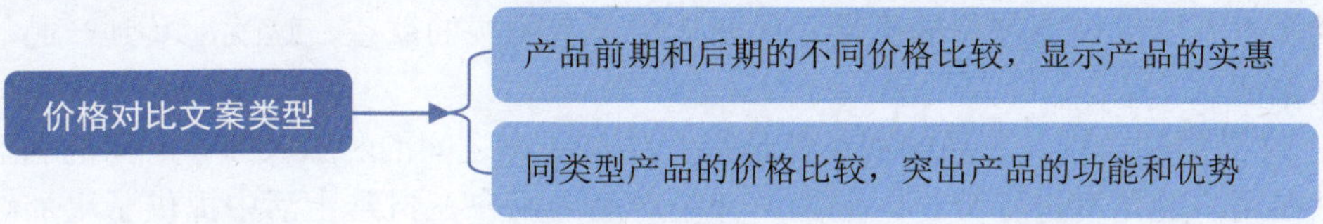


图 11-24　价格对比的文案类型

产品价格前期和后期的差异，可以体现出产品的优惠力度。运营者在创作过程中，可以从活动的角度出发，如天猫双十一活动、国庆特价优惠活动等，先写明活动前的价格，再突出活动后的价格。

除此之外，同类型产品的性价比也很重要。运营者单一地说价格还不足以让人信服，运营者可以将同行之间同款产品相互比较。文案写作时要突出自身产品功能上及价格上的优点，这就是通常所说的“性价比强”产品，这样的直播文案更能刺激用户的购买欲。

## 11.3.2　产品介绍文案

直播产品卖得好不好，还取决于运营者能否将产品介绍清楚，能否形成自己的介绍风格。产品文案特色鲜明，能让用户记住的文案就是好文案。直播产品介绍文案时主要有以下三大要点。

### 1. 寻找用户需求点解决问题

在主播专业能力培养的道路上，最重要的一点就是抓住用户的需求点。主播在直播的过程中要学会寻找用户最关心的问题和感兴趣的点，从而更有针对性地写出直播产品介绍文案。主播在创作文案时，要抓住用户的主要需求点，以用户需求点为标题吸引用户的关注，弥补用户在现实生活中的各种心理落差，让其在直播过程中得到心理安慰和满足。

在直播过程中，用户的需求是购买产品的重要因素。需求分为两大类：一类是直接需求，也就是用户的痛点。比如，用户在购买时表达的想法，需要什么样的产品类型，这就是直接需求。

另一类则是间接需求，这类需求分为两种：一种是潜在需求，主播在带货过程中可以引导用户的潜在需求，激发用户的购买欲望，潜在需求可能是用户没有明确表明的，或者是语言上不能表明清晰的；另一种是外力引起的需求，由于环境等其他外力因素促使用户进行消费的行为。

在直播产品文案的撰写过程中，不能只停留在用户的直接需求，应该挖掘用户的间接需求。如何了解用户的间接需求，可以从以下几点出发。

（1）客观思考分析用户的表达。当用户在直播间进行弹幕提问的时候，不要只停留在言语的表面，主播需要客观分析用户的语言，去思考用户真正需要的产品。可能用户本身也并不清楚自己所需要的产品，主播在直播时应引导消费。

（2）选择与用户性格相符合的文案。每个产品都有针对的用户群体，产品打造和营销要与用户相匹配，才能引起用户的共鸣，满足用户的需求。

**2．怎样突出产品卖点**

展示卖点不仅仅突出产品的质量，还要让用户有购买的欲望，这就涉及到产品的利益性和实际操作性。

（1）产品的利益性。产品的利益性是指产品与用户之间的利益关系，产品的利益文案撰写时需站在用户的角度进行分析。例如，介绍产品为用户在日常生活中提供了更加舒适的生活环境，或者替用户解决了某些问题，总结出来就是产品能够带给用户的好处。

如图 11-25 所示为某宝某家电直播文案。文案就是强调该产品给消费者的生活带来便捷。

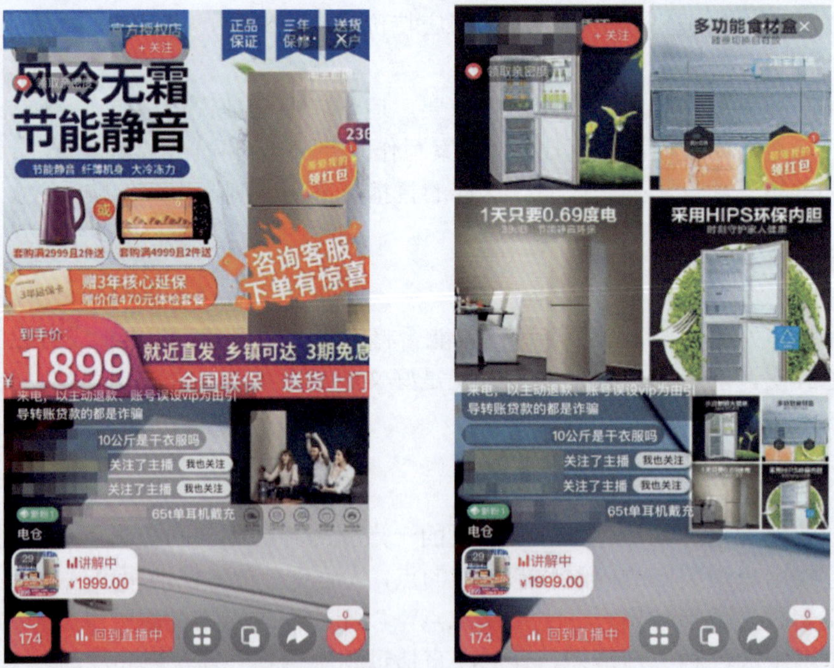

图 11-25 某宝某家电直播文案

无论是哪方面的文案塑造都是基于产品本身的价值，使得用户获得更好、更舒适的生活体验，这就是产品文案塑造的基础。除此之外，运营者还可以通过赋予产品价值来实现，赋予价值的方法可以从两个方面进行，如图 11-26 所示。

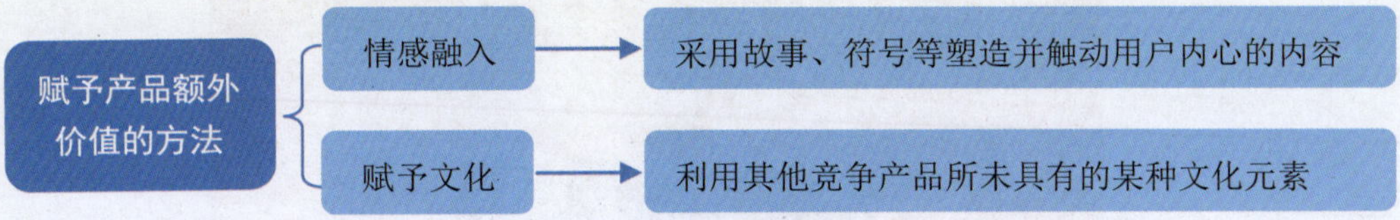


图 11-26　赋予产品额外价值的方法

（2）产品的实际操作性

直播有它独特的优点，即可将文字与视频结合起来，更清楚、直观地告诉用户肉眼所能看见的变化。用户在脑海中通过文字美化形成的画面与呈现在眼前的实际画面交相辉映，利用实际操作把产品所带来的改变呈现出来，可以更好地让用户看到产品的特点、感受产品的真实效果。

所以，主播在挖掘产品卖点的时候，可以尽情地向用户展示产品的质量情况。例如，这款衬衫可以体现穿着者的优雅气质，而且衬衫不易起皱，不用费时打理；这款裙子质地轻薄，非常轻盈，特意搭配内衬，不易走光。

**3．寻找差异展示亮点**

每款产品都有各自的特色，所使用的场景和功能也不一样，这就需要运营者将不同的产品进形类比，从而找出产品的亮点，打造出最符合产品的文案。

# 11.4　直播文案的编写技巧

直播文案是直播带货的关键，利用直播引导消费者进行消费是直播的价值所在。

## 11.4.1　直播文案营销步骤

在信息发达的时代，把产品推荐给亲人朋友是很容易成功的。直播文案营销主要包括以下五个步骤。

**1．给产品取昵称**

要想让用户记住一款产品，要么是品质出众，让人觉得使用效果非常好，要么是这款产品名称已朗朗上口，已成为一种用户流行语。例如，经典保健产品“×××”，广告词为“今年过节不收礼，收礼还收×××”。一提起来，无人不知无人不晓。不仅仅是因为它的效果非常好，还是因为它的名字读起来很有记忆点，如图 11-27 所示。

主播也可以根据产品特定的使用场景或者效果，给产品取一个抽象化的昵称。例如，某彩妆品牌因为产品的外包装主打蓝色，再加上瓶身上宽下窄的设计，所以给产品取名为“蓝胖子”。这种将产品昵称意象化的方法也是直播文案很关键的一步。

图 11-27　家喻户晓的“×××”

**2．找到核心卖点**

由于各行业的发展迅速，用户对于产品款式、风格的更新速度越来越快。有些款式，在上个月是流行趋势，引发用户购买，非常畅销。但是到了这个月，这个款式很可能就已经落伍，没有人愿意去购买了。

对于快销产品来说，需要时刻保持产品款式的新颖、流行化。要了解市场产品风向，主播才可以满足顾客、粉丝的需求。同时，主播也能避免在直播间向观众、粉丝介绍推荐时，却已经不再流行。无法吸引粉丝购买，只能低价出售或者留在库存里。

主播可以通过用户回访、画用户分布画像图或在直播时直接询问用户等方式收集用户体验信息，找出产品最关键的卖点。然后再将其不断放大，这样可以有效地提升用户购买率。

如图 11-28 所示为某服装搭配直播。该主播重点展示了这条裤子，并且明确指出优势是小个子百搭显高，而想要购买裤子的用户则大多数为小个子。在评论区也可以看到，用户发掘了一个新的卖点“羊胎绒套装”，那么运营者就可以把信息收集起来，供下次直播使用。

图 11-28　某服装搭配直播

运营者在寻找核心卖点时，要注意市场容量分析。市场容量，是指在特定类型的市场中，用户有购买力的，对某种特定商品的潜在市场总需求量。市场容量的大小决定了用户的购买力强弱。主播在推销一款产品前，需要了解这款产品的市场需求空间，以及需求量，根据市场容量来进行产品的选择，才可能有不错的销售额。

### 3. 内容简单直接

内容简单明了适用于直播间的全部流程。虽然每件产品都带有它独特的优势性，但是千里马也需要伯乐。现在用户要面对的市场上的诱惑太多，并不是所有的产品都会发光的。如果主播不能让用户简单直接地了解产品的用途或者优点，那么被这市场上琳琅满目的商品所掩埋是迟早的事。如图 11-29 所示为某花店直播。可以看出，直播间没有多余的内容，就是对所卖的花整体展示。这样简单直接的拍摄能让用户更多地了解该店铺花的品质。事实也证明，这种方式能有效地提高用户购买率，从有人分享直播间就可以看出。

图 11-29 某花店直播

### 4. 产品测评体验

不管是相信产品还是相信主播，绝大部分促使用户购买的行为都是基于信任。因为信任，才会有想要拥有的感觉。任何陌生的、不了解的产品都会让用户产生一种疏离感。基于这种情感上的交流，主播要想卖出好的业绩，就要在产品测评和个人体验上下大功夫。

比如，在实体服装店，顾客只能看见陈列在卖场中的服装，这只是一种平面的视觉感官，虽然服装店里会有人型模特来展示衣服的立体效果，但始终不能大规模的进行这种操作，而在网上旗舰店购买商家的产品，大多也只能看到模特对服装进行上身效果的展示。

对于现实中有购买需求的顾客来说，他们的身材体型无法像模特一样标准，自然不能靠模特上身效果来对照自身情况。主播可以通过服装的上身效果来挖掘产品的卖点，如果服装的上身效果是一种较宽松的，就可以向用户介绍这款衣服可以隐藏赘肉，修饰不完美的身材，让用户产生购买欲。

5．品效合一

如何提高粉丝的黏度一直主播非常关心的问题。在直播平台上，有无数的直播间可供消费者去点击、观看。同理，直播间的粉丝一样拥有着绝对的选择权和去留权。这时，不仅需要主播的个人魅力去吸引、留住粉丝，也需要通过商品的品质打动、留住粉丝的心，当条件具备时，还要打造自己的直播品牌。对于有消费需求、消费能力的粉丝来说，还是商品的质量、款式和价格最牵动用户的注意力。

（1）商品要和主播相配。运营者在进行产品直播销售时，在风格的选择上，最好能够选择和自身形象相匹配的主播。如图 11-30 所示为不同形象的主播展示不同风格的服装。

图 11-30　不同形象的主播展示不同风格的服装

在向粉丝介绍和推荐产品的时候，给观看者的视觉效果会比较统一、和谐，能让观众产生信服感。使主播的行为举止拥有一定的说服力，从而才能保证粉丝的留存比例，也能保持粉丝的纯度。

（2）主播自主选品技巧。主播在选择产品的时候，最好是可以学会自主选品。因为，只有商品选的合适恰当，才能保证销售情况和转化率。主播掌握选品技巧如下。

①了解选品原则，进行选品工作。选品，实际上是为平台有兴趣的用户选品。在找到精准的用户后，需要根据用户进行选品。这要求主播在推销一款产品前，要对产品有基本的了解，判断市场的需求。了解这款产品的需求空间，以及需求量，根据市场的需求来进行产品风格的选择。

②分析商品特色，培养选品思路。对于选品技巧方面来说，只有树立起好的选品思路，才能在选品的过程中，更加便捷、快速地进行商品的选择，同时还能保证选择的商品能够有一定的消费市场。下面介绍几个选品思路。

第一，普通商品中找突出、特色的商品。例如，对于冬天穿的保暖内衣，这是非常普通的产品，没有什么特别之处，也找不出什么特别的花样。但是现在，它可以以新的模样出现在用户的选择中。

发热保暖内衣就是其中一种改变，它轻薄。但是可以自带发热保暖，它的特色就是使穿着者可以行动自如，又自带发热功能，兼具保暖性。如图 11-31 所示为普通保暖内衣和发热保暖内衣。

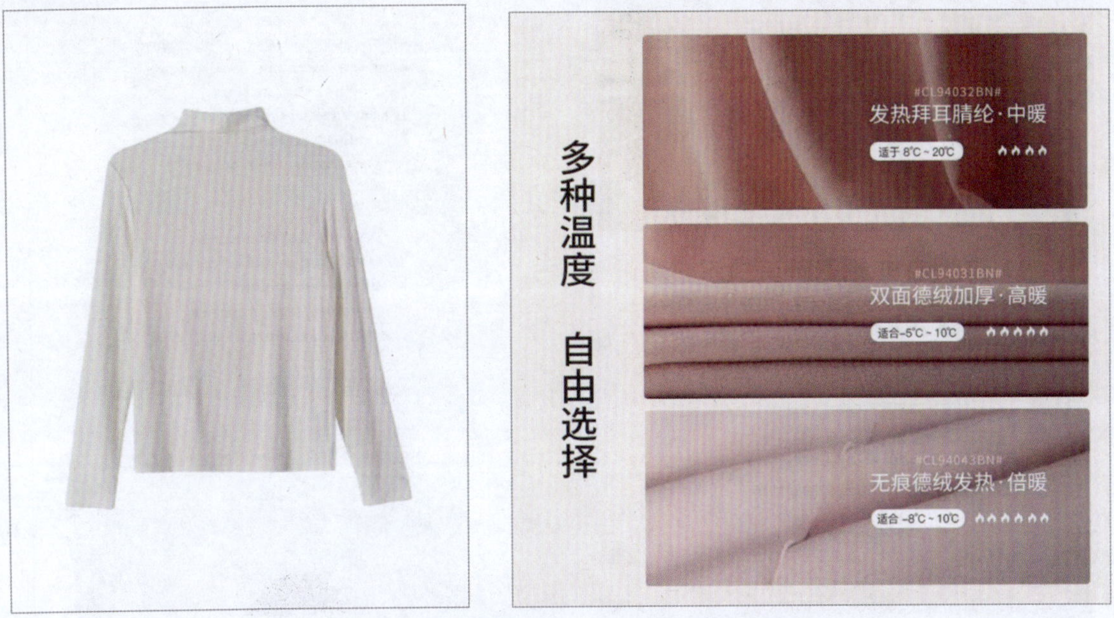


图 11-31　普通保暖内衣和发热保暖内衣

第二，寻找有固定用途的商品。有固定用途的商品，说明商品有固定的使用场景，用户可能更注重商品的实用性。图 11-34 中所说的发热保暖内衣，就是仅限于冬天使用的。

第三，了解商品本身的利润情况。对于商家和主播来说，销售产品必然涉及产品的利润，他们都希望获得较大的经济价值。

### 11.4.2　挖掘产品中的卖点

主播在直播间进行产品销售时，要想让销售的商品有不错的成交率，就需要满足目标用户的需求点，实现产品价值最大化。想要使商品可以最大化的呈现出它的价值，主播就需要学会从不同的角度来挖掘商品的卖点。

### 1. 挖掘产品的质量

产品质量的完整概念就是用户的满意度。大部分用户选择购买产品时，都会考虑产品的质量。对于大多数用户，质量的好坏与否，决定了是否下单，以及是否愿意再次购买。

随着流水线生产模式大规模地发展运行，产品的质量无法得到百分百的保证，导致部分商品的质量欠佳。出现外观、原材料等影响产品使用效果，以及使用寿命的问题，使得用户对于产品的质量问题特别关注。同时，随着社会的不断发展，人们的经济收入增多、消费能力增强、消费需求发生变化，对产品的要求开始追求质感，于是对于产品的质量有了另一种要求。例如服装，顾客除了关注服装的实用性、耐用性外，也开始注重考虑服装能不能让自己穿得自在、舒适和简单。为此，很多的服装品牌、商家想要展现产品的卖点时，会在体现产品的特色时，注重其质量方面的展现。如图 11-32 所示为两款棉袄商家标明的质量优势，以此形成卖点。

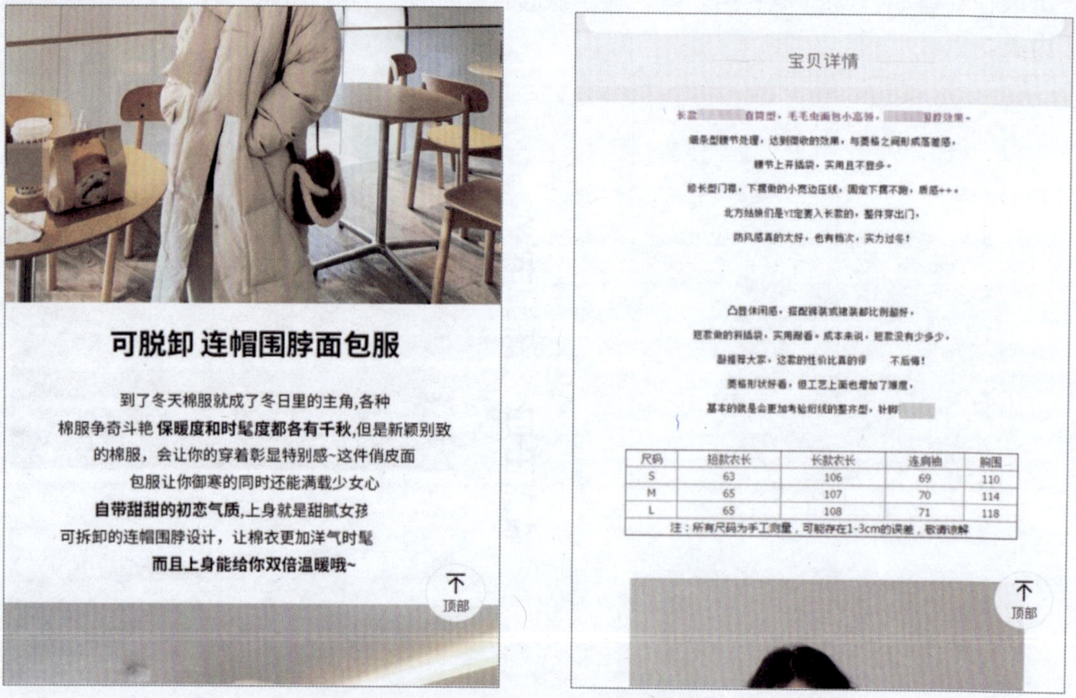


图 11-32 两款棉袄商家标明的质量优势

### 2. 打造产品的风格

由于环境、场景、心理等多种因素，用户对于产品需求也是不一样的。产品的每一种功能都会呈现出不同的效果，所以主播可以根据产品不同的类型风格，突出产品的卖点。如图 11-33 所示为不同的类型风格的手机壳。左边带有搞怪风格的平底锅手机壳适合活泼型用户；右边可爱风格的小熊手机壳则适用于可爱型用户。

搞怪风格的平底锅手机壳

可爱风格的小熊手机壳

图 11-33 不同的类型风格的手机壳

大部分用户喜欢的产品不止一种风格类型，大多有两种或两种以上的产品风格需求。面对这种情况，主播可以从不同的角度着手，展现各自的风格特色寻找卖点。

### 3. 跟随流行的趋势

主播在挖掘产品的卖点上，可以结合当前流行趋势找到产品的卖点，这也是各商家常用的营销手法。以淘宝为例，一般搜索界面都会出现“排行榜”或者“全网热榜”等字样，这就是大部分用户都在关注的热点。淘宝平台结合流行趋势突出卖点，如图 11-34 所示。

图 11-34 淘宝平台结合流行趋势突出卖点

如图 11-35 所示为淘宝平台利用排行榜热点推出的产品。

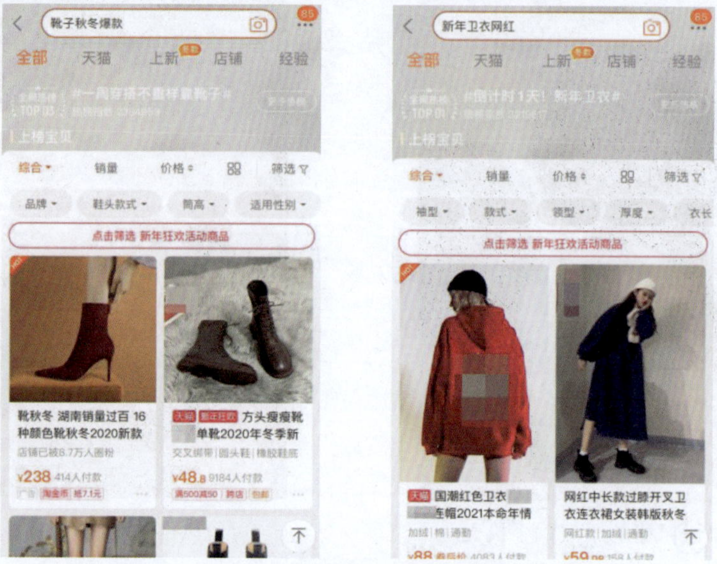


图 11-35　淘宝平台利用排行榜热点推出的产品

## 4．打造企业的品牌

主播想让自己的产品更加有竞争力，就可以在加工制作、品牌上，打造差异化的卖点。如图 11-36 所示为可带有私人定制字样的手工制作直播间。这样做既有企业品牌的效应，又能做出个人的风格特色。

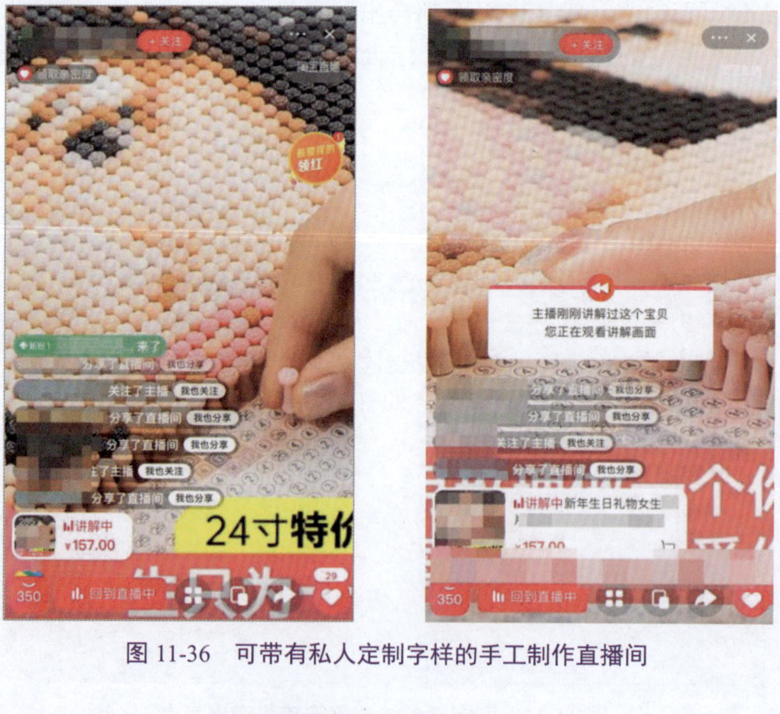


图 11-36　可带有私人定制字样的手工制作直播间

5．关注消费的人群

不同的消费人群对于服装的关注、需求点不同，主播在面对这种情况时，就需要有针对性的突出产品的卖点，从而满足不同用户的需求。

例如，关于成人服装，需要在宣传上突出服装的美观性和多功能性。如图 11-37 所示为成人服装宣传文案案例。而对于儿童服装，它的设计和风格就要突出可爱的风格，宣传上会偏向于服装的实用性和舒适性。如图 11-38 所示为儿童服装宣传文案案例。

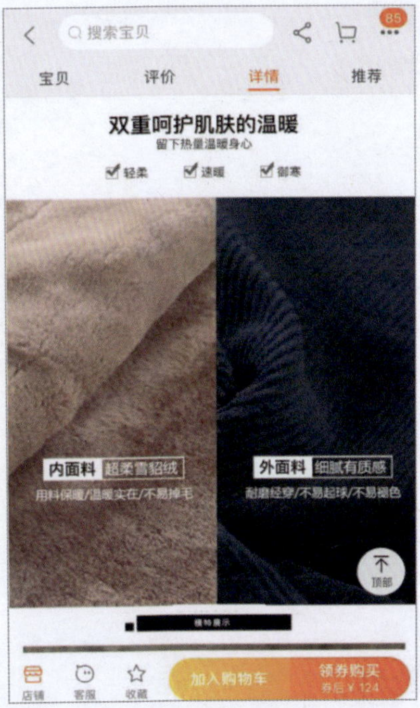


图 11-37　成人服装宣传文案案例

11-38　儿童服装宣传文案案例

6．挖掘产品宣传语

主播也可以根据产品的风格，设计出新颖的宣传词，从而吸引用户的注意力。通过合适、恰当的宣传语，可以激发用户的好奇心，向往宣传语中营造的产品效果，从而促使用户下单购买。

例如，某品牌家电的电风扇宣传语为“居家必备、空气循环、更清凉”，当销售电暖时直播文案可改为“即开即暖、可摇头”或是“即开速热、倾倒断电”。

## 本章小结

本章首先介绍了直播带货前期、中期和收尾的文案策划；然后介绍了直播文案的封面策划，并具体展示了宣传文案的两种类型；最后介绍了直播文案的编写技巧，帮助读者更好地进行直播带货。

# 本章习题

1．直播带货需要做好哪些前期的准备工作？

2．直播收尾的文案策划需要包含哪些内容？